Rethinking

Tianxia

重思天下

儒家的方案

The

Confucian

Project

干春松 〔美〕安乐哲 编

北京大学出版社
PEKING UNIVERSITY PRESS

目　录

什么是"天下"？　……………………… 干春松　安乐哲 / 1

传统天下观、当今"一带一路"倡议与变化的世界地缘政治

秩序　………………………………………… 安乐哲 / 17

中国和印度领导下的亚洲区域秩序前瞻　…………… 贝淡宁 / 34

对贝淡宁先生文章的评论　………… 刁春辉　翟奎凤 / 72

天下究竟是什么？　…………………………… 赵汀阳 / 78

评论赵汀阳《天下究竟是什么?》　………… 郑宗义 / 100

"感"与人类共识的形成

——儒家天下观视野下的"人类理解论"　……… 干春松 / 111

从李卓吾的"不容已"到"与天下为公"

——回应干春松论文　……………………… 孙　歌 / 136

天下秩序和儒教普遍主义的重组可能性

——以"大陆新儒家"的论述为主　………… 赵京兰 / 143

对赵京兰教授文章的评论　………………… 许纪霖 / 170

朝鲜与强大邻居的外交 ………………………… 金基协 / 176

　　在天下秩序中寻找朝鲜王朝 ……………… 任致均 / 189

天下作为政体：兼论"中国转向" ……………… 甘怀真 / 201

　　"天下"作为政体的"认同"面向

　　　　——与甘怀真教授商榷 ……………… 王斌范 / 217

天下观与当代中国的民族政治 ………………… 关　凯 / 226

　　回应关凯教授《天下观与当代中国的民族政治》

　　……………………………………………… 石井刚 / 246

世界秩序"天下"论 …………………………… 张　锋 / 255

　　天下理论及其天下的安全 ………………… 杨　晖 / 292

什么是"天下"？

干春松　安乐哲[1]

　　我们生活的这个世界正处于巨变的前夜:气候变化,食物及水短缺,环境恶化,流行病暴发,能源短缺,恐怖主义,前所未有的人口迁移,核扩散,收入不平等,大量物种灭绝,等等。作为一个物种,为了有效地应对这种因人类而不断恶化的局面,人类必须对自身的行为、计划乃至价值观都做出根本性的改变。与此同时,伴随中国在仅一代人的时间跨度之内迅速崛起,世界经济和政治力量架构正在发生急剧变化。中国的崛起标志着新的地缘政治秩序已经形成,那么,由强大的自由主义长期主导的主流文化秩序将因此何去何从呢?

　　从中国的角度来看,伴随中国各重点院校纷纷建立国学院,以及世界各地孔子学院的日益盛行,儒家哲学思想正在国内外通过

[1]　干春松:北京大学哲学系教授、博古睿学者;主要研究领域包括儒家思想、近现代思想文化和中国政治哲学等。安乐哲(Roger T. Ames):"孔子文化奖"获得者,北京大学人文讲席教授,北京大学博古睿研究中心学术委员会联席主席;主要研究领域包括中西比较哲学、美国实用主义哲学。

学术和政治相结合的方式得到大力推广。于是人们不禁要问:儒家思想——一种以至关重要的关联性作为根本出发点的哲学思想,将会对随后几十年不断发展的世界文化产生怎样的影响?儒家思想的价值观又将如何影响不断变化的世界地缘政治秩序?

在中国人的日常用语中,"天下"(通常翻译为"all-under-Heaven")是一个常见的词汇,简言之,"天下"就是"世界"。同时,"天下"在正统文学作品中也是一个地缘政治学术语,并且具有更加深远的哲学和历史意义。在过去几十年中,为了建立一种新的世界秩序和新的世界治理模式,作为一种潜在的思想体系框架,"天下"这个专业术语(有时也被称为"天下体系")的涵义一直饱受争议,其中最主要的是在中国文学之中。在中华民族的过程宇宙论中,对"世界"的"天下"思想观总是以关联性作为最根本的出发点,将作为独立主权实体的国家视为一种"天下体系"下的第二级抽象存在。换言之,"天下"以国际关系的生态学认知为根本出发点对待国家之间经济和政治活动的相互依存性。

20世纪哲学家唐君毅对儒家的自然宇宙论也持有同样的观点,即强调"世界化"或者"世界构建",因为我们都相互依赖地生活在同一个辽阔无垠的生态之中,这个生态之中绝不可能有局外之人,也绝不可能以外部的视角来审视这个世界:

> 中国哲人言世界,只想着我们所处的世界。我们所处的世界以外有无其他的世界……中国的哲人说世界不说我们的世界是"一世界"(A World),亦不说是"这世界"(The World),而只是说"世界"(World),"天地"(World as Such)前面不加冠词,实是有非常重大的意义的。

天下体系国际内关系(Tianxia Intra-national Relations，TIR)项目概述

中国已然成为国际舞台上一股不容忽视的重要力量。尽管西方对中国的迅速崛起多半持消极态度，但中国无疑将在世界舞台上占有一席之地。在当下西方主导的关于地缘政治秩序的国际讨论之中，我们不仅需要更好地表达中国声音，也需要积极地推广中国话语。

我们希望积极促进关注世界治理的中西方学者之间的持续对话，并在西方国际关系理论的基础之上，注入中国儒家思想的参照框架。当前，博古睿研究院中国中心正在通过对中国历史和哲学资源进行深入研究的方式来规划和制定 TIR 项目，我们的目标是通过另一种视角来审视国际经济、政治和文化关系。我们预计该项目会是近几年中国中心的重要议题之一。

在有关国际事务和世界治理的现有中国哲学文献中，有许多不同的 TIR 构想，从李泽厚的"同一个世界"宇宙观，到干春松对"天下"的历史性分析，再到赵汀阳倡导的"天下体系"，这些当代的声音无不是通过借鉴中国的传统价值观对历史进行分析，对"天下"思想做进一步的理论研究。但是，在东西方的对话中也有许多怀疑论者，他们认为"天下"不过是国家例外主义的一个微妙论调，是近在咫尺的中国扩张主义的借口。

我们认为 TIR 的价值与意义有着若干维度。首先，TIR 将引入重要的儒家哲学思想视角，以探讨不断演变的世界经济、政治和文化秩序，该思想不仅来自中国，也来自范围更广泛的东亚地区。其

次,TIR 将为中国在传统儒家价值观的正统思想和无所不在的现实政治压力之间提供一种参照框架。但或许最重要的一点是,在世界地缘政治秩序的巨变中,TIR 将围绕如何有效应对这种巨变提供一种在各层面进行开创性思考的新视觉。

该项目旨在鼓励和推广国内外的相关论坛,对不断变化的 TIR 文献进行准确评估。我们希望通过该项目探讨 TIR 可能对世界政治秩序产生的影响,以及 TIR 可能激发的人类对未来治理模式的思考。

儒家"天下观"的再发现

在一些学者的眼里,儒家的"天下观""重新"受到关注是因为中国经济实力增长而催生的国际影响力增加的产物,所以,"天下主义"尽管就其内容而言是强调和平与共享的,但基于中国十分巨大的经济实力和政治影响力,也可能会造成对周边国家各方面的压力。这或许是历史上的天下观所体现的"朝贡体系"等制度形态的"记忆",对于东亚,乃至东南亚等国家而言,比较容易受到这样的思维定式的影响,而对"天下观"的复活持有担心。

不过,从现实的历史进程来看,中国在近代遭受西方殖民侵略后,文化自信逐渐丧失,那种"中国中心主义"已经成为历史的陈迹。所以,21 世纪以来对天下观念的重新发现,主要基于对不平等的国际格局的批评,并认为之所以国家间的关系如此以利益为行为的准则,完全在于"民族国家"体系以国家利益至上为原则所造成的对全人类共同利益的"忽略"。了解中国思想文化传统的学者试图从传统的天下观念中,去发现矫正现代国家格局的价值观念。

因此,儒家"天下观"的再发现,既是对中国文明传统的再认识,也是对目前日趋紧张的国际局势的反思。毫无疑问,全球化的推进让人们日益认识到人类共同利益与国家利益之间的平衡的必要性,特别是在人权、环境和科技发展等方面,人类寻求共同的行为准则和价值基础的努力显得尤其迫切。

一、天下观念的"理想"和"现实"

"天下"一词,在先秦文献中已经被广泛地使用,总体而言可以归纳为三个方面:一是地理上的,二是制度上的,三是价值上的。

地理上的天下顾名思义就是被"天"覆盖的所有地区,不过限于中国古人对于"世界"地理的认识,其"天下"所指或是"四海之内"的"九州"。但在更为具体的表述中,天下往往与"中国"重合,有时候也包括围绕着"中国"的"四夷"。这样的"多重性"的地理观念延伸到秦汉大一统国家建立之后,"天下"就兼而包括中原朝廷与周边的民族,甚至更为遥远的地区。尤其是与中亚和印度等地存在地理交往之后,"天下"的范围其实是包括了当时中国人所能了解的最为遥远的地方。

"天下"还是一种秩序观念。与人伦秩序上所存在的"差序格局"相一致,在地理上也存在着以与王畿的距离远近所确立起来的权利和义务关系的差等性结构。比如《禹贡》《国语·周语上》《周礼·职方氏》所描述的"五服"(王畿与甸服、侯服、宾服、要服、荒服)或"九服"(王畿与侯服、甸服、男服、采服、卫服、蛮服、夷服、镇服、藩服),虽然具有一种"虚拟性",但其所表述的基于差别性的原则则是肯定的。这样的原则在汉代儒家的作品中得到了肯定,比如《春秋繁露》中的《爵国》篇,以及《白虎通》中的相关篇章。在经典的封建原则中,天子居于王畿,而下面的人则按血缘的远近和军功的大小获得不同的爵位及相应的封地,并配置行政人员,其核心是要突出天子的地位。由此而确立的天下秩序,可能会接近"中心—边缘"的金字塔型结构。然而,必须做出说明的是,儒家所确立的内外、夷夏的差等结构,并非绝对的"等级"上的差异,而是一种文明发展程度的差异,在儒家的价值结构中,差等性和平等性之间有一种辩证法,这也是理解儒家价值观的关键。

"天下"更为重要的面相是它指向一种儒家对于秩序背后的价值的体认。儒家从来不否定差异性,因而发展出"角色"伦理学,但"角色"伦理并非儒家伦理的全貌,儒家的伦理更是一个不断推进的"系统",即由"角色"推扩到突破一切界限的"万物一体"的境界。从这个角度来看"天下"的价值维度,我们可以发现,儒家并非绝对否定"夷夏""内外",因为如若否定夷夏和内外,那么价值之支点就会模糊化。夷夏问题,向来被儒家所重视,从《春秋公羊传》等文献中我们可以了解到,社会秩序变动时代的孔子目睹像楚国、吴国这样被视为夷狄的国家逐渐进入春秋政治舞台的中心,一面慨叹礼崩乐坏,另一面则推崇尊王攘夷,注重夷夏之别。在《论语》中,孔子有一句话广受争议。他说:"夷狄之有君,不如诸夏之亡也。"(《论语·八佾》)这句话通常被解释为,夷狄之国即使有君主,甚至还比不上诸夏之国没有君主。后来,孟子也说:"吾闻用夏变夷者,未闻变于夷者也。"(《孟子·滕文公上》)这说明尊王攘夷是春秋战国时期儒家学派所重视的价值。但是,通过对历史发展阶段的区分,儒家将这样的价值观视为"阶段性"的,是"历史"发展到一定阶段的产物。在儒家经典中,夷夏之别的界限并不是因为种族的差异,而是取决于政治之良善和文明之发展与否。推而论之，夷夏之间并不存在一个固定的分界，而是处在不断升降的过程中。这样，"中国"作为一种"天下"的价值呈现，不是地理范围的确定，而是王道价值的代称。

热衷于讨论春秋"国家间关系"的公羊家们特别重视"王者无外"的理念，认为王者的最终目标是一统天下，并不是要刻意区分内外，而是基于地理上的远近，先近而后远。之所以与夷狄之间要强调内外之别，是因为王道之运行有一个由中心向周边扩展的过程。公羊家一贯的思路是由近及远，由内而外，其内在的逻辑在于只要把身边的事情做好，自然就会吸引别人的模仿和归附。如果内治未洽，便难以正外。对此，董仲舒在《春秋繁露·王道》篇中说："亲近以来远，未有不先近而致远者也。故内其国而外诸夏，内诸夏而外夷狄，言自近者始也。"

在《礼记·礼运》篇对"大同""小康"世界的描述中，我们看到儒家向往一种超越国和家的"天下为公"的世界。但是我们并不能由此得出儒家否认"天下为家"的"小康"社会的合理性。可以肯定的是，儒家追寻一种天下为公的理想秩序，这是儒家天下观的终极目标。不过，儒家认为"小康"是实现"大同"的基础，因此，儒家的天下理想可以被理解为一个发展的逻辑，即它并不否定"国家利益"在某一特定历史时期的合理性，但不能因此使"国家利益"遮蔽超越国家的"天下"目标。

二、儒家天下观念的认知—心理基础

儒家的"天下观"意味着存在"利益"维度的合理性，却又内在地蕴含着对于"利益"维度的批判性向度。儒家对于爱、对于人类的特性的认识确立了个人利益和人类利益之间的互补关系，也就

是说,如果不能认识到人类基于血缘而产生的关爱,也就不能理解
"爱",同样也不能学会"爱人"。而如果不能从"爱家人"扩展到爱
"陌生人",甚至"天地万物",实际上是未能理解人类和所有物种之
间的"一体"性。这样的关系在儒家发展史上被反复讨论过,主流
的观点认为血缘之爱是基础,但这样的爱必然会扩展到事事物物。

也就是说,儒家肯定了"各为其家""各为其国"的思维方式的
合理性,却又认为"人"存在着超越"利益"的特性,这是"人"所以
尊贵,所以"异于"动物的缘由。

儒家传统特别强调从人类的"尊严"而不是人的自然欲望的
角度来定义人的本质,并认为人与人之间能"感受"到作为"类"
的特性。凸显人类的"类"属性是人对于自己的道德认定和责任
担当。

那么人是如何体认到"类"的特性并确立其"尊严"的呢? 对
此,"感"的理论可以作为了解儒家的认知论的一条佳径。《周易》
指出:"感"最初来自阴阳的互相吸引,从而让我们能够对别人的爱
加以体会和传达。

《周易》中关于"感"的问题最为集中的呈现是在"咸卦"。其
卦辞曰"咸:亨,利贞,取女吉"。虞翻和郑玄都将"咸"训释为
"感"。此卦为艮下兑上(山上有泽),所以经常通过夫妇之道来解
释。王弼在给此卦做注时,专门讨论了《周易》中天道与人事相结
合的原则,指出乾坤象征天地,而咸卦则象征夫妇,它们的共同点
则在于本始性,"乾坤乃造化之本,夫妇实人伦之原"[2]。不过,乾
坤作为自然属性的两极与夫妇作为人类属性的两性之间却因为

---

[2]　王弼注,孔颖达疏《周易正义》,北京大学出版社,2000,第163页。

"阴阳"相"感"而"利贞"，也就是有好的结果。"人物既生，共相感应。若二气不交，则不成于相感。""此卦明人伦之始，夫妇之义，必须男女共相感应，方成夫妇。既相感应，乃得亨通。"[3]在阴阳相感的大原则下，夫妇作为人伦之始，即是所有人类社会的道德规范的原发点。这个触发机制并非社会性的群体生活要求，而是天然的"吸引力"，是男女之间的"感"。男女在属性上互相吸引，这种吸引力的介质就是"感"。

宋代理学家强调天理先在，因此人类之间的互相理解体现为对于"天理"的感知。理学家们认为，既然事物都分有天理，也就有了"同类相感"的基础，如果说孟子更为强调内在的心理感应的话，理学家则为这种感应提供了"形而上"的基础。

孟子对"孺子入井"而产生的"恻隐之心"的阐述，让我们理解到"共感"所引发的道德力量，牟宗三就将此原发性的道德情感与康德的"道德律令"进行比较，强调了儒家道德的先天性。而"感"就是道德原动力和具体道德实践的"中介"，这样"感"的过程就是人类体认天理并实践天理的过程。

宋代的理学家强调天理与人伦之间的一致性，"感"的过程也就与传统儒家的道德养成过程相一致，从个体的道德修养，扩展到人类最为普遍的爱。即从夫妇父子之伦常情感扩展到"万物一体"的普遍性的爱。

不过，先秦儒家对于人类道德感确立的另一个方面也值得重视，即"教化"与人的道德意识的确立的问题。儒家相信道德意识是天生的，但并非每一个人都可以有"道德自觉"，因此，道德教化

---

〔3〕　同上。

就变得十分重要,"学以成人"即表现了儒家对教育在人格养成过程中的作用的强调。这方面,《礼记》中的《乐记》篇展现了儒家的道德教化手段的独特性,即任何的道德规范和道德教化,必然以"感动"而"化",这就有别于道德强制和道德绑架,而是发自内心的"喜悦"。

按照《乐记》的说法,声音都来自人心,而人心本静,要感于物而动,产生反应。而不同的情绪状态,人心感于物的反应也有所不同。

> 乐者,音之所由生也,其本在人心之感于物也。是故其哀心感者,其声噍以杀。其乐心感者,其声啴以缓。其喜心感者,其声发以散。其怒心感者,其声粗以厉。其敬心感者,其声直以廉。其爱心感者,其声和以柔。六者非性也,感于物而后动。是故先王慎所以感之者。故礼以道其志,乐以和其声,政以一其行,刑以防其奸。礼、乐、刑、政,其极一也,所以同民心而出治道也。[4]

这六种情绪状态并非人心之自然,而是人心受到外在环境的刺激而产生的反应。因此,圣王们对于这种"感之者"是极其慎重的,通过礼来呈现"志",通过乐来调节声音,通过政令来统一人们的行为,通过刑法来阻止奸邪行为,这样的社会管理策略可以让民心一致而秩序井然。

《周易》和《乐记》作为儒家经典,造就了人们对儒家价值认知

---

〔4〕　孙希旦:《礼记集解》下,沈啸寰、王星贤点校,中华书局,2002,第977页。

的一个共同可理解的基础，"感"之所以能够作为理解儒家的仁爱的一个关键性概念，首先是基于其对人与人之间是否可能存在可通约性理解的认定，这也是《周易》建立的人事和自然之间的共通性所引发的理路。其次是"感"所触发的"道德理想"（未发）和"道德现实"（已发）的枢纽，意味着教化的必要。也就是说，人固然有可理解的基础，但这样的理解基础是建立在人的私欲还是公共利益之上，对于儒家而言，是天理之公和人欲之私的根本差别。

通过"感化"，儒家道德的共享基础得以建立，这为儒家的道德原则从家庭发展到"天下"奠定了基础。在天下观念的建构中，儒家所具有的"让"的原则也十分重要。

受亚当·斯密影响而发展出的"理性人假设"（hypothesis of rational man）为现代社会的经济活动提供了一种思考的基础，即人类在进行经济决策的时候，是以追求自身利益最大化为基础的"理性"行为。受这样的思路影响，不仅个体行为中的"自我中心"被认为是理所当然，即使是国家与国家之间的交往也被认为是建立在利益基础上的，理解外交事务的原则是"只有永恒的利益，没有永恒的朋友"。但在传统儒家的价值体系中，让与分享一直被肯定，并被看作建立共同体的重要基础。中文里，有"礼让""敬让"等说法。"让"包含着谦让、退让，其实质就是要求社会成员之间的分享，这样的分享，经常意味着对自己利益的牺牲。而在孟子的思想中，"辞让之心"则是作为人的"类"属性的重要组成部分。在传统中国社会中，因为提倡家族成员和社会成员之间的和谐，"让"始终被以各种方式所肯定。这不仅被认为是消除家族内部利益争议的原则，也是处理国与国之间关系的重要原则。

我们可以由此引申出一些新的视角：比如，儒家对于"天下一体"的终极目标的实现奠基于他们对人的特性的独特认识,并认为人的"自我完善"(成为大人)是一个贯穿人的生命全过程的目标。换句话说,道德上的自我完善基于每个人具备的对于善恶的判断力,这样的判断力来自人的"天赋"。不过在"感于物而动"的过程中,许多人被外在环境影响,判断力会被私欲遮蔽,这就需要教化和惩罚并举的手段来规训。这个理路是《乐记》的主题。由此,道德自觉和圣贤的表率作用就构成了前提和过程的结合体。如果没有道德本体,道德培育便成无源之水;而如果没有道德实践中对困境的克服,完善的政治秩序就难以建立。因此,人的"道德感知力"和圣贤的"道德感动力"共同铸就道德实践的整体完成。

近代以来,儒家在道德体认和道德实践中所积累的资源被中西之间的文化冲突所压制,中国人在严厉的自我否定中,儒家复杂的"仁爱"理念被解释为只顾及家庭利益的"家族中心主义",即既否定个体利益,又忽视国家和天下的利益,这样的认识直到21世纪初才被重新思考和纠正。特别是在"天下主义"的观念下,儒家那种基于个体但同时必然会发展到所有群体的"仁爱"观念,才重新被看作思考现代人类的行为逻辑和国家间关系的重要思想资源。

儒家"天下观念"的"复活",很大程度上源自中国的改革开放。20世纪下半叶中国开始重新融入世界,而在这个过程中,中国经济的发展让传统的价值也被激活。中国知识界虽然愿意接受以个人权利和自我为基础的"理性人"意识,但同时始终认为中国的价值观与西方的价值观有很大的差别。尤其认为在肯定个人利益的同时,不能忽视社群的利益;在肯定国家的合理性的时候,不能忽视"天下"的超越国家的"人类"利益。

儒家学者们强调传统中国的智慧对目前的世界有帮助,而且相信人类能够确立起理智和情感相结合的世界,其基础就是"同情心",可能有一些人不能很快体会到人类利益的重要性,所以在这个过程中,"教育"十分重要。

值得注意的是,不仅赵汀阳提出的"孔子改善"从博弈论的角度证明了"互助""共赢"更有助于在竞争中获得优势,而且现代的神经科学研究证明了人类的大脑中存在着一个 rSMG 的区域,这个区域负责人的同情心和同理心,这为古老的儒家的"感"的理论提供了科学的基础。可以说,"感受"到别人的好心并由此建立互爱的世界是一种"共同的理念"。自我中心固然是与生俱来的,但同情心和同理心也是与生俱来的。因为我们长期强调"理性人",反而认为道德情感是个人化的。但儒家认为只要有足够的教育,就能激发人的同情心,并转化为公共意识。如果我们有足够的天下观的教育,那么,超越个体、国家的普遍的爱是能够实现的,在这方面,儒家传统提供了足够多的经验,他完全可以成为人类价值教育的最为有效的资源。

目前,中国提出了"一带一路"倡议,从某种意义上,这可以被看作天下主义在当代的实践范本。虽然这个倡议受到一些批评,特别是来自美国的批评,但在我们看来,这样的批评从根源上说,可能来自对中国人的道德观念的不了解,也可能来自"一带一路"实践中的"缺陷"。不过,对一个新天下主义的探索来说,有不完善之处是可以理解的。在我们看来,儒家的天下观念要得到真正的复活,一个在实践中被认为是可行的方案是必需的。所以说,儒家"天下观"的复兴,不应该只是一种理论回溯,更应该是一种实践探索。

从中国角度看,勇于提出"一带一路"倡议,并非搞什么推销,而是一个不断改进形成的合作性计划。它具有的是一种"内在"而非"外在"国家与国家关系的眼光。这个合作倡议是要改变现存的世界秩序，是一个从上到下、全面的改变。"一带一路"的话语倡导两个价值观念作为基础：一个是"共赢"，另一个是"多元化"。这两个价值观念是以人类命运共同体语言表达的。

新儒家唐君毅以《易经》宇宙论的思想，对生生不已文化的过程，用了一个描绘变化特点的成语提炼，即"一多不分"，可用英文翻译为"one is many, many one"（一即多，多即一）。《易经》的生生不已的宇宙论特点，为我们提供了另一种描述生生为贵"天下"情势的可认形态。唐君毅认为，这一认识是过程宇宙论的特点，也即将具体文化的进化形成，认同为与它们本身相系不分的广袤无垠的关系视阈的动态与具体的中心焦点。唐君毅的这一生态思想，指出一种不同凡响的境域化主义与根植性，以它来做根本性界定，"一切的生生维系事物"都是含于变化过程当中的。重要的是，"一多不分"是对内在固有、构成性关系观点的另一种描述法；这种描述法同那种在互不联系及孤立物体中得到的外在关系概念形成鲜明对照，它是一种变化过程同本相本质的本体性区别。"一多不分"，简言之，是任何"一"的相互关系性构成，其中不可相分的是境域化的、广袤无垠的"多"。还可进一步说，在这一化生融通的过程中，"一"变化着"多"，"多"也变化着"一"。

这个"一多不分"观可用很多不同方法做解读，从字面意义上说是"一与多的不可分"，也可以说是"具体物"同"场域"之间的"通"、"独特性"与"多重性"的共现、"通"同"多样性"的相互性、"一体性"同"一体化"的包容性、关系张力中呈现的共享和谐性活力，还可以说是整体效果中具体细节的表达，如此等等的不同情势。

如果我们以文化认同作为一个例子，它还是要在一种不同语言中重申文化的"视点/视阈"观。用"视点/视阈"观看问题，每一文化，每一文化的生命的每一脉动，都是同它所在视阈中环绕着它的无限的"多"相系不分的。

就像"天下"，远非将"多"同化为"一"的模式，唐君毅的"一多不分"观强调，《易经》的过程宇宙论中的可认形态，是在文化生态之中相互作用的。唐君毅的观点是，我们如果从"天下"与生活经验的整体性和包容性开始，思考宇宙秩序的呈现，我们就可以将这一经验看作既具有活力延续性也具有多重多样性的，既是一以贯之的过程的流动，也是有区别的事件圆成。这个观点是又一例双重体的互相内含，它构成着自然世界一切现象的特点；在这种情况下，是特殊性与整体性，我与他。一切独特的事件或者聚焦点，都是由无限大场域中的各种相关关系构成的，它们共襄成事，同时也成就它们自己的独特关系构成性，像是并和资质的功能，它们可在这些独特的关系视阈中得以成就。也即是，从描述到指令的移动，对"天下"作为"一多不分"的充满活力的解读，是一个对这之中存在充分机会的方式的总结，每一实体皆可对潜在条件实施最优化发挥，渗透到它与其环境条件之间的关系之中。不仅每一现象或事件其中具备与其境域化，与不划分边界的"多"是相系不分的，而且进一步而言，作为一个独特的"一"，它可找到高度聚焦，可以有很多不同方式的"聚焦"，这是根据角度之多，角度在这里界定它一步一步的叙事。重要的是，任何对它自己的独特性和个体性的声称，皆不是对它与其他实体之间关系的排斥，而是作为一种素质功能，是它能够在这些关系的独特构成上成就自己的素质。

也许"天下"的观念提供了对不受批评的西方概想的另一种解释。这个概想是:中国的雄心勃勃战略,施加影响要搞另一种世界秩序,是西方自己帝国主义历史的当代重复。但是"天下"提供的是一种生态模式国际关系,这是由于在所有政治和经济活动中,它对相互依赖存在的承认,而且是提倡"和而不同",而不是"同而不和"。由于"一多不分"的融通,"化"(transformation)只是意味着:"一"变化着"多","多"也变化着"一"。

中国不动摇地致力于从地缘政治策略开始的一个前所未有的世界经济发展规模,如果从它自己历史和身份意义上同情地去理解,它是要在新世界政治中,充分发挥"天下"理念。这样对"天下"的解读,中国学术界清楚地交代的,是对"一带一路"的一个文化语义阐释语境,是既对国内也对国际积极有益的,确立的是取得同这一倡议相适合的渴望成功的目标的实实在在举措,也提供对取得成功或者遇到失败做出评估的基础。分析和界定"一带一路"的成功与否,标准是可以建立起来的,同时也可发现,因而做到减少失败的可能。"天下"这一理念,是一个作为清晰说明和发扬从经典文献汲取文化与精神中国的价值的方式,可以运用到利于促使经济的与政治的中国笃行其承诺,从而可以向一个更加平衡世界秩序的道路上引领。

传统天下观、当今"一带一路"倡议与变化的世界地缘政治秩序

安乐哲

从有限游戏走向无限游戏

在过去的一代,儒家文化圈的亚洲尤其是中国的崛起,引起世界政治经济秩序的巨大变化。全球总体的发展与中国自身力量的增长对全球产生的具体影响,带来了一系列相对容易依循的、不断变化的政治经济模式。然而,随着中国在政治经济领域开始有主导性的角色,中国又会给世界带来怎样的文化变革呢?政治经济主导发生大变化是否会改变长久以来被强大的自由主义支配的精英世界文化秩序?中国认为儒家文化将对世界做出贡献,那么传统儒家价值观在新世界秩序形成过程中会起到什么作用呢?

众所周知,儒学倡导相互尊重、相互依存的关系价值。也就是说,关系构成的人要被理解为根植在人与人具体交往关系的约定俗成中,并受其滋养。这样理解的人之观念,与我们此前熟知的,

西式自由民主那套互不联系、孤立自决、自主的单子个体人形成鲜明的对照。在家、国及天下关系的厚重且斑驳的结构中形成的儒家伦理观道德行为,能对现有国际文化秩序形成挑战并改变它吗?在迅速变化的情况下,以家庭为中心的儒家价值观是否能促成一个新的世界文化秩序?

詹姆斯·卡斯(James P. Carse)所做有限游戏与无限游戏的区分[5],也许有助于开始思考,儒家价值观是否能在促成一个新兴文化秩序中发挥作用。在卡斯的构想中,"游戏"正是指人类的活动,如贸易、商业、教育、外交、运动等。有限游戏着眼在,参与游戏的个人要依照固定规则,保证在限定时间内产生的结果是一个赢家和一个输家。有限游戏因此具有限定的开始与结局,个人参加游戏的目的在于赢。个人主义与自由主义价值观的广泛流行,导致有限游戏的竞争成了我们考虑个人之间、团体之间以及主权国家之间相互关系的一种常见模式。

无限游戏则有不同的格局与期待结果。它没有限定开局与结局,而是着眼于增强人与人之间关系,而不是强化个体间竞争。无限游戏的最终目的是共赢共荣和持续合作。另外,无限游戏也有规则,但规则是可以改变的,只要目的是找到可能解决问题的办法。家庭成员的关系是无限游戏的典范。一位母亲会不停培养与儿子的亲密关系,这样一起生活面临的复杂问题,他们就可以一起去应对。在无限游戏中,相互依存性关系意味着,母子要么协同一致、持续共赢共荣,要么一起失败。无限游戏的结果总是要么一荣俱荣,要么一损俱损。

---

[5] James P. Carse, *Finite and Infinite Games*(New York: Ballantine, 1987).

　　当我们寻找必要的文化资源来促成价值观、意志和行为的转变,以使我们从以自私利益为出发点的单子个体人的有限游戏的主导,转变到无限游戏模式上来,这样个人、社会、团体、主权国家之间各个层次进行的都是发展彼此的关系。如果是这样,儒学将起到的作用是什么呢?

中国的"一带一路"是什么倡议?

　　2013 年年末,中国介绍了它的"一带一路"倡议。从中国角度看,这一宏伟的倡议不失为一个对现存世界秩序从上到下全面实行改革的方案。中国在话语上提出的是一个包容性"共赢"愿景,我们可称之为"国际内关系"(intra-national relations)主义。可以说,中国这个新国际关系倡议的根源在于传统中国思维,即可以追溯至中国第一个经典《易经》[6]的宇宙观和政治观。今天,从中国国内和国际,至少有这两个方面的原因,引起我们对"一带一路"倡议展开更加深入的探讨,对这一目光远大的倡议进行仔细的研究。

　　在国际舞台上,有一种有目共睹的"敲打中国"的现象。我们处在这样一个历史时期,即在国际上,尤其是美国媒体眼里,"中国做不出好事"。絮絮叨叨、没完没了对中国所做一切事情都进行负面解读,让人们毫无招架之功。这种全面的否定谴责,让人不由自

---

〔6〕　《易经》的传统翻译是 *Book of Changes*(变化之书),这个翻译是有歧义的,因为在此意义上而言,早期过程宇宙论中有许许多多不同类型的"变化",体现在相当丰富的词汇中:化(transformation),变(flux),迁(remove),更(replace),替(take away),移(transfer),改(reform),换(exchange),革(peel, take away),等等。早期的注解将"易"和"益"联系在一起。郭沫若提出,易应该被解读为"赐"的简化字。对于这个将生命关联性(vital relationality)置于首位的宇宙论来说,"变化"(ex-changing)是其终极的意义之源,有鉴于此,郭沫若的看法是很有说服力的。

主就把它当作标准看法或常识而接受。共和党最近成功地在美国选民心理上炮制出了一个"不轨的希拉里"形象,就是通过这种连篇累牍、不断重复的粗俗辱骂性辞藻,带来它应产生的政治效果,直接造成心理影响。如今,如果有谁冒冒失失地说中国一点好话,就会立即遭到攻击,被说成对专制姑息养奸。

无可辩驳的是,对所有政府都要抱有审慎乃至批判的评价态度,对其政策要进行问责,然而恰当批判态度的积极效果,只有在批评是具体的而不是全面否定的时候才会显示出来,而且这种批评声音应该是建立在知情和做过反复思考的基础上,而不只是一种简单的想当然。诚然,中国本身对它自己负面形象的出现也不是无可指摘的。据其内部来看,中国在急速现代化的过程中,离弃了它的一些重要的文化价值。对此有两种明显的负责迹象,一是反映在中国当前对出现的超标空气污染与环境恶化的蔓延加以控制的努力,还表现在为根除普遍渗透至社会各个领域的严重的腐败文化而大举进行的反腐运动。中国自己也认为,它的高速经济与政治发展,已经导致了一种不可接受、不可持续的代价。中国正千方百计采取一切必要措施对这种过分代价加以纠正。

"一带一路"理念:从"国际间"关系
走向"国际内"关系

赵汀阳为我们提出"重思中国"的任务,也即用中国角度理解中国,要让中国有自己的声音,有自己的视角,有自己的方法,有自己的逻辑。此处,与赵汀阳相对照的是我们太熟悉的用外来角度检讨与审视中国的方法。赵汀阳的告诫针对的是这样一种"儒学",这种儒学被用基督教概念引入西方,然后又被转化为一种"东方宗教",这一身份是它从西方书店、图书馆和大学课程中获得的。与此同时,当 19 世纪下半叶东亚各国全套引进欧美教育制度与课程设置,并用西方现代性概念及理论结构翻新自己的本土语言时,它又是一种自我殖民的儒学。在今天说中文,其实说的是西方现代性;今天讲儒学,其实是以并非它自己的那些文化要点去重写它。

　　这里要明确一点。赵汀阳"重思中国"的独特性,用他自己的话说,毫无疑问是在于从中国经典文本中重新获得一种独特的中国视角,这一视角可以让中国推进自己的思想,并对自己在塑造全球未来中的角色负责。然而,考虑到其自身的宇宙论预设,这并不是在主张一种与客观对立的主观视角。相反,这是在拥抱两种视角的相互依存,这种相互依存在汉语自身中有所根据,汉语中有这样一个相互关联而非二元对立的术语——"主客"。如此理解的"重思中国"是关系性的;对于我们来说,它是"与中国一起思考";而对于中国来说,它是"与世界共同体一起思考"。

　　听从赵汀阳的呼吁,我们可以说,儒家哲学及其无限游戏的学说,带给国际内关系(IR)理论的一个重要特征,即"国际间关系"与"国际内关系"的区别。我们使用"inter-"这一前缀来表示联合、外部和开放的关系,这种关系将两个或多个独立且在某种意义上可比的实体连接在一起:我们用我们的"个人"计算机访问"互联网"(internet),也即"互联"+"网"("inter"+"network")并进入"网络"("the web"),其中网络是独立节点的基体的结合,每个节点都有自己的完整性。

　　相比之下,"intra-"则意味着"在内部""在里面",指的是包含在给定实体自身中的内部和构成性关系。"intra-"具有直接的有机生态含义——没有外部的内部。它指的是一种根本境域性("一多不分"),其中,全球秩序总是暂时性的、呈现的、全然未加总的(un-summed)所有秩序的总和,其间不存在任何单一的特权和主导秩序。

主张使用"国际内"(intra-national)这一新表述来代替"国际"(international),是因为它指的不是在相互独立的个体性、主权性政体之间产生的外在关系,"国际内"概念背后的预设是我们在讲述的一种内在关系基体,一种"政体场域",其中任何一个"政体"都拥有其关于整体的一个独特的立体(aspectual)[7]视角,并且在它们彼此的构成关系中,这些政体一起构成了我们共有的、相互依存的、相通的和不可化约的社会和政治身份。"国际内"让我们对我们的关系性有了一个焦点—场域性的理解,其中每一政体都是全息的,作为对"国际内"关系中无边界性生态内所有关系的一个具体表现。

我们如何生活在一个没有外部的内部——这一对人类视角的立体性(aspectual)本质进行的同样的思考,正是宋代诗人苏轼《题西林壁》的著名诗句所传达的。这首诗的后两句已成为脍炙人口的格言,但恰恰是前两句最能阐明他的观点:

> 横看成岭侧成峰,远近高低各不同。不识庐山真面目,只缘身在此山中。

将这一启示用在国际内关系(IR)上,我们必须承认,并没有一个真正的世界秩序,只有许多同样具有启发性的观点,它们的整体构成

---

[7]　该词的翻译采用了欧阳霄的译法。

了其多重意义的秩序。

回到哲学上,唐君毅在谈论儒学宇宙论时也提出了相同的观点。他认为,儒学宇宙论只有"正在生成的世界"或"世界生成"("worlding" or "world-making")——我们都是相互依存地活在一个无限边界的生态中,这里没有外在的视角,没有本然的观点(view from nowhere):

> 中国哲人言世界,只想着我们所处的世界。我们所处的世界以外有无其他的世界……中国的哲人说世界不说我们的世界是"一世界"(A World),亦不说是"这世界"(The World),而只是说"世界"(World),"天地"(World as Such)前面不加冠词,实是有非常重大的意义的。[8]

在过去的 20 年中,几位杰出的中国哲学家接受了"一多不分"思想,他们通过引入一个强有力的选择——国际内关系(IR)理论,为我们提供了一种澄清"一带一路"思想的方法。正是这些关于一个国际内秩序的不同设想,为中国的新倡议做好了思想的准备,它们从李泽厚的"一个世界"宇宙论开始,一直到赵汀阳的哲学性尝试和干春松的历史性尝试,以期提供一个令人信服的"天下"观。这些当代声音都以汲取传统儒家价值观进行理论的建设。

这个"天下体系"的一个重要含义是,中国必须"为了这个世界"而对这个世界担负责任,不是把自己的秩序意识强加给它,而是承认这一整个世界都关联着中国自己的身份,中国必须为所有

---

[8]　唐君毅:《唐君毅全集》第 11 卷,台湾学生书局,1991,第 101—103 页。

会聚的多元性实现整体的性质担起责任。这种整体全息性正是《道德经》的以下词句表达的：

> 故贵以身为天下，若可寄天下；爱以身为天下，若可托天下。

如果我们还要儒家经典也来阐明这一相同的观点，即我们必须以整个世界而不是民族国家作为分析问题的出发点，那么我们可以引用《孟子》的一段经典语句：

> 万物皆备于我矣。反身而诚，乐莫大焉。强恕而行，求仁莫近焉。(《孟子·尽心上》)

有一篇张锋的文章，主要聚焦于赵汀阳 2005 年出版的《天下体系：世界制度哲学导论》一书，对赵汀阳的早期研究做出了有趣而富有见地的总结。张锋作为一个自觉的政治学者，而非一个哲学学者，从这个角度来看，他在很大程度上赞赏赵汀阳建立中国国际内关系(IR)理论的原创而精到的工作。尽管如此，他仍然对赵汀阳的论点持严肃的保留意见：

> 赵汀阳论点的关键缺陷是……他如此着力强调一个天下体系世界，却不能为创建一个天下体系的世界机构指出一条清晰的路径。[9]

为赵汀阳辩护，我要说两点：第一，在我看来，作为一名哲学家，赵汀阳的主要责任正是推出"天下"的"思想"，而不是它的政治

---

[9]　Zhang Feng 张锋, "The *Tianxia* System: World Order in a Chinese Utopia," *China Heritage Quarterly*, no. 21 (Mar. 2010).

建制,而将他的研究建立在经典文本的基础上,是他应有的关注点;不过第二点更重要。假如赵汀阳做的是张锋让他做的——也即设计"一个蓝图"并且演示给人们"天下体系作为一个和平与和谐的体系是如何运作的",那么赵汀阳将会既使"天下思想"也会使"一带一路"倡议出不来今天这种效果。中国"与世界一起思考"的责任,要求这个崭新世界秩序的实现在它行进的过程中,包容所有会出现其中的其他视角。对于中国来说,先发制人地设计一个建设新世界秩序的模板,无异于违背"一带一路"的"观念"——它的"公正"(共赢)话语以及用"人类命运共同体"话语表述的"多元性"。正像贺随德(Peter Hershock)在思考真正的多元性时提出的:"单独考虑时对每一个人都好的东西,不一定对所有人都好。"〔10〕简而言之,做张锋要赵汀阳做的事,不符合中国的地位。在一开始就将"知行合一"作为其基本准则的儒家传统之中,追求把中国"世界生成"体系进行理论化是行不通的。如果社会智力源于理论在实践中的持续确证,那么像赵汀阳这样的知识精英,就必须接受在为逐渐展开的"一带一路"时代塑造国际内关系"愿景"(而不是"理论")时,他们异常重要的角色,随着新的世界秩序的出现,他们必须通过援引"一带一路"的"理念"来努力保持包容性的文化视角。我们需要放弃对理论清晰的渴望,接受这样一个事实,即"一带一路"倡议是协作的、多边的和过程性的,它的成功需要尊重与想象力。《道德经》在这一点上很有启发性,它提示我们,推进"一带一路"倡议这个雄心勃勃的企划需要的是什么样的领导:

---

〔10〕 Peter D. Hershock, *Valuing Diversity*: *Buddhist Reflection on Realizing a More Equitable Global Future* (Albany: State University of New York Press, 2012), p. 133.

　　　　圣人恒无心，以百姓之心为心……圣人在天下，歙歙焉为
　　　天下浑其心，百姓皆注其耳目，圣人皆孩之。

在《道德经》的这段引文中，蕴含在这些圣人叙事中的，是百姓的生活。老百姓当然期待圣人们为他们指明方向，但他们同时也保有着"自然"，以一种保留了孩童般多变性的方式，过着自己多样的生活，每个人都被赋予了在世界上创造自己独特叙事的空间。他们身上没有任何强加的特定生活准则，他们的周围世界不过是一个全然未加总的所有秩序的总和，他们可享受他们全心全意参与的多样化生活，并在一颗愉悦浑朴的心中，处在一种心同此心的境界。在这种状态下，他们各自的特殊性，对彼此而言都是一种生生变化，对圣人而言也是如此。

　　当转换成"一带一路"倡议的话语时，圣贤就成了所有那些在经济、政治和文化层面推动"一带一路""理念"的人们，该理念即是"共赢"与共享多样性价值。所期望的前景，是一个崭新、包容的世界秩序，它将带领我们从有限游戏走向无限游戏，从当代我们世界的不平等，走向共享的人类繁荣。

杜威的"民主思想"与儒家"共赢"
"多样性"的共鸣

　　显然，更好地理解"一带一路"是什么，以及它不是什么，无论对西方国家还是中国来说都是有利的。"一带一路"话语承载着两种价值——通过"人类命运共同体"的语言阐释的"共赢"与"多样性"。饶有趣味的是，毕生倡导"民主"的哲学家约翰·杜威，按照

他本人对这一政治"思想"的理解,"民主"即刻与儒家这两个基本价值发生了共鸣:在一个多元和包容的"大社群"中实现共赢。在杜威眼里,"民主"及其产生的"社群",无非是提倡一个包容的、道德仁义的,甚至是灵性的生活方式,这样生活是为了使每一个身在其中的人类经验的可能性最优化。

那么,我们能否诉诸多变的杜威主义与儒家的共赢和多样性价值之间的这种共鸣,以消除歧义,从而使"一带一路"倡议祛除那种异国的感觉,以此促进对这一理想的更深入和共同的理解?杜威知道,形式(form)是顽固的,是不会自我改造(reform)的。正如他需要让他的"民主"深处的"理念"变成原则,并借这一"理念"不断对"民主"不变的定式加以评估一样,我们在此也有必要在两种情况之间做出区分:一方面是抓住了中国自觉提倡的基本儒家价值观的"一带一路""理念",另一方面是将这一"理念"作为一种标准,用于评估在认真实施这一倡议时将采取的各种经济和政治"形式"。

从美国的角度看,杜威在他那个时代被称为"美国的哲学家"。他被美国公众视为体现了他们自己的最佳价值观,并且享有如此高的公共声望,以至于人们普遍认为,在国家就任何受关注的问题做出决策之前,都应该首先征求他的意见。当然,杜威在中国一次持续两年多的访问之后,他的中国东道主对他并不陌生。其实,就是这位杜威,曾被德高望重的北京大学校长蔡元培称为"孔子第二"[11]。或许正是杜威对"民主"概念的倡导,与儒家在社会、政治和天下秩序中培养和维持一种包容性的"最佳和谐"("和")

---

[11]　蔡元培:《在杜威博士60岁生日晚餐会上的演说词》,载沈益洪编《杜威谈中国》,浙江文艺出版社,2001,第329—330页。

的持守如此一拍即合,为他赢得了如此高的赞誉。在杜威的"民主"与儒家的"和"这两种模式中,目标都在于通过充分发挥人们的差异来追求最优化的结果。在杜威看来,"民主"是个繁荣的、交流的共同体,它通过其特定成员之间的共享"共赢"和从中浮现的多样性(杜威称之为他们实现的"个体性")而具体地、过程地呈现出来。

杜威阐述了一种对民主的"理念"的宇宙论理解,并以此作为检测标准,来抵制他所觉察到的在美国式自由民主的演变过程中,一种令人遗憾的趋势,即此种自由民主偏离了其定义前提的安全范围。有鉴于此,杜威在民主的这种"理念"(有时是"理想")与作为政治"形式"的民主之间,做出了一种开创性区分。在《公众及其问题》一书中,杜威就"一般社会意义上的民主理念"做了如下定义:

> 从个体的角度来看,它就在于根据组建和管理其所属群体活动的能力,以及根据参与群体所维持的价值的需要,负责任地分担责任。从群体的角度来看,它要求解放群体成员的潜力,与共同的志趣和利益相协调。[12]

我们在此必须小心,因为杜威的语言如果被误解——一直以来它常常被误解——我们会背离他更深层次的含义。对杜威而言,"个体"与"群体"既不是割裂的实体,也不是可分割的实体。相反,鉴于杜威致力于将经验的整体性作为所有反思的起点,那么境

---

[12]　John Dewey, *The Essential Dewey*, vol. 1, eds. Larry A. Hickman and Thomas A. Alexander (Indiana University Press, 1998), pp. 294-295.

遇相对于抽象主体就是第一性的,关系性相对于抽象个体也是第一性的。杜威摒弃了个人与社会之间那种熟悉的对立感,他将人视为公共结构中关系的构造。他的洞见很简单:我们不是从外面进入关系的,而是自始至终就彻底植根在关系之中,并且由相互性关系构成。在杜威看来,民主的"理念"就是在回答:我们是怎样滋养这些原本的、构成性的"社群中的个人"(persons-in-community)之关系,并使之最优化地具有最大效果? 杜威认为,这样的关系滋养是具有伦理的、社会的、政治的,甚至宗教的有益效果的。

　　当从实现的"个体性"的角度来看,相对存在于其他选择中的相互关联的生活而言,杜威的民主"理念"并不是一种可能的选择。相反,这个"理念"是永远不会实现或完成的,最终是宗教的完美关系性的理想。正如杜威所坚持的那样,民主的"理念""就是社群生活的理念本身"[13]。对于杜威来说,正是这个大社群中每一个人的"行为和经验"才是真正民主的源泉和真谛——焦点、全息的"个体"最理想的、有德的关系,因为他们每个人都既独立又合作地塑造着他们所属的形成中的团体和社群,并为其所塑造。

　　对于杜威来说,这里有一个简单的逻辑:既然我们是由我们的关系构成的,那么如果我们的朋友和邻居好起来,我们也会好起来。因此,民主的"理念"在根本上是一个道德的、审美的和宗教的追求。积极地说,民主就是一个根本上审美的方略,让构成社群的关系产生最佳效果。而消极地说,它是对如下事实的一种认知,即这些关系中若有任何强迫力量,都是对这个社群创造力的削弱。通过对个人的关系加以培养,从而最大限度地发挥一个人那永远

---

[13]　John Dewey, *The Essential Dewey*, vol. 1, eds. Larry A. Hickman and Thomas A. Alexander (Indiana University Press, 1998), p. 295.

独一无二之人格,这就是杜威在区分真正的"宗教性"和制度化的宗教强加给其信徒的强制的统一性暴力时的意思。

儒家"治理"思想与杜威"大社群"观的国际化

对于杜威来说,民主的"理念"作为大社群的源头,正在充分激活所有可用的人类资源,以实现尽可能丰富的多样性。当我们在总是有差异的人之间尊重公平,并允许这些差异对每个人产生不同影响时,这种民主中的社会正义就会出现。从社会转向政治,从民族国家转向国际主义,杜威从经验的整体性出发,将其作为他实用主义的基础宇宙论假设。杜威认为,传统的民族国家总是服从于决定它并为其赋形的社会力量的品质。杜威期望,如果国家

> 不仅仅是促进和保护其他更自愿的联合形式的工具,而非其自身是一种最高目的……国家仍然非常重要,但其重要性将越来越在于其促进和协调志愿团体活动的能力。[14]

对于杜威来说,我们将民族国家主权置于首要地位的倾向,对于"国际主义"的可能性和"国际思维"所带来的滋养,是一种令人厌弃的违背。在评论民族国家时,他说:"正是这种学说或教条的盛行,对有效形成国际精神构成了最大的障碍。"因此,他的结论是,"国际主义不是一个愿望,而是一个事实,不是一种感性的理想,而是一种力量"。待其实现的时候,国际主义"会与排外的民族国家

---

[14] John Dewey, *The Middle Works of John Dewey* (1899-1924), vol. 12, ed. Jo Ann Boydston (Carbondale: Southern Illinois University Press, 1977), pp. 196-197.

主权的传统教义实现和解"。

杜威在其《约翰·奥斯汀的主权论》一文中指出,奥斯汀没有认识到这样一个事实,即传统的国家主权制度,它们本身与更首要的社会力量相比,只为次要的建构,是社会力量赋予国家主权制度以表达式。换句话说,杜威对怀特海的"错置具体性谬误"(the fallacy of misplaced concreteness)给出了自己的另一种说法,即将主权归因于传统民族国家,而不是构成它的动态社会力量:

> 在每一现存文明国家中,政府权力均是掌握在一个特定群体手里,这些人或多或少能够正确地实行分配,因而奥斯汀的设想也看似与事实相当一致。然而,确有如此具有决定性的政府,是大大超出奥斯汀理论范围的事。它们的存在恰恰是因为,长久以来一直运行的巨大社会力量,已经将这些政府作为表达机构固定下来。将隐藏在政府背后的力量拿掉——正是这些力量使政府成其为政府,这些政府的存在及品质是一种偶然,随时都有可能被改变。承认这些力量吧,既然是它们决定了政府,它们才是具有无上权力的。[15]

杜威抵制了今天大多数政治哲学家的这种不假思索的预设,即这个被叫作中国的大陆文明,可以舒舒服服地被归入"民族国家"的范畴。换句话说,难道不应该将当前这个我们称之为中国的政治实体,解释为一个国际主义非常早期进程的产物吗?

中国的人口比非洲多3亿,几乎是欧洲人口的两倍,远非加拿

---

〔15〕 John Dewey, *The Early Works of John Dewey* (1882-1898), vol. 4, ed. Jo Ann Boydston (Carbondale, Il.: Southern Illinois University Press, 1971), p. 80.

大、阿根廷所能比。在此，杜威确实很有先见之明，他已经预见到，眼下的政治困境正迫使我们追问，是否有一个真正强有力的国际主义理念，会要求我们将那些相互依存的有机力量置于首要地位，这些力量将比民族国家的偶然现象在更根本的层面上运作。杜威问道：

> 国家究竟是什么时候出现的？法国成为一个契约和同质的国家有多久了？意大利呢？德国呢？是什么力量使它们成了国家？中国之外的民族国家将会面临怎样的未来？国际主义的未来如何？我们关于国家的整个概念来源是如此的新近，以至于它无法以任何一种方式适应中国的情况也就不足为奇了。或许，民族政治建立得最彻底的日子也正是其走向衰落的起点。[16]

对于杜威来说，很明显，如果我们志在追求真正的国际主义，我们需要阐明一种更为根本的治理的"理念"，而不是将我们连续不断的人性碎片化为离散的、正统的和抽象的民族国家。杜威明确宣布，"必须将我们内部构成的偶然变成一种理念，一种我们可以据此实行我们对外和对内政策的理念"。否则，我们就必须接受这样一个无法规避的事实，即"国际司法法庭最终将由于国家主权原则而破裂"，我们实现国际主义的努力将因此而失败。[17]

儒家思想的特质是将人类道德视为近亲情感的表达——唐君毅称之为"自然生理"，《论语》开篇就这样说：

---

[16] Dewey, *The Middle Works of John Dewey*, vol. 13, p. 73.

[17] Ibid. , p. 203.

> 有子曰:其为人也孝弟,而好犯上者,鲜矣;不好犯上,而好作乱者,未之有也。君子务本,本立而道生。孝弟也者,其为仁之本与。(《论语·学而》)

儒家传统的根本智慧在于,如果说"中和"是追求的目标,家庭则是最有可能让人倾其所有、毫无保留付出的唯一人类组织。杜威从他的宇宙论理解的"民主",将其作为一种社会、政治和宗教理想,也同样要求对可用人类资源的最优化,但儒家提出,只有家庭组织才能作为这样一种杜威式理解的民主的根基。

根据这种儒家的情感,将世界转变为一个家庭,就是要树立这样的典范,它将最好地实现这一目的,即最大限度地发挥我们每个人作为人类"做人"的叙事。儒家哲学实行"敬"的孝道逻辑:我们通过被爱来学会爱,延伸开去,敬畏并体现祖先文化,是我们与时俱进的文明的智慧源泉。我们还可以诉诸另一个有益的区分,即有限游戏与无限游戏的区分,来加强一种孝道逻辑的重要性,以实行真正的国际主义。

（阮凯　译　田辰山　校对）

中国和印度领导下的亚洲区域秩序前瞻

贝淡宁[18]

一个国家的等级制度如果是建立在道德的基础上,就含有服务的概念:君主应该为臣民服务。君主不必是纯粹的利他主义者,但是国家政策应该把主要目标放在为臣民而不是为君主谋福利上。君主只要有部分动机是为了臣民,其政策就是受欢迎的。

如果是国家之间的等级差别以道德为基础,情况就不同了。一国之君的首要义务是为本国臣民服务,他不可能为了别国人的利益而蓄意牺牲本国民众的利益。国家之间的等级体系必须互利互惠:强国和弱国都能获利,换句话说,它们必须是双赢。

但是,互惠有两种。我们称之为"弱互惠"的是这样一种理想,国家间存在等级差异,但相互都从中获利。每个国家都从自己的

─────────────

[18] 贝淡宁(Daniel Bell):山东大学政治学与公共管理学院教授;主要研究领域为比较政治哲学、社群主义、儒家。

视角思考问题(更准确地说,统治者考虑自己民众的利益),如果对两国或两国民众都有利,他们就达成交易或结为同盟。但是,弱互惠很脆弱,往往经不起冲击。一旦局势发生变化,交易就不再对某个国家有利,该国就简单地选择退出交易,就像特朗普政府一旦认定那些交易不再对美国有利(如果曾经有利的话),就决定重新协商谈判或者干脆抛弃自由贸易原则(甚至安全盟友)。在弱互惠中,弱小国家尤其处于容易受到伤害的地位,因为强国的心血来潮能轻易改变交易条款。另外一种互惠,我们称之为强互惠的是这样一种理想,两国不再仅仅从自己的角度看待问题,而是都从双方的角度考虑结盟。统治者不再简单地思考如何有利于本国民众,即使交易暂时更有利于他国民众,他们仍然愿意贸易或者结盟。而且,每个国家对利益本身的考虑至少部分受到其他国家的利益(及文化和历史)的影响。人们如何思考自身利益以及如何看待幸福生活是会相互影响的,存在相互学习的过程,从前的敌对国家可能逐渐被视为拥有共同利益和价值观的友好国家,比如英国和美国的关系。强互惠比弱互惠的要求更高(或许更加罕见),但往往更稳定可靠,而且对弱国更有利。

强国和弱国组成互利互惠的等级体系的理想在现代世界仍然重要吗?若从法学层面上看,并非如此。我们应该生活在主权国家平等的时代。1648年的《威斯特伐利亚和约》奠定了主权国家平等理想的基石,各国应该相互尊重主权,避免干涉他国内政。该理想始于欧洲,慢慢扩展到世界其他地方。在1945年,联合国将一人一票原则普遍化,甚至应用到国家层面,即国家无论大小和贫富程度如何,都拥有平等的代表权。西方国际关系的很多理论化尝试都基于这样一个理想,即主权国家在形式和法律上相互平等。

　　但是在现实中,国家从来就不平等,且并不总能享受至高无上
的主权。正如大卫·莱克(David A. Lake)所说:"主权由一系列权
利和权威所组成,可以被划分成不同层次的管理,委托给不同的统
治者……把主权当作可分割的东西来对待就允许权威在国家之间
分配,权威的大小取决于国家在等级体系中的地位高低。"[19] 只要
稍加思索就能意识到全球秩序是由不同国家之间的等级体系所构
成,有些国家事实上拥有支配其他国家的权力。没有人真的在乎
尼加拉瓜没有签署《巴黎气候变化公约》的事实,但是,特朗普总统
退出这个公约的决定或许是一场全球性灾难,因为美国在确定全
球议程时具有压倒性的影响力。甚至联合国也表现出全球各国存
在等级差异的事实:最重要的决定常常出自安理会,安理会中有常
任理事国、非常任理事国和普通成员国之分。难怪像印度和巴西
等新兴国家要力争成为安理会常任理事国(到现在为止还没有成
功)。

　　如果国际关系理论家旨在提出能够解释国家行为的理论,且
更加野心勃勃地要预测国际体系的演变后果,理论阐述就应该
更多关注国家之间存在等级差别的现实。或许有很好的规范性理
由来为国际间等级差异辩护,可如果只是强国欺侮弱国以便攫

―――――――――
〔19〕 David A. Lake, *Hierarchy in International Relations* (Ithaca and London: Cor-
nell University Press, 2009), p. 3. 另参 Jonathan Renshon, *Fighting for Sta-
tus: Hierarchy and Conflict in World Politics* (Princeton and Oxford: Princeton
University Press, 2017)以及 John M. Hobson and J. C. Sharman, "The En-
during Place of Hierarchy in World Politics: Tracing the Social Logics of Hierar-
chy and Political Change," *European Journal of International Relations* 11
(2005): 63-98; 以及 Alexander Wendt and Daniel Friedheim, "Hierarchy un-
der anarchy: informal empire and the East German state," *International Organi-
zation* 49, no. 4(Sep. 1995): 689-721。

取渴望得到的东西,那规范性的理论家就只能靠边站了。但是,强国的确能为作为整体的全球秩序做贡献。

不管我们多么担忧强国的"流氓"领袖会撕毁全球协议,在国际体系中要形成对付诸如气候变化等全球性挑战的共识往往要更加困难,因为这种国际体系的特征就是每个国家都有平等的权利制订和退出全球协定。[20] 等级体系也能为国际和平做出贡献。正如阎学通所说:"如果考察最近的国际关系史,我们就能看到,在实行朝贡等级体系的地区比强调平等规范的地区更好地维持了国际和平。在冷战时期,美国和苏联的平等地位使得他们打了很多代理人战争来争夺霸权,而他们在北约和华约各自拥有的特权地位使其能够防止结盟的成员国之间发生军事冲突。"[21] 而且,等级差异体系实际上有利于弱国,因为这种支配意识意味着大国负有额外的责任。比如,安全等级差异体系能降低附属国的国防开支。[22] 不平等的经济权利也有利于弱国。强国并不与弱国在平等基础上互利互惠,而是通过允许对其有利的差别化国际规范赢得弱国的支持:比如"在10+1(东盟加中国)合作关系中,要求中国在东盟国家之前先行开始在农业贸易中实行零关税的规范。这种不平等的规范能够让10+1经济合作的发展比东盟加日本的合作更快捷。日本要求与东盟国家同等关税,这延缓了它与东盟国家

---

[20] 按照霸权稳定理论,当单一国家是支配性超级大国时,国际体系更有可能维持稳定。Joshua Goldstein, *International Relations* (New York: Pearson-Longman, 2005), p. 107. 无论这个理论在过去是否具有真理性,考虑到中国的崛起,它已经不再是唯一可行的选择了。不过,如果两个国家而不是多个国家作为支配性的全球大国,国际体系更有可能维持稳定。

[21] Yan Xuetong, *Ancient Chinese Thought*, *Modern Chinese Power* (Princeton and Oxford: Princeton University Press, 2011), p. 105.

[22] Lake, *Hierarchy in International Relations*, p. 138.

经济合作的进展速度,使其远远落后于中国和东盟的合作"〔23〕。额外的权力伴随着额外的责任,强国被要求偶尔采取负责任的行为,如果做不到还应该被追究责任,这些并不是完全乌托邦的想法。至少需要一些理论帮助我们区分等级差异国际体系中的好规范和坏规范。因此,正如朗恩(Lane)所说:"如果我们不是视而不见的话,就像格式塔移位,重新聚焦等级体系能揭示出一直存在于我们身边的另类现实。"〔24〕

但是,我们并不需要"格式塔移位",只需回归古代思维方式即可。在古代印度和古代中国,政治思想家都提出过丰富和多样的国际政治理论,他们都把国家间的等级差别视为理所当然。我们可以挖掘古代理论的精华,从中找到服务于当今时代的深刻见解。古代印度和古代中国的政治思想家,有的为存在差别的国家间的弱互惠理念辩护,有的则为强互惠理念辩护。本文将首先探讨古代印度有关差别理念的天下秩序观,接着探讨古代中国有关差别理念的天下秩序观。最后一节将提出"一个世界,两个等级体系"应该成为未来全球秩序的适当形式。

一、古代印度:等级理念的天下秩序

在古代印度,最具系统性的国际关系著作是印度孔雀王朝开国宰相政治家、哲学家考底利耶(Kautilya)的《政事论》(*Arthasastra*,又称治国安邦术),其英文译本长达400多页,其中一半以上的

---

〔23〕 Yan, *Ancient Chinese Thought*, *Modern Chinese Power*, p. 105.

〔24〕 Lake, *Hierarchy in International Relations*, p. 178.

篇幅用来谈论外交政策和战争。[25]

考底利耶的思想可能在 1 世纪时盛行,传统观点认定他是一位强悍的宰相,协助国王赢得了权力,并创建了孔雀王朝。他的卓越功勋让马基雅维里黯然失色,看起来简直就像个多愁善感的理想主义者。如果考底利耶的著作在欧洲有更大影响力,我们就可能使用"考底利耶式"而不是"马基雅维里式"来描述国际政治中不受道德约束的现实主义了。该书写于君主治下众多小国争霸的时代,他认定战争状态是常态。君主应该尽最大努力去扩张领土,无需受到任何道德和宗教的限制,恰恰相反,他应该竭尽全力利用民众的迷信观念去实现自己的目标。请考虑下面这个杀敌计策的清单。

在前往朝拜某个神灵的途中,依据信仰的不同,敌人前往朝拜的圣地有很多可能。我们应该在这些地方用计谋杀敌。就在他进入寺庙时,我们应该通过启动机械装置来制造一堵假墙或让石头砸在他头上;或者从上面阁楼上开启石头或其他武器倾泻而下的攻击模式;或者让门板倒下来或者门闩一端固定在墙上,另外一端解开;或者,应该让神的雕像、旗帜或者武器砸在敌人身上;或者应该在他站立、端坐或路过之地对其使用毒药,具体手段可以涂抹牛粪、喷洒气味芬芳的香水或献上鲜花和香粉等;或者应该向他吹送香味掩盖的致命毒气;或者依靠松动铆钉,用棍棒将其打落井中;或者在他的床下或座位下设置陷阱,使用机械装置固定好上面。[26]

---

[25]　参见 Patrick Olivelle(trans.), *King*, *Governance*, *and Law in Ancient India*: *Kautilya's Arthasastra* (New Delhi: Oxford University Press, 2013)。

[26]　Ibid. , pp. 401-402.

考底利耶对国际政治思想的最重要贡献是曼陀罗理论(*man-dala*)——王国圈理论。帕特里克·奥里维拉(Patrick Olivelle)解释说:"国王被其他国家围成一个圆圈,因为他们与他有共同的边界,这些国家是他天然的敌人。在这些敌国周围是更多国家围成的第二个圆圈。因为他们与第一个圆圈的敌国领土接壤,他们就变成了他天然的盟友:敌人的敌人就是我的朋友。那些构成第三个圆圈的国家,按照同样的逻辑,成为其盟友的敌人,因此也是自己的敌人,诸如此类。"[27]

曼陀罗理论假定在所有国家都能发起战争的意义上,国家之间大致平等。但是,我想重申一下,这里没有尊重国家领土完整的需要的现代限制性条款,因此没有假设国家平等的理论阐述。事实正好相反,持续不断的领土扩张冲动意味着国家的大小、财富和权力随着最近一次战争所造成的领土增加或减少而发生变化。但是,敌人的敌人就是朋友的原则也能带来互利性结果:帮助论证了中国共产党与国民党在抗日战争中的结盟。毛泽东的名言是:"凡是敌人反对的,我们就要拥护,凡是敌人拥护的,我们就要反对。"[28]这个原则也帮助论证了中国和美国在以苏联作为共同敌人时恢复邦交的合理性。考底利耶本人确认国王应该竭力达成互利互惠的和平协定:"如果所得利益相等,那就应该达成和平协定。"[29]甚至弱国的国王也能主动提出与强国签订和平协定:"当弱国国王遇强国大兵压境时,他应该迅速请求签订和平协定,主动

---

[27] Olivelle (trans.), *King, Governance, and Law in Ancient India: Kautilya's Arthasastra*, "Introduction," p. 48.

[28] 译者注:《和中央社、扫荡报、新民报三记者的谈话》(1939 年 9 月 16 日)。

[29] Olivelle(trans.), *King, Governance, and Law in Ancient India*, p. 302.

提出给予财宝、军队、领土或者他本人。"[30] 但是,从最好处说,互利的和平协定这种弱互惠形式难以长久。一方面,和平协定不能从根本上挑战曼陀罗理论阐明的盟友/敌人逻辑。拥有领土纠纷的两个天然敌国虽然有可能达成和平协定,但往往极度不稳定。边界可能发生变化,如果侵略战争造成从前的两个友好国家拥有了共同的边界,天然的盟友就可能变成天然的敌人。更具根本性的问题是,如果维持和平协定不再对君主有利的话,他能够和应该漠视和平协定。考底利耶将这个观点推向损人利己的极致:"当他希望以智取胜,打败腐败、轻率、失礼、懒惰和无知的敌人时,他应该告诉对方'我们签署和平协定'却没有固定区域、时间和任务。依靠和平协定带来的信心,他应该找到破绽并发动攻击。"[31] 因此,考底利耶式"和平协定"应该被视为旨在"以智慧、以权术和最终以武力战胜与其签订和平协定的国王"的战略罢了。[32]

统治者永远也不应该忘记其终极目标是领土扩张和征服:国家越大越好,对于小国来说,被打败的下场实在太糟糕了。有些国家变得如此强大,甚至连解释盟友和敌人的曼陀罗理论都无可奈何:强大国王率领的大国能够保持中立。在强大的"中立"国王征服已知世界的大部分领土之后,会发生什么呢?此时,从不平等国家之间的"弱互惠"有可能转向更稳定的"强互惠"吗?考底利耶的

〔30〕 Olivelle(trans.), *King, Governance, and Law in Ancient India*, p. 283.

〔31〕 引自 Patrick Olivelle, "Relations between States and Rulers in Ancient India: Asoka, Kautilya, and Manu," p. 13. Paper presented at the workshop on "Classical Indian & Chinese World Views on Global Order: A Comparison," (Berggruen Institute, 28-31 January 2018, Bangkok)。

〔32〕 Ibid., p. 9.

确说过"正义之王"是社会和谐的保护神，[33] 但是，真正做到这一点的是阿育王毛里亚（Ashoka Maurya）。阿育王毛里亚通常被称为阿育王或者阿育王大帝，是在公元前 269 年到公元前 232 年控制了印度次大陆大部分地区的成功征服者。他依靠考底利耶式的方法开疆拓土，包括攻打羯陵伽（the Kalingas，今奥里萨邦［Orissa］）的惨烈战争，这次战争伤亡 10 万人，俘虏 15 万人。但是，在阿育王当政的鼎盛时期，他皈依了佛教，彻底改变了世界观，从热衷战争转向热爱和平（他的经验或许成为权力使人腐化的名言最令人印象深刻的反例）。他表达了对羯陵伽战争的深刻懊悔反省和对达摩（dharma）的郑重承诺。达摩这个词大致可以翻译成道德规范，以石刻法令（rock edicts）的形式遍布其帝国。但是，传播道德的承诺不仅仅局限于他自己的帝国："在希腊人和康卜加斯人（Kambojas）、拿巴加斯人（Nabhakas）和拿巴波提斯人（Nabhapanktis）、波杰斯人（Bhojas）和比丁尼加斯人（Pitinikas）、安德拉斯人（Andras）和帕林达斯人（Parindas）的帝国领土内，到处都有人遵循达摩中'众神所爱者'的神谕。即使'众神所爱者'的使者还没有走到，民众已经根据达摩行动了，遵从达摩的戒律和指示，心甘情愿地一直遵从下去。由此获得胜利，胜利无处不在，到处都是胜利的喜悦。这种喜悦都来自达摩的胜利。"[34] 这样的场景似乎是一种理想而非现实，但是，阿育王的确派遣他的"众神所爱者的使者"到遥远之地传播道德规范。

---

〔33〕　Mark McClish and Patrick Olivelle（eds. and trans.），*The Arthasastra*：*Selections from the Classic Indian Work on Statecraft*（Indianapolis：Hackett, 2012），"Introduction," p. xlix.

〔34〕　引自 Patrick Olivelle, "Relations between States and Rulers in Ancient India：Asoka, Kautilya, and Manu", p. 13。

　　这种道德规范的内容是什么？它至少是致力于和平和非暴力。对生命和佛教徒生活方式的承诺，不仅适用于人类而且推及任何形式的生命："我已经执行不杀生的法律，反对杀害某些动物和其他很多生命。人类正义的最大进步源于推崇不伤害生命和弃绝杀生。"[35]它包括向外国提供医疗知识，这促使帕特里克·奥里维拉评论说："阿育王派遣这些大德高僧使团的意图非常清晰：那就是传播其达摩哲学的传教努力，说服这些国家的君主在国内管理和国际事务中采用阿育王的道德哲学……这非常类似基督教试图在很多国家传播福音的传教士活动。"[36]

　　但是，阿育王的道德规范指这样一种观点，吸取不同道德的精华，同时尊重差异性，以此创建共同的道德观。在此意义上，他的"众神所爱者的使者"与基督教传教士不同，基督教传教士试图传播他们认为的真理，同时（或明或暗地）贬低其他道德体系。而阿育王有关族群关系的论述则不同。阿育王的目标不仅仅是让分歧和隔阂严重的族群之间和平共处，他还旨在达成相互学习的目标，这就要求"众神所爱者"的言论表现出克制和尊重。

　　如果不属于同一个宗派，教派之间不会夸耀自己而诋毁他人，只有同一宗派内部才会互相批评。而且，各种不同教派对彼此的宗派都是赞颂的。这样做，不仅能帮助自己的教派发展壮大，而且也有利于其他教派的成长。否则，就会两败俱伤。无论是谁，如果仅仅是致力于弘扬自己的派别，也就是说，一门心思只考虑"如何

---

[35]　引自 Theodore de Bary et al, eds., *Sources of Indian Tradition* (Delhi: Motilal Banardidass, 1963), p. 153。

[36]　引自 Olivelle, "Relations between States and Rulers in Ancient India," pp. 18, 19。

荣耀我的教派",并据此行动,推崇自己贬低他人,结果反而会严重伤害自己的教派。因此,和谐一致受到所有人的称赞,人人都在倾听也愿意聆听其他人宣扬的教义,事实上这正是神圣国王所期望的。[37]

如果高僧使者自我克制,避免过分夸耀自己的教派和极端偏激地批评其他教派,就能维持和平的局面,避免羞辱其他教派。不过,他们也必须竭力改造自己的观念,正如拉杰夫·巴尔加瓦(Rajeev Bhargava)解释的那样:"阿育王说,那些试图改善自己伦理道德观的人应该不仅和拥有不同视角的人交流以便向他们学习,而且要领会他们的戒律并愿意'遵从'。设身处地站在他人的立场上思考问题有时候可能还不够,你必须站在他们的立场上采取行动。这样付诸实施的伦理参与带来一种实验性的维度,有助于实现道德观的改造。"[38]显然,该目标接近我们所说的"强互惠":双方相互尊重彼此的差异,相互学习从而形成汲取双方精华的共同道德观。国家之间或许存在不平等权力关系或者等级差异——阿育王派遣高僧使节到弱小国家,而不是相反——但是,这和基督教传教士相距甚远,他们的目标不过是向道德上落后的土著居民传播福音而已。在当今世界,最令印度和中国知识分子恼火的莫过于现代使节——西方国家恃强凌弱的政客、激情满怀的记者、非政府组织积极分子、缺乏文化敏感性的游客,更不要提正宗的传教士的道德说教了。这些国家的历史上都曾经拥有种族主义、殖民主

---

[37] Edict XII, 引自 Rajeev Bhargava, "Asoka's Dhamma as Civic Religion: Toleration, Civility, Communal Harmony," Paper presented at the workshop on "Classical Indian & Chinese World Views on Global Order: A Comparison," (Berggruen Institute, 28-31 January 2018, Bangkok), pp. 58-59。

[38] Ibid., p. 47.

义和帝国主义等黑暗记录。当然,如果在与弱国打交道时,强国的代表在言语上能采用阿育王的风格,表现出克制和尊重,不平等国家之间的关系也许能够得到改善。这并不是否认国家之间真正存在利益(经济的或安全的)冲突的可能性,不过,只要现代国家遵循阿育王的指导原则,这样的冲突就更容易得到解决。阿育王已经去世,但他的理想应该永世长存。

应该指出,阿育王的圣谕——言论要表现出克制和尊重主要是作为国内政策的指南,即为了帝国内部各族群之间的和平与和谐关系。[39] 但阿育王当然相信其受佛教启发的圣谕放之四海而皆准,也能为外交政策提供有用指南。其实,他的理想也能在古代中国政治思想家中引起共鸣,他们也提出过国家间的强互惠理想。现在,让我们转向古代中国最伟大的国际关系理论家荀子所提出的建议,即具有道德合理性的等级差异国际关系。我们将在下文看到,荀子提出了帮助确定等级差异国家之间强互惠关系的礼仪制度。

二、古代中国:等级理念的天下秩序

就像在古代印度一样,古代中国思想家认为社会生活中存在的等级差异概念理所当然。最直言不讳地赞美等级差异美德的荀子(前310—前219)被普遍认为是儒家三个创始人之一(连同孔子和孟子)。他一直遭到后人诟病据说是因为他对法家——古代中

---

〔39〕　拉杰夫·巴尔加瓦将此理想与儒家的和而不同理想相提并论。请参阅 Rajeev Bhargava, "Asoka's Dhamma as Civic Religion"。

国的考底利耶们[40]——产生了影响。不过,荀子的观点对东亚社会的实际政治产生过深远的影响。

他的著作相对来说更清晰、更系统化。他故意回避了关于人性和社会的乌托邦假设。实际上,他最初的假设就是"人性恶"[41]:"人生而有欲,欲而不得,则不能无求。求而无度量分界,则不能不争;争则乱,乱则穷。"(《荀子·礼论》第 1 节)幸运的是,这不是故事的结尾。人"有师法之化,礼义之道,然后出于辞让,合于文理,而归于治"(《荀子·性恶》第 1 节)。人能学会控制天生的欲望,享受和平共处和相互合作带来的种种好处。

荀子论等级礼仪[42]

转变的关键在于礼(《荀子·性恶》第 3 节)。[43] 通过学习和参与礼仪,人们学会调节自己的欲望,在个人的实际欲望和社会能

---

[40] 有人会说,荀子的学生韩非子是比考底利耶更甚的现实主义者,为达目的不惜牺牲道德规范。他是古代中国将法家传统系统化的第一人。请参阅拙著 Daniel A. Bell, *Beyond Liberal Democracy*: *Political Thinking for an East Asian Context* (Princeton and Oxford: Princeton University Press, 2006), chap. 8。但是,韩非子开始离经叛道,一反常态了。他系统性地颠覆了老师理论中的基本假设——人性能够得到改善,礼仪规范的教化比法律惩罚更重要,王道应该成为评价君主好坏的道德标准——反而提出了严酷的政策,比如杀掉儒家思想家,结果导致他自己的老师也遭到杀害。

[41] 译者注:《荀子》的英译参考约翰·诺布洛克(John Knoblock)的翻译, *Xunzi* (湖南人民出版社, 1999)。"人之性恶,其善者伪也。"(《荀子·性恶》第 1 节)

[42] 本节选自拙著《中国新儒家》(吴万伟译,上海三联书店,2010)第三章。 Daniel A. Bell, *China's New Confucianism*: *Politics and Everyday Life in a Changing Society* (Princeton: Princeton University Press, 2008), chap. 3。

[43] 事实上,仅有礼是不够的。我们将看到,礼仪能够激发和改造情感,但是荀子也论证说,广泛阅读经典、终生不断地学习能够提高修养(《荀子》第一篇《劝学》是中国大学生非常熟悉的名篇)。

够提供的物质财富之间找到更好的结合点,使财富和欲望两者相互制约,长久保持协调,出现社会和平和物质幸福的双重结果。[44] 礼仪提供的亲密关系不仅仅是建立在亲属关系上,而且可以让人们获得友好合作的社会利益。那么,礼到底是什么呢?荀子对于礼的描述包括了当今礼仪描述所熟悉的特征:它是社会实践(区别于个人行为),它建立在传统之上(区别于新发明的社会习俗),它是非强制性的(区别于法律的惩罚),随着社会背景的变化,礼仪的细节会发生变化。但是,荀子对礼仪的描述是出于社会规范的动机,他突出强调了当今读者可能不是很熟悉的两个因素。在英语中,"ritual"这个词包含有在口头上遵从社会规范的含义。这个词的前面往往有个形容词"空洞的",意思是里面没有真实情感。但是,这不是荀子所说的礼。礼涉及情感和行为。正如荀子所说,最完备的礼,所要表达的感情和礼节仪式都发挥得淋漓尽致,"故至备,情文俱尽"(《荀子·礼论》第 7 节)。礼的要点在于驯服我们的动物本能,如果人们只是注重外表的形式,没有情感投入其中,礼就不大可能改变他们的本能。礼需要投入,需要激发情感上的反应,所以它对于礼仪的参与者在当时和以后都会产生影响。因此,礼仪常常需要伴随着帮助人们激发情感反应的音乐(荀子专门抽出一章来论述音乐对道德和政治的影响)。甚至到了今天,中文里"礼"这个字常常后面跟着"乐"(礼乐),似乎两者从来都密不可分一样。

　　同样重要的是,荀子对礼仪的描述涉及社会等级差异:礼仪明

---

〔44〕　译者注:"以养人之欲,给人之求,使欲必不穷乎物,物必不屈于欲,两者相持而长,是礼之所起也。"(《荀子·礼论》第 1 节)

确规定依据身份地位的不同,待遇有所不同(这与人人平等的做法正好相反)。正如荀子所说:"君子既得其养,又好其别。曷谓别?曰:贵贱有等,长幼有差,贫富轻重皆有称者也。"(《荀子·礼论》第3节)礼仪涉及共同社会实践中不同权力的人,待遇也就不同。但是,荀子为什么确认礼仪必须有等级差别呢?一方面,他承认存在等级差别的社会现实,礼仪能够帮助实现社会和平,通过给不同的个人分配不同的责任、特权、利益,礼仪因而帮助防止社会地位不同的人之间发生冲突。[45]但是,这不仅仅是安抚潜在不满和愤怒的问题,或为给予掌权者更多利益的制度辩护的问题,恰恰相反,等级礼仪对于共同体意识的产生和掌权者关心基层民众利益的情感培养都是必不可少的。

像其他儒家思想家一样,荀子希望劝说政治领袖接受他的观点,因为他们拥有最大的权力能够按照所期望的方式改造社会。在理想的社会,聪明和仁慈的君主应该实施这样的礼仪,整个社会就可以变得和谐、宁静和繁荣。但是,非理想社会又如何呢?荀子对处境极其敏感,他提出在不同背景下应该采取不同建议。问题在于,如果君主也需要道德上的改变,那么,如何说服君主接受礼仪呢?为此目的,荀子诉诸他们的自我利益。但问题是有权势者能够从"非文明"社会中获益最大,强者可以用残暴的武力剥削弱者。所以必须说服有权势者从似乎是限制其欲望的社会体系中获得更大利益。因此,荀子论礼的大部分篇幅就是要说服政治领袖在社会

---

〔45〕 Eric L. Hutton, "Introduction," in *Xunzi: The Complete Text*, trans. Eric L. Hutton (Princeton and Oxford: Princeton University Press, 2014), p. xxvii.

上推广礼仪是符合其自身利益的。他说，礼是国家力量的根源，[46] 严肃的音乐能够增强军事力量。[47] 人们期待多数君主能接受这样的建议。

但是，礼仪并不仅仅让统治者受益。马克思主义者和自由民主人士都谴责等级礼仪，因为它们似乎旨在让封建社会的统治阶级受益，对于当今时代是不适用的。但是，这是对荀子意图的误读。在荀子看来，等级礼仪对于在"自然状态"下处于最底层的弱者和穷人也是有益的：如果没有礼仪，"求而无度量分界，则不能不争；争则乱，乱则穷"（《荀子·礼论》第 1 节）。当然，暴君本人不会受到可无限使用权力的体制的最严厉打击。混乱和贫困的最大受害者肯定是弱者和穷人。荀子说，在没有礼仪文明的社会，"则夫强者害弱而夺之，众者暴寡而哗之，天下悖乱而相亡，不待顷矣"（《荀子·性恶》第 9 节）。而实行礼仪意味着"对贫贱的人要给予恩惠"[48]。

但是，荀子为何强调强者和弱者共同参与的礼仪呢？如果将等级礼仪与排除不同地位者的礼仪实践相比，其吸引力似乎是最大的：有钱有势者做自己的事，贫穷羸弱者做自己的事，他们老死不相往来（想象一下印度种姓制度的俗套描述或者美国这样贫富差距社会分层显著的国家的不同礼仪）。通常情况下，人们并非在等级礼仪和平等礼仪之间进行选择，而是在强者和弱者共同参与

---

[46]　译者注："隆礼、贵义者其国治，简礼、贱义者其国乱。治者强，乱者弱，是强弱之本也。"（《荀子·议兵》第 8 节）

[47]　译者注："乐中平则民和而不流，乐肃庄则民齐而不乱。民和齐则兵劲城固，敌国不敢婴也。"（《荀子·乐论》第 5 节）

[48]　译者注："礼也者，贵者敬焉，老者孝焉，长者弟焉，幼者慈焉，贱者惠焉。"（《荀子·大略》第 17 节）

的礼仪和只有强者或只有弱者参加的礼仪之间进行选择。荀子赞成前者。比如,村庄的祭酒仪式受到称赞是因为年长者(权力更大)和年幼者(权力更小)都可以从酒杯中品尝一口酒,"焉知其能弟长而无遗也"(《荀子·乐论》第 12 节)。诸如人人都可参加的孩子满月酒、婚礼、葬礼等仪式,具有吸纳穷人和边缘人作为共同体成员参与集体活动和风俗的作用。正如华盛顿大学教授伊沛霞(Patricia Buckley Ebrey)所说:"儒家文本和建立其上的礼仪,不是简单地传达社会差别。在另外一个层次上,它们通过人们参与礼仪形成共同点来克服这些差别。[与早期近代欧洲不同],随着时间的推移,在表现家庭礼仪时的阶级差别似乎是缩小了,而不是扩大了。"[49]强者在等级礼仪中认识到弱者是团体的组成部分,他们更有可能为弱者做点事情(或者至少避免实施更加糟糕的掠夺)。所以,虽然荀子竭力回避宗教思考,避免对生活世界的变化做出超自然的解释,但仍然花费大量的篇幅讨论如何正确对待死者,这绝不是巧合。显而易见的理由是,死者是最不能够保护自己利益的人。他们是弱者中的最弱者。因此,有权力者,那些活着的人,要通过某种礼仪的训练以便学会尊重死者。荀子详细指出了装饰尸体的必要性,因为如果尸体不装饰,就会变得很恐怖,人们就感觉不到悲哀了,"不饰则恶,恶则不哀"(《荀子·礼论》第 12 节)。他还指出,每次装饰尸体之后,都要把尸体移远一点,因为如果距死者近了,就会产生轻视的感觉,而轻视就会产生厌烦,厌烦就会产生怠慢,怠慢就显不出恭敬了,"尔则翫,翫则厌,厌则忘,忘则不敬"(《荀子·礼论》第 12 节)。悼念死者的礼仪应该逐渐淡化,以

[49] Patricia Buckley Ebrey, *Confucianism and Family Rituals in Contemporary China* (Princeton: Princeton University Press, 2014), p. 228.

便让生者顺利返回日常生活,同时把悼念中养成的表现尊重和责任意识的感情扩展到现实生活中那些需要帮助的人。从入殓到殡葬的过程中,抬棺远去,使人保持对它的恭敬,日子久了一个人就恢复到日常生活,从而关爱生者的需要,"故变而饰,所以灭恶也;动而远,所以遂敬也;久而平,所以优生也"(《荀子·礼论》第12节)。

在荀子看来,等级礼仪的真正道德价值在于,它们在拥有不同权力和地位的人群中产生了一种对强者和弱者都有好处的共同体意识。换句话说,它们帮助等级体系的成员产生一种强互惠意识,无论强者还是弱者都认为他们的命运连在一起。[50] 将其团结在一起的纽带要比支持"弱互惠"的动荡不定的利益关系更为强大。荀子心中想的不仅仅是"国内政策"。等级礼仪不仅能够在国内民众中,而且能在不同国家的人中创造奇迹。[51]

荀子特别批评国家之间的经济外交,理由是其最多不过是产生一种弱互惠意识,一旦国家利益不再一致,那种意识就烟消云散了:

> 事之以货宝,则货宝单而交不结;约信盟誓,则约定而畔无日;割国之锱铢以赂之,则割定而欲无厌。事之弥顺,其侵人愈甚,必至于资单、国举然后已。(《荀子·富国》)

---

[50]　当然,例外之一是生者和死者之间的等级关系:死者意识不到与生者的共同命运,他们也没有能力以任何方式回馈生者的照顾(假定鬼神并不存在)。

[51]　接下来一节引用了阎学通著,贝淡宁撰写绪论的《古代中国思想,现代中国权力》第二章。请参阅:Yan, *Ancient Chinese Thought*, *Modern Chinese Power*, chap. 2。

　　如果富国仅仅依靠广撒金钱而赢得朋友,那些朋友很可能是薄情善变的。

　　虽然那样说,荀子并没有否认强弱不等的国家之间建立在互利互惠的自我利益基础上的"弱互惠"能够相对稳定和持久。在追求自我利益的国家所处的古代世界,荀子说依靠战略上信用可靠就能称霸诸侯(所谓信立而霸也)。

> 德虽未至也,义虽未济也,然而天下之理略奏矣,刑赏已诺信乎天下矣,臣下晓然皆知其可要也。政令已陈,虽睹利败,不欺其民;约结已定,虽睹利败,不欺其与。如是,则兵劲城固,敌国畏之;国一綦明,与国信之……是所谓信立而霸也。(《荀子·王霸》)

　　但是,战略上可靠(信)也必须有强大的实力作为基础,称霸的国家才能获得盟友的信任。贫穷或弱小的国家是不可能信守承诺就会被信任的。因此,依靠财富、军事实力和战略信用的结合,追求自我利益但诚实可靠的国家能够与弱国建立起互利互惠的关系。若中国的"一带一路"倡议能为中国和中亚弱国带来物质利益,同时中国即使在经济困难的时候也坚持履行条约,就能显示它是值得信赖的可靠伙伴。从短期和中期来看,中国是成功的,我们称之为"弱互惠+"——虽然不过是基于国家之间的自我利益考量,但比考底利耶式的和平协定或赤裸裸的经济外交更稳定些。

　　但是,更稳定的(更值得向往的)国际领袖是荀子所说的"王",意思是赢得海内外民众衷心拥护的国家。在国内,遵循适当的礼仪,同时结合能确保和平与繁荣的有效政策是实现王道的关键:"故修礼者王,为政者强,取民者安,聚敛者亡。"(《荀子·王制》)〔52〕在国内确立好的榜样是必要的,但还不够。要依靠将国际礼仪制度化来赢得海外民众的心才能成就帝王大业:

> 将修小大、强弱之义以持慎之,礼节将甚文,珪璧将甚硕,货赂将甚厚,所以说之者必将雅文辩慧之君子也。彼苟有人意焉,夫谁能忿之? 若是,则忿之者不攻也。为名者否,为利者否,为忿者否,则国安于磐石,寿于旗、翼。(《荀子·富国》)

而且,礼仪的内容取决于国家间的等级差异:"王道的规范是观察背景以便发现能够利用的工具,衡量距离的远近来决定进贡的数额。怎么可能平等呢?"〔53〕西周王朝被儒家思想家认为是理想的圣王时代,它确立了朝贡国在四周环绕的等级礼仪体系。

> 故诸夏之国同服同仪,蛮、夷、戎、狄之国同服不同制。封内甸服,封外侯服,侯卫宾服,蛮夷要服,戎狄荒服。甸服者祭,侯服者祀,宾服者享,要服者贡,荒服者终王。日祭、月祀、时享、岁贡、终王,夫是之谓视形势而制械用,称远近而等贡

---

〔52〕 这里我们与阎学通的观点有所不同。他批评荀子的王道观点,理由是他忽略了还需要硬实力作为基础。荀子的确花费相当多的篇幅谈论国内政策,包括需要广泛的官僚体系(请参阅王制篇第九和臣道篇第十三),旨在富民强国的政策:圣王应该试图推行这些政策。

〔53〕 Quoted in Yan, *Ancient Chinese Thought*, *Modern Chinese Power*, p. 96.

献;是王者之制也。(《荀子·正论》)[54]

正如阎学通解释的那样,普遍原则是"根据朝贡国离王位的地理距离远近而制定出朝贡频率的规范"[55]。在一定层次上,距离更近的政治共同体的强互惠原则是考虑到当时长途旅行的确困难重重的现实而做出的适应性修改。但是,地理之所以重要也是因为领土接壤容易产生更多安全威胁。一个强大国家能够承受得起"中立"(如果借用考底利耶的说法):它能够为周边国家提供安全保证和有利于朝贡体系各方的和平条件,因而能满足建立在互利互惠的自我利益基础上的弱互惠要求。但是,强国和弱国之间的领土接壤也使得更频繁的朝贡和民众互动成为可能,从而奠定了持久和谐关系的基础,这将帮助相邻国家平安度过自我利益概念的起伏波动。我们更加接近了建立在共同价值观和相互学习基础之上的强互惠关系。

---

[54]　所以中原各国同样服侍天子而礼节规范相同。南蛮、东夷、西戎、北狄等国家同样服侍天子而习俗不同。在天子直接管辖的领地内以交纳农作物来服侍天子,在天子直接管辖的地区外围以守候放哨来服侍天子,再向外负责守望保卫的地区则以宾客的身份按时进贡来服侍天子,南蛮、东夷等少数民族地区以接受约束来服侍天子,西戎、北狄等少数民族地区以不固定的进贡来服侍天子。以交纳农作物来服侍天子的地区负责供给祭祀祖父、父亲的物品,以守候放哨来服侍天子的地区负责供给祭祀曾祖、高祖的物品,以宾客身份按时进贡来服侍天子的地区负责供给祭祀远祖、始祖的物品,以接受约束来服侍天子的地区负责供给祭祀天神的物品,以不固定的进贡来服侍天子的地区要承认天子的统治地位。每天要祭祀一次祖父、父亲,每个月要祭祀一次曾祖、高祖,每个季度要祭祀一次远祖、始祖,每年要祭祀一次天神,每一代天子死了就要朝见一次即位的新天子以承认他的统治地位。这就是所谓的根据各地的情形来制造器械用具,衡量远近规定进贡的等级差别,这就是王者的制度。

[55]　Yan, *Ancient Chinese Thought*, *Modern Chinese Power*, p. 98.

这种猜想不仅仅是理论：不平等的政治共同体的互利互惠理想指导了皇权时代中国的朝贡体系，中央王国位于世界的中心，"边缘"国家环绕在其周围。在这个体系中，朝贡国君主及其代表必须前来中国致敬，在礼仪上承认其依附中国的地位。作为回报，中国保证其安全并提供经济利益。[56] 在中国明朝时期，周边政治共同体被分成五个区域，每个区类似于西周时期的五类朝贡国，朝贡的频率（大致上）与其离中国首都的远近程度相关，这也意味着绘制出文化成果高低的路线图。就本文而言，有趣之处在于该体系允许弱互惠和强互惠同时存在。保证周边国家的安全使和平关系成为可能，而这既有利于中国也有利于附庸国。研究朝鲜和越南历史的人都知道它们在历史上多次遭受中国的入侵，但是从整体上看还是相对和平的（如果再次与欧洲历史的类似历史阶段相比的话），按照康大卫（David Kang）的说法，在历时五个世纪的明清时期的朝贡体系中，朝鲜、日本和中国之间只发生过一次战争。[57]更有意思的是，各国的边界得到尊重，此时甚至还没有出现平等国家要相互尊重主权的概念：朝鲜、日本、越南、中国之间的边界相对来说固定不变，在这五个世纪中基本没有显著的改变。如果从经济关系的动态变化来看，与欧洲帝国主义相比，这个事实就更加令人印象深刻了。追逐利润即便不是欧洲帝国主义的主要动机，至少也是部分动机。但是，朝贡贸易体系对于中国来说是绝对亏本

---

〔56〕　John K. Fairbank and Ssu-Yu Teng, "On the Ch'ing Tributary System," in *Ch'ing Administration: Three Studies*, eds. John K. Fairbank and Ssu Yu-Teng (Cambridge: Harvard University Press, 1960), pp. 112-113.

〔57〕　D. C. Kang, *East Asia before the West: Five centuries of trade and tribute* (New York: Columbia University Press, 2010), p. 105.

的买卖,对于朝贡国来说通常都是有利可图的。[58] 中国获得的朝贡与回赠给朝贡国的礼品之间的不平衡帮助维持了以中国为核心的等级差异东亚政治秩序,因为这种状况使得中国的附庸国迫切渴望其附庸地位得到中国的认可,从而获得派遣朝贡团前往中国的资格。[59] 塞尔瓦托·巴博纳斯(Salvatore Babones)评论说:"皇帝甚至可以通过拒绝接受朝贡的礼物而惩罚附庸国——只有在朝贡国得到的好处极其庞大时,这种'惩罚'才能说得通。"[60]显然,这些等级差异关系满足了弱互惠的条件,因为这种安排对双方来说都有好处,在某些方面,甚至对周边的弱国来说利益更大。

　　引起更大争议的是,朝贡体系也为等级差异的各国留出了强互惠的存在空间。中国使用道德力量传播儒家规范,同时允许附庸国的传统生活方式和行为习惯繁荣发展。[61] 朝鲜和越南以及日本(程度上稍弱)都愿意接受中国的思想和制度(如科举制)并竭力效仿中国。[62] 这并不否认朝贡制下国家之间的大部分互动都是

〔58〕 Ibid., pp. 63, 114.

〔59〕 Wang G. W., "Ming foreign relations: Southeast Asia," in *The Cambridge History of China*, eds. D. Twitchett and F. W. Mote, vol. 8: *The Ming Dynasty*, part 2: 1368-1644 (Cambridge: Cambridge University Press), pp. 301-332, (quote on p. 320).

〔60〕 Salvatore Babones, *American Tianxia: Chinese Money, American Power, and the End of History* (Bristol: Policy Press, 2017), p. 23.

〔61〕 Immanuel C. Y. Hsu, *China's Entrance into the Family of Nations* (Cambridge: Harvard University Press, 1960), pp. 8-9,当代研究显示共同的儒家价值观仍然对东亚从前的朝贡国如朝鲜和越南有指导作用。请参阅:Nisbett, *The Geography of Thought*; Li, Jin, *The Cultural Foundations of Learning*; and Bell, *Beyond Liberal Democracy*。传播到越南的儒家价值观也帮助越南人在后来的历史上抗击外来侵略者。请参阅:Neil Sheehan, *A Bright Shining Lie: John Paul Vann and America in Vietnam* (New York: Vintage, 1989)。

〔62〕 Kang, *East Asia before the West*, pp. 8-9, chs. 3-4.

出于工具性动机,不过,张锋的实证性分析发现,明朝初期与朝鲜、日本和蒙古的外交关系是一种强互惠关系,这种情况占其交往时间的五分之一,虽然他们的动机显然是出于遵循儒家礼仪的考虑。[63]

当然,弱互惠关系在实践中也常常遭到破坏。在对明朝的蒙古大战略的研究中,江忆恩(Alastair Iain Johnston)印象深刻的是"使用纯粹的暴力解决安全冲突事实上被置于价值观的很高地位,基于此的臆断和决策格言极为盛行"[64]。其他人则认为,朝贡体制本身在很大程度上是西方汉学家的发明,不能被用来解释中国在漫长的历史时期里与周边邻居的互动。[65] 在历史实践中,中国皇权时代的朝廷并不经常使用朝贡关系来干涉周边国家的国内事务,中国周边的国家常常如愿最终获得独立;按照庄国土的说法,朝贡体制是一种"虚幻"。[66]

即使中国皇权时代朝贡体制的理想和现实之间也存在很大差距,但这并不意味着该理想在当今不值得去捍卫。从表面判断,朝贡体制似乎是处理强国和周边弱国之间不平等关系的上好办法。核心国家为周边国家提供物质利益和安全保证,周边国家则象征

〔63〕 Zhang Feng, *Chinese Hegemony*: *Grand strategy and international institutions in East Asian History* (Stanford, CA: Stanford University Press, 2015), pp. 7, 177.

〔64〕 Alasdair Ian Johnston, *Cultural Realism*: *Strategic Culture and Grand Strategy in Chinese History* (Princeton: Princeton University Press, 1995), p. xi,正如康大卫注意到的那样,江忆恩的研究主要集中在中国北方和西部边疆的游牧部落;朝鲜、日本、越南与中国有共同的儒家世界观,因而与中国的关系要更加和平和稳定得多。(Kang, *East Asia before the West*, p. 10)

〔65〕 Zhang Feng, "Rethinking the 'Tribute System': Broadening the Conception Horizon of Historical East Asian Politics," *Chinese Journal of International Politics*, no. 2(2009): 545-574.

〔66〕 庄国土:《略论朝贡制度的虚幻:以古代中国与东南亚的朝贡关系为例》,《南洋问题研究》2005 年第 3 期,第 1—8 页。

性地承认核心国家的领导地位,并依据与核心国家的地理距离远近决定朝贡和相互走动的频率。这样对各方都有利,朝贡礼仪能帮助强国和弱国都产生一种共同体意识,我们可称之为强互惠。那么,中国应该试图重新建立与周边国家的朝贡体系吗?阎学通的回答非常坚定:不。"任何恢复朝贡体制的努力都将削弱中国进行国际政治动员的潜力。"[67]但是,为什么不尝试一下呢?

三、一个世界,两个等级体系?

朝贡体制无论过去有什么样的优势,对当今世界来说,即便是作为理想也存在种种问题。最明显的理由是朝贡体制从象征性意义上确认了附庸国的从属地位,使其看上去在道德上低人一等,这与主权国家平等的观念格格不入。正如上文所说,国家其实从来就不平等,从来不能总是享受至高无上的主权,但是,即使明明知道现实远非如此,我们或许仍然愿意在口头上支持主权平等的理想(我们很清楚在可预见的未来,平等的理想也不大可能变成现实)。鼓吹虚伪的观点在政治理论上有悠久的历史。[68]比如,柏拉图就曾为"高贵的谎言"辩护,说服那些位于政治等级体系底端的人认可哲学家国王和女王统治的理想共和国。宗教怀疑论者大卫·休谟(David Hume)提出了论证现有教会合理性的强有力辩

---

〔67〕　Yan, *Ancient Chinese Thought*, *Modern Chinese Power*, p. 104.

〔68〕　明明知道是虚假的,却认定这个"非真理"非常有用而广为推崇,请参阅:Anthony Appiah, *As If*: *Idealization and Ideals* (Cambridge, Mass: Harvard University Press, 2017)。

护,其理由是教会对社会秩序来说不可缺少。[69]荀子并不相信礼仪中人的表现拥有影响超自然的东西如鬼魂或精神的神奇威力,但是,他仍然为宗教礼仪辩护,因为它们有积极的心理作用和社会影响力。[70]今天,施特劳斯派政治理论家明明知道有些概念比如自然权利是虚假的,却不断鼓吹这些观点,其理由是这些对于安抚教育程度不高的民众是必要的,他们没有办法接受令人担忧的哲学真理,因为真理可能让他们对日常生活方式的终极价值产生怀疑。或许有人反对,人们在口头上支持主权国家平等的理想也属于同样的情况。虽然历史上强国欺负弱国的情况屡见不鲜,但是,平等观念在"二战"后的历史上的确起到了限制强国在法律上强夺他国领土的野蛮行径。中国自己也特别坚持主权平等的观念,在国际事务中主张不干涉他国内政,这恰恰是因为要避免重蹈覆辙,再次遭受外国列强入侵和国家被瓜分的悲剧。

虽然这样说,在口头上支持主权国家平等的观念仍然有边界。最明显的是,如果统治者对自己的民众采取大规模虐待和侵犯人权,他就丧失了管理的道德权威。早期儒家思想家孟子就曾经为当今所说的"人道主义干预"观辩护,如果其目标只是把民众从暴君的压迫下解救出来的话。[71]中国政府最近签署了国际条约,确

---

[69] Dennis C. Rasmussen, *The Infidel and the Professor: David Hume, Adam Smith, and the Friendship that Shaped the Modern World* (Princeton and Oxford: Princeton University Press, 2017), pp. 174-175.

[70] Hutton, "Introduction," in *Xunzi: The Complete Text*, p. xxix.

[71] 参见 Bell, *Beyond Liberal Democracy*, chap. 2。

认了"保护民众不受种族屠杀和系统性人权侵犯"的责任。[72] 其次,主权国家平等的理想不应该被大国用作避免承担应对全球挑战时的责任的借口。如果我们同意公平正义要求政治领袖考虑到其政策所影响到的所有人的利益,那么,大国政治领袖就有责任考虑到其政策不仅影响到当前几代本国人,而且影响到子孙后代以及其他国家的人和自然世界。如果大国发动战争或者在气候变化或人工智能等议题上犯下错误,那可能真的就是世界末日。最近,一位作者说,中国能"撼动世界"[73],可是没有人会写一本"加拿大撼动世界"的书。所以,如果大国领袖宣称他们只关照本国民众的利益,这是赤裸裸的不道德行径。虽然美国总统特朗普宣称他捍卫"美国第一"而不是"只有美国"的原则。[74] 简而言之,在口头上支持主权国家平等的理想是一回事(很虚伪),但是,大国不应该以此作为借口来回避本该承担的那份额外的全球责任。

在现代世界重建朝贡体制的建议的另一个致命缺陷是,从道德角度看,当今强大的国家未必是最文明的国家。朝贡体制建立在这样一种假设之上,即中国是文化和道德的中心,中国能够和应

---

[72] Courtney J. Fung, "China and the Responsibility to Protect: From Opposition to Advocacy," United States Institute of Peace, June 8, 2016, accessed June 8, 2022, https://www. usip. org/publications/2016/06/china-and-responsibility-protect-opposition-advocacy.

[73] James Kynge, *China Shakes the World: A Titan's Rise and Troubled Future——And the Challenge for America* (New York: Mariner Books, 2017).

[74] "President Donald Trump's Davos address in full," World Economic Forum, January 26, 2018, accessed June 8, 2022, https://www. weforum. org/agenda/2018/01/president-donald-trumps-davos-address-in-full-8e14ebc1-79bb-4134-8203-95efca182e94/.

该将其优秀文明传播到全世界。离这个国家或北京（明清时期的首都）越近的地方就越文明；相反，离北京越远就越荒凉和野蛮。如今，再也没有人会认真看待这种说法了。虽然如此，与大国接壤仍然很重要。考底利耶的担忧是领土接壤可能产生冲突，这种担忧在当今仍然真实存在，所有大国需要与邻国签订互利互惠的和平条约，比如强国能为邻国提供核保护，条件是这些国家不能自己生产核武器。两国邻近还有助于更频繁的互动，无论是朝贡礼仪还是其他，因而为建立在共同价值观基础上的强互惠提供了条件，这类似于阿育王向邻近国家推广佛教价值观或者中国向朝鲜和越南传播儒家思想。简而言之，挑战在于重新构建强国和邻国之间事实上的等级差异体系，这种体系能够为强国和弱国提供强互惠的条件，同时在口头上支持主权国家平等的理想。

古代中国的传统理想"天下"（通常被翻译成"普天之下"）[75]的现代版本能够激发人们去思考既切实可行又值得向往的等级差异国家体系。天下这个词是模糊的概念，在不同时期有不同的含义（在同一时期也可能有不同含义）。[76] 比如，在唐朝时，天下要么指唐朝君主治下的地区，要么指以中国为核心，周围被其他国家环绕的整个世界。[77] 比较复杂的情况是，该术语有时候被用来作为描述性的意义，指领土，有时候却作为规范性的意义，指与现实相对立的理想。比如，在《孟子》中，天下就被使用了86

---

[75] "创造世界"（Making the world）或许是更合适的译法，因为它表达了积极的和非静止的理想。（感谢安乐哲提供了这个深刻见解）

[76] 李扬帆：《"天下"观念考》，《国际政治研究》2002年第1期，第107、111页。

[77] 李方：《试论唐朝的"中国"与"天下"》，《中国边疆史地研究》2007年第2期。

次之多。[78] 天下通常用来指一种世界团结的理想,在一个圣王治下的没有任何领土边界的大同世界,这个理想旨在被拿来与丑陋的现实对比,就像战国时期的很多诸侯国那样,为争夺领土而残酷无情。

　　在当今时代,"天下"因为哲学家赵汀阳的使用而得到复兴,他的著名观点是给出了它的规范性定义。按照赵汀阳的说法,天下有三层意思:(1) 地理学上的存在,指整个世界;(2) 心理学意义上的世界,指全世界人民的心团结起来,就像一个大家庭;(3) 制度上的意义,政治学的世界,指有权力确保世界秩序的世界政府。[79] 西方批评家已经开始质疑此工程,柯岚安(William A. Callahan)就指责赵汀阳的天下理想掩盖了用中国霸权取代西方霸权的企图。[80] 但是,赵汀阳明确坚持按等级差别组织起来的世界理想。从制度上说,他主张成立一个世界组织,它要比任何一个国家(包

[78]　Yuri Pines, "Changing Views of Tianxia in Pre-Imperial Discourse," accessed June 8, 2022, http:// www. oriens-extremus. de/inhalt/pdf/43/OE43-09. pdf.

[79]　Zhao Tingyang, " All-under-Heaven and Methodological Relationism: An Old Story and New World Peace," in *Contemporary Chinese Political Thought: Debates and Perspectives*, eds. Fred Dallmayr and Zhao Tingyang (Lexington: University of Kentucky Press, 2012)。赵汀阳的最新表述,请参阅赵汀阳:《天下的当代性》,中信出版社,2016。译者注:"在我看来它最少有三层意思,一层是地理学上的存在,就是地理学意义上的整个世界;二是儒家最爱讲的'民心',是心理学意义上的世界,没有心的世界是死的,古人已经明白这一点;三是世界政治制度,即一个最大的政治学世界,没有制度的世界是无主土地,是可以无法无天争夺和掠夺的公地,悲剧是不可避免的。只有当建立起满足这样三层意义的世界才是一个真正的世界。"(赵汀阳:《天下体系》,爱思想,2009 年 7 月 2 日, http://www. aisixiang. com/data/28626. html,访问日期:2021 年 12 月 1 日)

[80]　William A. Callaghan, "Chinese Visions of World Order: Post-hegemonic or a New Hegemony?", *International Studies Review*, 10(2008): 749-761.

括中国在内)的领土和资源都多:"世界政府直接统治被称为王者领土的一块儿地方,它是大诸侯国面积的两倍大,是中等诸侯国面积的四倍大,以此类推。世界政府控制的军事力量比任何一个诸侯国的军力都大,它与大中小国的军力对比依次为6:3、6:2和6:1等。这种比例设计限制了世界政府的王者领土在资源上和军事力量上对诸侯国的优势范围。"〔81〕但是,问题在于赵汀阳对天下的解释既不值得向往也不切合实际。

赵汀阳声称,他的理想是受到大约3000年前周朝创始人的价值观和行为方式的启发,也正是这些圣王给了孔子灵感——但是,他的理想与儒家差等之爱的核心价值观明显不符。赵汀阳的世界政府本应该得到世界民众在心理上的支持,他们就像亲密的大家庭一样团结。〔82〕但是,这个理想更多归功于墨家或者像佛教、基督教、马克思主义和自由主义的世界主义等外国进口传统,它们旨在打破差等之爱的边界。每个中国知识分子都知道《大学》里那个确立天下之路的著名段落——《大学》是汉朝时期的著作后来被宋朝学者朱熹(1130—1200)认定为儒家四书之一的经典:"身修而后家齐,家齐而后国治,国治而后天下平。"从个人和家庭的道德秩序开始,儒家的重要目标是把秩序扩展到国家,进而在全世界实现和平。这个理想是全球和平的和谐政治秩序。但是,《大学》没有在任何地方表明与国家之外的人的感情纽带应该像本国同胞的感情纽带那样强大或更强大。理由很简单:感情纽带应该是由亲密关系者逐渐延伸扩展到其他人,但是,在越过亲密关系圈之后越往外围走,情感的强度就越来越弱。我们对亲人的义务要比对陌生人

---

〔81〕　Zhao, "All-Under-Heaven and Methodological Relationism," pp. 73-74.

〔82〕　Ibid. , p. 79.

的义务更多,这不仅因为他们是我们幸福的主要来源,而且因为我们需要回馈亲人为我们所做的一切。换句话说,主要社会关系也并非同等重要。我们对和我们有个人关系的人的伦理义务最为强烈,从这些关系往外推,义务感的强度依次减弱。我们的确有义务要把对亲人的爱扩展到其他地方,但人们并不期待我们把同等程度的情感和责任延伸到陌生人身上。关心照顾家人的种种义务要比公民情谊的要求更高,对本国同胞的种种义务感要比对外国人的义务感更强,对人类同胞的义务感要比对非人类生命形式的义务感更强。差等之爱的理想并不要求我们否认对更广泛世界所拥有的义务,只不过就像我们应该把关爱这种情感纽带延伸到家庭之外一样,我们也应该将关爱延伸到国家边界之外。把这种关爱延伸到外人,离开政治共同体越远,关爱的程度就越少,这是自然和适当的。因此,儒家不应该把特别关爱本国同胞看作政治上的必要妥协或者偏离理想世界的次优选择。它也不是走向全球仁爱和世界政府的政治的必要步骤。根据差等之爱的逻辑,对政治共同体的某些特殊承诺是必然的要求,这种承诺应该被逐渐延伸到外人(强度逐渐减弱)。简而言之,赵汀阳的天下解释有其落后性:针对特定政治共同体的情感依恋在道德上和政治上都应该优越于对世界的关爱。我们的确需要思考世界义务,但是,如果它意味着系统性地战胜特别的情感依恋的话,这种义务不要也罢。

赵汀阳的天下解释的第二个问题是不切合实际。他并没有提供实现理想的任何可行性机制。正如张锋所说:"赵汀阳的观点的关键缺陷是没有概括出走向创立天下体系世界组织的清晰道路……他坚持世界机构是优先选择,却令人吃惊地没有提供如何维持该天下体系运作的任何描述。"[83] 张锋在 2010 年写下这些话,随着民族主义和民粹主义的崛起,理想与现实之间的差距越来越大。

但是,我们能够改造赵汀阳的理想,使其既切合实际又值得向往,而且这并不那么复杂,我们需要做的只是把"世界"变成东亚即可。我们捍卫关爱东亚地区的理想,但这种关爱并不需要战胜对国家(或者其他更低共同体如家庭)在道德上和政治上的情感依恋。所以,改造后的天下理想应该是:(1) 地理学意义上指东亚;(2) 心理学意义上指东亚国家民众团结一致的民心;最低程度上是弱互惠,并尽力朝着强互惠关系迈进;(3) 政治制度意义上,指中国领导下的等级差别东亚政治秩序,但在形式上支持主权国家平等的理想。在对天下的这个现代化描述中,中国依靠其支配性的经济地位和越来越强大的军事力量投送能力成为东亚的核心,已经在东亚地区拥有额外的权力和责任。在实践中,这可能意味着建立东亚区域性组织,中国作为大国,扮演着类似于德国在欧盟的角色。作为核大国,中国能够为像朝鲜这样的弱国提供安全保证和经济利益,以换取其核裁军。它或许还意味着以中国作为主要玩家的东亚金融机构(甚至共同货币),和中国相应地在经济危机时拯救弱国的责任。在主权问题上更具灵活性的途径或许实际上有助于解决中国与邻国的领土纠纷。正如艾伦·卡尔松(Allen Carlson)所说:"在改造后的天下体系中,过去一个世纪里占据中国领袖主要精力的领土和法律担忧可能会被重新考虑。"这些都将成为

---

[83] Zhang Feng, "The Tianxia System: World Order in a Chinese Utopia," *China Heritage Quarterly*, no. 21 (Mar. 2010).

边缘地区性议题,不再是事关主权承认的零和争议。在此意义上,天下秩序或许开辟了解决这些争议的新途径,从而促成该地区更大的稳定性。卡尔松承认,问题在于中国周边的国家很可能把在东亚地区创建规范性的新等级秩序的尝试解读为一种威胁,别说实施,就算表达这样一种愿望都是威胁:"在这样的体系中,中国很显然要占据支配性地位,而位于边缘地带的那些国家则被期待接受这种支配,并表现出对核心的忠诚。"[84]但是,中国的"周边"国家无需在任何官方的意义上表现出忠诚(这是与朝贡体系的关键差别),只要他们在具有全球意义的重大议题上尊重大国(中国)的意见即可。

这种格局现在似乎不大可能实现,不过更加匪夷所思的事已经发生过:在第二次世界大战期间,谁能想象到欧盟的出现?与欧洲不同,东亚地区有中国作为核心的悠久历史,这能够为重新建立和维持中国领导下的东亚地区共同体的情感依恋提供一种心理学基础。虽然如此,我们必须承认,中国的邻国如韩国、日本和越南似乎特别担忧中国已经增强的经济和军事实力,而从前紧密围绕在以中国为核心的朝贡体系中的恰恰就是这些国家。

那么,中国该如何重新赢得邻居的信任呢?显然,用咄咄逼人的办法解决区域争端,从长远看可能效果不佳。终极而言,中国必须在国内树立一个好榜样。正如阎学通所说,"中国要想成为基于王道的超级大国,它首先必须变成其他国家愿意学习的榜样。"[85]

---

〔84〕 Allen Carlson, "Moving beyond Sovereignty? A Brief Consideration of Recent Changes in China's Approach to International Order and the Emergence of the Tianxia Concept," *Journal of Contemporary China* 20, no. 68 (2011): 101-102.

〔85〕 Yan, *Ancient Chinese Thought*, *Modern Chinese Power*, p. 99.

作为区域领袖,中国也尝试为邻国提供支持弱互惠的种种好处。理想的情况是,中国的目标是依靠阿育王风格的言语尊重和克制,以及能产生共同体意识的荀子风格的共同礼仪等手段来提供促成强互惠形成的条件。与古代中国教导道德上和文化上的附庸国的朝贡体制不同,当今的学习曲线应该是双向的,周边国家学习中国文化,同时中国也要向邻国学习。这样,等级体系中的国家间的纽带才能得到最高程度的强互惠关系的支持。

从现实政治角度看,美国在东亚的军事霸权或许是发展中国领导的东亚天下体系的主要障碍。但是,情况也可能发生变化。朝鲜被美国及其盟国视为东亚地区的主要军事威胁,但分裂的朝鲜半岛在未来几十年有可能实现某种形式的统一。届时,东亚地区可能出现减少美国在东亚驻军的诉求,由于其地理位置紧挨着东亚的超级大国,统一后的朝鲜半岛自然将受到中国的影响。[86]中国不需要也不应该派遣军队到朝鲜半岛以取代美军,但它能够为朝鲜半岛提供安全保证,如保护它免受邻国侵略。这种场景或许对偏爱完全主权的朝鲜人没有吸引力,但是,有时候不那么强大的国家还是需要最好地利用并不理想的解决办法。比如,加拿大两次受到南方强大邻居的入侵(在加拿大获得独立之前的1775年和1812年),甚至在今天,很多加拿大人仍然对自己不是美国人而

---

[86] 中国和朝鲜半岛应该重新建立起明朝那样的朝贡体制,其基本原则是"小国侍奉大国,大国爱抚小国。小国侍奉大国在于恭敬按时执行命令,友爱小国在于体恤小国的缺乏。"(译者注:"礼也者,小事大,大字小之谓。事大在共其时命,字小在恤其所无。"《春秋左氏传》昭公三十年)但无需坚持形式上的朝贡体制。有关该主张,请参阅 Orun Kihyup Kim, "Korea's Experiences with Big Neighbors," paper presented at the Berggruen Institute workshop "What Is Tianxia?", Peking University, June 16-17, 2008。

感到自豪。不过,加拿大人很清楚自己是小国(从人口和世界舞台的影响力来说),政府往往克制自己不做与南方强大邻居为敌之事。加拿大虽然可能偶尔反对美国的外交政策(如加拿大议会在2003年就曾反对美国入侵伊拉克),但加拿大人绝不会梦想邀请英国(或中国)在加拿大建立军事基地作为反对美国的缓冲区。这种格局也有利于弱小一方:与美国人建立良好的关系对加拿大人来说非常宝贵,因为加拿大无需花费大量军费,这让加拿大政府能够把更多资源用于改善民众的生活福利。是的,在国际舞台上,加拿大人和美国人不平等,但是,在美国领导下的区域性天下体系中,少许的不平等却给加拿大人带来了好处,这又有什么问题呢?[87]

虽然如此,质疑者可能提出的论证是美国在东亚地区的军事基地是要遏制中国的崛起。在接下来的几十年,中国可能成为世界头号经济强国,对地位和全球影响力的要求会更多,而美国也许没有减少其在东亚地区军事影响力的意图。这种态度可能导致两个大国之间爆发灾难性的战争。乔纳森·任尚(Jonathan Renshon)用实证性的证据说明,若一个国家拥有的地位达不到其基于物质潜能而应得的高度,它发动一场军事冲突的可能性要比那些对自己的地位感到满意的国家大得多。[88]其政策隐含意义应该非常明显:"事态在演变成暴力冲突之前,危机可能通过在地位上的妥协而得以避免。"[89]此时,任

---

[87] 塞尔瓦托·巴博纳斯提出了适用于现代世界的"美国版天下",以加拿大和英美盟友作为其朝贡国。Salvatore Babones, *American Tianxia*, p. 22. 这个建议或许可以作为美国领导下的北美和欧洲的天下朝贡体系的辩护,但是让中国或者其他国家认同这样的天下秩序那简直是痴人说梦,绝对行不通。

[88] Renshon, *Fighting for Status*, chap. 5.

[89] Ibid. , p. 270.

尚心中想的是俄罗斯。其实，在这点上中国也一样：如果美国真的渴望在东亚地区避免战争，它就应该试图调和与中国的分歧，对中国建立以自己为核心的区域性等级国际体系的渴望做出妥协。20世纪 70 年代，美国的确勇敢地切断了与台湾的正式外交关系以便承认中国在东亚地区的卓越地位。未来，美国需要做出更多妥协。

简而言之，这个地区走向全球和平的最可靠道路涉及中美两国领导的两大区域型不平等国际体系的两极世界，这种等级体系也能给弱国带来好处。中国和美国要承认各自在本区域内部的领导地位，两国合作解决共同的全球性问题如气候变化。但是，为什么其他区域性大国如欧盟和俄罗斯要接受这种安排呢？最重要的理由是全球领袖太多将让和平以及团结协作共同解决全球性议题的工程变得更为困难。如果承认俄罗斯和欧盟是稍逊一些的大国，他们在自己的邻近地区拥有更多权力，但是在世界舞台上还不能与中国和美国平起平坐，这种看法应该不算离谱。区域性等级差别体系必然存在，中国最大的挑战是如何调和与印度的分歧。这个国家的经济增长率最近已经超过中国，在未来几十年，印度可能在人口和全球影响力方面赶超中国。[90] 那么，印度和中国该如何合作呢？现在看来，局势前景似乎不错（这两个国家在 2017 年的时候差一点爆发边界战争）。我们需要再次求助于考底利耶的深刻见解，即边界接壤的两国常常互认对方为天敌。中国和印度在 1962 年曾经发生过战争，两国还没有解决领土争端（相反，中国已经和平解决了与其他 11 个邻国的领土边界问题）。但是，中印

[90] 参见 Gideon Rachman, *Easternization: Asia's Rise and America's Decline from Obama to Trump and Beyond* (New York: Other Press, 2017)。

两国都是冷战时期不结盟运动的成员，中国当今是印度最大的贸易伙伴，因而支持了互利互惠的弱互惠关系。印度和中国之间的纽带自2018年初以来一直在不断改善中，中国国家主席习近平建议"共同的亚洲价值观"应该战胜两国的地缘政治分歧——印度已经成为中国领导的亚洲基础设施投资银行的最大受益者。[91]过去的历史也显示出支持持久和平的强互惠形式。[92]佛教和平地从印度传播到中国，佛教最终成为在中国影响非常大的宗教。在20世纪20年代，诗人泰戈尔（Tagore）访华给中国思想文化界带来很大影响。中国大知识分子梁漱溟认为，印度的精神文化是人类道德成长的顶点。[93]学习是相互性的：印度得益于中国的造纸术、火药和丝绸。按照安明傅（Amitav Acharya）的说法，中国送给印度的最伟大礼物或许是保留了佛教经典。佛教在印度消失之后，在最初的印度文本丢失或遭到侵略者破坏之后，这些中国译本保留的佛教经典，使其能够再被翻译成印度人明白的语言。[94]如果没有中国人的帮助，佛教可能在世界上就消失了，就像阿拉伯人保存了希腊文的科学和哲学著作一样，若非这些译本的存在，它们就彻底消失了。

---

[91]　Amy Kazmin and Ben Bland, "China and India use summit to push for improved ties," *Financial Times*, April 28, 2018; Kiran Stacey, Simon Mundy, and Emily Feng, "India benefits from AIIB loans despite China tensions," *Financial Times*, May 18, 2018. 更普遍的情况是，中国一直在积极尝试改善与邻国的关系，这至少部分是因为美国一直在不遗余力地遏制中国的崛起。

[92]　这里的要点不是强互惠应该取代弱互惠：没有共同的经济利益作为基础的强互惠可能不大稳定。换句话说，国家之间最稳定的互惠关系应该建立在弱互惠和强互惠两种形式之上。

[93]　梁漱溟：《东西文化及其哲学》，商务印书馆，2009。

[94]　引自安明傅2017年2月24日写给贝淡宁的电子邮件（已取得引用许可）。

　　当然,中国和印度之间存在的差别如选举制度等需要得到尊重。但是,若与拥有数千年历史和灿烂多样文明的两个大国的相互尊重比起来,这些差别就黯淡多了。考虑到印度和中国在过去曾经拥有的强互惠历史,我们需要求助于古代思想家的深刻见解。如果亚洲两个伟大国家的领袖遵循阿育王的指导,在言论上表现尊敬和克制,并且执行荀子的维护共同体意识的礼仪观念,中印两国的外交、文化、国民互动就可能产生强互惠关系。想象一个由印度和中国共同领导和管理的亚洲等级差异体系的未来世界并非不可能的。这个由小国环绕双核心的等级体系不仅造福于中印两国,而且会造福于整个世界。

（吴万伟　译）

对贝淡宁先生文章的评论

刁春辉　翟奎凤[95]

当前的世界秩序正发生着剧烈的变化,各种发展的风险和机遇并存,从全球角度来看,这一世界秩序的最大变动无疑就是亚洲的快速崛起,特别是中印的崛起。2017 年普华永道(PwC)发布 2030 年全球 32 大经济体预测,在预测排名中,中国居首位,美国和印度分别位列第二和第三名。中国和印度都有庞大的人口规模,较为辽阔的领土面积,也都有极为辉煌的历史文化。人口和领土赋予了这两个国家实际的大国潜力,而历史文化代表的思想力量必然会使两个国家的现代化带有不同于西方的文明魅力。中印崛起的同时也伴随着传统西方力量的相对衰落,力量间的一消一长无可避免也伴随着守成大国和新兴大国之间权力的重新分配、新兴大国如何和平地确立自己的全球战略、秩序变换期间的小国和

[95]　刁春辉:山东师范大学齐鲁文化研究院讲师;主要研究经学与近现代儒学。翟奎凤:山东大学哲学与社会发展学院教授、教育部青年长江学者;主要研究易学、儒学与中国近现代哲学。

诸大国的行为策略等问题。正是在这一背景下，贝淡宁先生提出了自己的想法。

贝先生十分可贵的地方在于他不是从一种西方中心的理论出发，而是试图挖掘印度和中国思想内部有益的关于国际关系的理论，讨论它们、理解它们并且积极地探讨它们在当代世界秩序构建中的思想意义。他首先指出了国家间关系的两种互利类型，即弱互惠关系和强互惠关系，弱互惠是说每个国家从自身国家利益出发达成对缔约双方都有利的协议或联盟，而强互惠关系则是两国都从双方共同利益出发达成具有共识的联盟，一般来说，强互惠关系国家可能会具有部分相同的利益关系，共享相似的文化价值观。

在谈到印度思想时，他提到了阿育王。阿育王控制了印度次大陆的大部分地区，在进行了征服羯陵伽国的残酷战争后，阿育王悔痛于战争的残酷，皈依佛教，致力于宣扬和平非暴力的"达摩"正法。贝先生指出："阿育王的道德方式指的是建立一种共同的道德观念，即在尊重差异的同时吸取不同的道德观念。"这类似于中国所说的"和平共处，求同存异"，印度的这种思想给予国际关系的启示是，如果大国在处理与小国的关系时始终保持阿育王所提倡的恭敬克制，国家间的冲突会更容易解决。

当然，以我的理解，贝先生还是将他的主要精力放在了对中国思想的解读上，他特别提及儒家关于"礼"的思想。清末以来的 100 多年中，"礼"主要是作为中国思想的一个负面遗产被处理的，其所代表的等级制对普通人民有压迫性，从而违背了自由平等的价值。贝淡宁先生引用《荀子》指出了"礼"在社会共同体中不可替代的作用，"礼"实际上规定了统治者的责任，对弱者和穷人起了一定的保护作用，它是共同体内所有成员认同的共同价值，能够实现共同体内部的和平安宁和经济保障,从而对共同体内的强者和弱者都有益。而国家之间的来往,也需要有"礼"的约束,这个制度就是"五服制",是强大的中央国家和周边的小国之间进行的一种以贡品为载体的礼仪交往体系。贝先生认为这个体系实现了大国小国之间的弱互惠和部分强互惠关系,中央政权为弱势周边国家提供了物质利益和安全保障,而弱国则为中央政权的领导做出象征性的朝贡,从而带来了和平稳定的区域秩序,并共享了一套道德价值和礼仪体系,形成了一些方面的共同意识。

最后贝先生基于儒家理想和历史中的东亚秩序对当代东亚秩序的重建提出了自己的想法。他对中国的发展寄予厚望,中国基于自身不断增长的经济军事力量,成为事实上的东亚区域中心国家,但新的形式的天下秩序(东亚秩序)的形成需要中国在区域内承担更多的责任,无论是经济上还是安全上。中国正可以从印度思想中克制、相互尊重的智慧和荀子式共同礼仪的思想中受益。并且在这个体系中,中国甚至也可以和印度产生一种强互惠关系。

贝先生从中国思想内部出发,结合中国的政治理论和历史经验提出基于现实的理论看法,这种方式在中国研究古学的知识分子内部也是少见的。不论是他对于中国政治的"贤能政治"概括,还是他在此篇文章中对中国朝贡体系在当代国际秩序中的可能性的讨论,都是他突破西方思想局限,挖掘东方智慧的体现,也是他致力于中国传统思想资源、传统制度资源的现实可能性的体现,这种理论努力是极为可贵的。

贝先生的主题其实可以视为在未来的区域和全球秩序中,中国在经济、安全等各领域必然会发挥越来越重要的作用,这也会引起现行秩序一定程度上的转变。他期待,具有共同的历史文化记

忆,同属于儒家文化圈,一种新型的以中国为中心的东亚"天下"秩
序是否可能?

这里面最大的变量可能是两个因素,一是中国各方面实力的
进步情况,二是当前世界经济安全秩序的主要维护者美国的态度。
这两方面,贝先生都持有相对乐观的态度。

中国的经济发展目前依然维持着中高速增长,而且也正在努
力实现经济的可持续高质量发展,这一发展情况有望继续保持,这
也会持续带动中国在科技、安全等领域的进步。那么进一步制约
中国的问题将是中国自身软实力的提升,也就是山东大学王学典
教授所提及的中国能不能提供一种不同于西方模式的儒家式的生
活模式,并且在理论上有一定的成绩。其实,美国在当代中国的舆
论空间内有"灯塔"的说法,其背后的意义就是美国的制度、文化都
是当今世界各国发展的一个方向,这正是美国软实力的象征。回
顾历史,历史上的天下秩序不仅依赖于中国的经济军事实力,也有
相应的文化实力为支撑,中国的制度、伦理都是当时区域内最优秀
的,当下中国成为区域中心的关键就是中国能否成为区域的文明
楷模,在制度、文化上形成一定的理论和实践影响力。对于此,其
实贝先生对中国当代政治的"贤能政治"的概括,就是一次非常有
意义又具有启发性的尝试。可以肯定的是,中国目前对于自己所
走的道路越来越有自信,执政党"四个自信"的论述,特别是文化自
信的提出,更是执政党自觉地将自身开辟的道路、制度与中国几千
年来的历史文化相联系,凸显出了愈加明确的文化自觉。

同样,面对可能的竞争对手的发展,作为世界头号强国的美国
的态度和行为至关重要。美国会不会接受贝先生设想的东亚"天
下"秩序的形成?当前的世界秩序从道义上讲以联合国为中心,从

现实政治上说依然是美国及其西方集团所控制的霸权秩序。名义上各国主权平等,实际上的情况则是可以讨论的,因此特朗普才可以在贸易上、在安全行动上脱离已有贸易协议框架、已有安全协议框架(如伊朗核协议),脱离联合国,这些对美国行动的预测带来了不确定性。我想在这里,相比于《荀子》,希望贝先生注意到《春秋》的价值,在清末民初,《春秋》学一度成为学人士大夫解读国际关系的重要资源,康有为的弟子陈焕章就曾经想以《春秋》学为资源,写一部《孔教经世法》。《春秋》里有一种很重要的思想是提倡尊王,其表面含义是对于王权的维护,实际上则是对当时天下秩序的一种维护,王不仅仅是现实政治世界中的权力中枢,更是理想价值的表达。王,天下所归往者,“王者无外”,王者没有自己的利益而以天下之义为利。在《春秋》中,霸主齐桓公凡救国灭国,都必须先通知周王,以取得合法性,“凡诸侯,非天子之命不得动众起兵诛不义”[96]。《春秋》深惧天下无王,王的空缺是秩序稳定的很大威胁。这表明,在成熟的国际秩序中,应有一稳定权威,以世界整体利益为目标的机构。如果类比于如今的国际现实,联合国差可比拟,毕竟当前的国际秩序依然是以联合国为中心进行的,尽管联合国与“王”之间有极大的不同。中国历来主张国际事务的处理都要围绕联合国开展,尊重联合国的权威,而不主张强国进行单边行动。中国的这种主张是不是也可以看成是《春秋》尊王思想的一种精神传承呢?那么,一定程度上进一步增强联合国为中心的国际组织的权威力,可以进一步减少单一国家出于单一利益而做出的有损于其他国家的可能性,会不会更有助于世界秩序的稳定,更有

---

[96]　陈焕章语,见陈焕章:《孔教经世法》,上海书店出版社,2016,第145页。

助于全球秩序和区域秩序的和平的演进,包括东亚秩序的重塑呢?

　　贝先生关于中国思想中的国际秩序的思考是严肃而有益的,这种努力昭示着一股潮流,即中国的文化思想可能在未来的世界思想和秩序重塑中发挥重大价值,这样的情况下,中国历史、中国文化、中国原有的经史之学也必然焕发新的生机,为世界思想、为良好的世界秩序贡献中国智慧。这个中国智慧当然不仅仅指中国人的智慧,更是指中国的思想文化,贝先生就是这一趋势中的先行者。

天下究竟是什么?

赵汀阳[97]

一、天下逐鹿:"美式天下"对"中式天下"?

世界会出现"美式天下"和"中式天下"的竞争吗?这是塞尔瓦托·巴博纳斯(Salvatore Babones)的问题,却是我的疑问。要进入这个政治实践问题,先要回到一个基本理论问题:天下究竟是什么?我希望在此能给出一个比先前更清楚而又足够简练的解释。

鉴于不可逆转的全球化和互联网事实,尤其是人工智能技术的普遍化前景,可以看出,在未来,连接世界各地的技术系统所拥有的权力将明显大于国家拥有的权力,因此,政治核心问题将由国家内政以及国际格局转向作为全球共同问题的世界格局,同时,政治制度建构也将由主权国家逐步转向天下体系,即一种在多文化条件下保证世界和平及万民共享利益的世界制度,或者说一种

---

[97] 赵汀阳:中国社会科学院学部委员、博古睿学者;主要研究领域为形而上学、政治哲学、伦理学。

世界宪法（world constitution）。其基本特性是一个"无外"（all-inclusive）的互联世界，在其中不存在排他性的资源、技术和知识的制度安排。简单地说，一个非排他性（non-exclusive）的制度所定义的无外世界就是天下。

我对天下体系的设想始于两个难题：康德的永久和平和亨廷顿的文明冲突。康德的和平方案只限于在文化与政治上具有相似性的国家之间有效，而在不同文化之间就失效了；亨廷顿的文明冲突正是康德方案失效的现实表现，每种文化不可让渡的主体性使文明冲突无望解决。其实，康德方案的局限性和亨廷顿问题的不可解性有着一个共同的方法论原因：现代理性，即每个独立自治的主体谋求自身利益最大化的个体理性（individual rationality）。个体理性方法论不仅应用于个人，也应用于公司乃至国家。个体理性不是谬误（事实上个体理性是现代得以繁荣发展的方法论），而是有着局限性，它不足以解决全球尺度和世界网络化条件下所产生的新问题。因此，要解决世界级别的共同问题或整体问题，就需要一个尺度与世界规模相称的概念框架，还需要一种与网络化生存相称的理性方法论，这就是"天下体系"和"关系理性"（relational rationality）。细节参见我在《天下的当代性》一书中的论证。

对天下体系主要有两类批评。一种意见认为天下体系过于理想化，只不过是一种想象。例如历史学家葛兆光就认为天下理想只存在于儒家文本中，并非历史事实。[98] 对此，我部分同意，或者说，部分不同意。周朝无疑是天下体系的一种实践，因此不能说天下只存在于文本。由于历史条件所限，周朝的实践未能完全实现

---

[98]　参见葛兆光：《对"天下"的想象》，载《思想》29 期，台湾联经出版社，2015，第 1—56 页。

天下概念,然而周朝的制度"立意"表明了天下之意图。另外,理想不是缺点,反而是人类思想之必需。理想为实践提供了标准,假如没有理想标准,也就无从理解实践的局限性。理想正如尺子,乃一切营构之所必需,但建造出来的是房子,却不是尺子。这意味着,理想是创造现实的方法论,却不是现实的模板。儒家文本里的天下理想就像柏拉图文本里的理想国一样都是重要的思想资源。因此,这种历史学质疑对于哲学理论是一种无效批评。

　　另一种意见以政治学家柯岚安为代表,他似乎同意天下概念的理论意义,却质疑天下的实践可信性:"虽然赵汀阳对西方以其他地方的损失为代价去推广其世界观的做法提出了合理的批评,可是他的想法真的不同吗?难道他不想把中国的天下概念强加于世界吗?他试图解决世界的不宽容问题,可是'中国治下之和平秩序'就无此风险吗?中国中心主义(Sinocentrism)会好过欧洲中心主义(Eurocentrism)吗?天下概念真的能够创造后霸权的世界秩序而不是一种新霸权吗?"[99]柯岚安的担心颇具代表性,可是所担心的危险对于天下体系来说是指鹿为马。表面上看,此种担心与中国的发展改变了世界格局有关,但在其深处,也与理论框架有关。在欧洲的理论框架里,用于表达世界秩序的最大规模概念是帝国,因此很容易对号入座地把天下理解为一种帝国。问题是,天下概念在广度和深度上都超出了帝国概念。尽管帝国与天下有某些重叠的相似性,比如说都试图建立世界秩序,但天下体系并不包含帝国的征服性、霸权性特别是敌对性(hostility)。相反,天下体系具有

---

[99]　William A Callahan, "Tianxia, Empire and the World," in *China Orders the World*, eds. Callahan and Barabantseve(Washington, D. C.: Woodrow Wilson Center Press, 2012), p. 105.

自愿性、共享性和友善性（hospitality）。而且，天下概念指向"一个体系，多种制度"的兼容体系，其兼容性建立在关系理性所建构的共在关系上，而不是建立在统一的宗教或意识形态之上。因此，天下体系是普遍共在关系所定义的秩序而不是某个国家的统治，共在关系为王，而不是某个国家为王，其预期的效果是，天下体系的任何成员都不可能达到自私利益的最大化，但可指望达到共同安全和共享利益的最大化。

近来塞尔瓦托·巴博纳斯的《美式天下》[100] 提出了一个富有想象力的挑战，他试图超越帝国概念而采用天下概念来解释世界体系，尤其是美国的世界体系。这表明他意识到，对于未来可能的世界秩序来说，帝国概念已经属于过去时，而天下属于将来时。巴博纳斯相信天下是一个关于世界体系的具有普遍意义的理论概念，并不专属于关于中国的历史描述，于是他别出心裁地认为，新世纪以来的美国不再是帝国，而正在转型成为一个天下体系，称为"美式天下"（American Tianxia）。而且，尽管天下是来自中国的思想概念，但在实践上，"美式天下"将胜过"中式天下"，就是说，巴博纳斯试图论证中国不是能够实现天下体系的最合适国家，而美国才是那个能够实现天下体系的对口国家，正如他的第一章题目的有趣措辞：天下是个"合适概念"（right concept），可是中国却是一个"不合适国家"（wrong country），所以应该由美国来实现天下体系。这就是巴博纳斯的核心论点。

巴博纳斯试图论证，中国受制于有限能力而难以建构天下体系，而只有美国才具备建立天下体系的充足能力。他承认中国正

---

[100] Salvatore Babones, *American Tianxia: Chinese Money, American Power, and the End of History*(Bristol: Policy Press, 2017).

在变得强大,但不相信西方流行的关于中国将会超越美国的神话,
具体地说,尽管在不远的将来,中国的经济总量会超过美国,但在
科学技术为代表的知识生产上,中国不太可能超越美国,而且在价
值观上,美国的个人主义也比中国价值观更具吸引力。有趣的是,
他没有采取流行的"政治正确"论证,而是相信个人主义与人们的
自私之心更为吻合。因此,巴博纳斯料定美国主导的世界秩序难
以撼动,更重要的是,美国秩序正在自己转型为更加稳定的天下体
系。正如他自己所概括的:"美式天下是一个极其稳固的世界体系
构造。它所以如此稳固,是因为世界人民使然——不是众多国家,
而是人民使之稳固。美国立于个人主义,而越来越多的人民将其
个人利益置于其祖国之上,他们各自与美式天下建立了联盟。于
是,并非福山的自由民主模式,而是自由个人主义正在成为最终的
自由意识形态而通向历史的终结。"[101]

　　巴博纳斯试图解释个人主义的优势:"美式个人主义是个作为
空集的意识形态,即个人主义是一个没有教义的意识形态。"[102]这
里触及一个深层的问题:什么算是"教义"(tenets)?个人主义的一
个宣传口号是"每个人可以追求各自理解的幸福",仅就此而言,这
个教义倒是很像个"空集",其所指似乎可以代入任何内容(各人想
象的幸福)。但如果来考察个人主义的学术版原则,即"追求自身
利益的最大化",情况就非常不同了。显然,利益不是空集。也许
每个人想象的幸福各有不同(其实也大同小异),但任何一种幸福
所必需的物质利益和生存资源却几乎完全相同。幸福的主观想象
也许不存在政治学和经济学意义上的"分配问题",各自的幸福想

---

〔101〕　Babones, *American Tianxia*, Preface.

〔102〕　Ibid. , p. 22.

象貌似互不冲突，但实现任何一种幸福所必需的物质利益或生存资源却必定存在着严重的"分配问题"，在生存资源和物质利益上很难避免形成零和博弈以及不公正和不平等。这意味着，追求各自幸福的自由不是空集而是空话，而实现幸福的必要条件即利益和资源才是真问题。个人主义或个体理性方法论显然无力在世界规模上解决合理分配的难题，因为以"自身利益最大化"为宗旨的个人主义或个体理性所决定的非合作博弈正是导致各种冲突（从人际冲突、国际冲突到文明冲突）的根本原因。解铃还须系铃人，只有当人类理性由个体理性为主导转向以关系理性为主导，才有希望解决世界性的共同安全和利益合理分配问题，就是说，只有以关系理性为主导的世界秩序才有可能实现一个众望所归的天下体系。

不过，巴博纳斯显然宁愿坚持认为个人主义有着最大诱惑力，因而美国能够以个人主义为基础来建立天下体系。在他看来，个人主义的成功在于其难以抵制的"私利诱惑"有效地吸引其他国家的人为了更优报酬而为美国服务。不仅有赏，还有罚，在美国秩序里，那些不愿意"拥抱个人主义"的人就"没有机会获得成功"（这个论证几乎接近商鞅—韩非的赏罚理论）。由于人心自私，因此，"针对个人"的个人主义策略"在挑战其他社会的价值观上"比起"针对他国"策略有效得多[103]。这个论证真是坦率，可是，这种拒绝利益共享的零和博弈思维反而暴露出"美式天下"的帝国主义底牌，即"美式天下"仍然在敌对思维的框架里去思考世界秩序，因此在实质上追求的还是帝国主义而不是天下体系。美国确有新帝国

---

[103]　Babones, *American Tianxia*, pp. 22-23.

主义的优势,却不是"美式天下"的优势,因为,敌对思维正是天下概念的反面,天下体系的一个基本策略或技艺就是通过创造可以共享的新关系而达到化敌为友。凡是拒绝化敌为友策略的体系都不属于天下体系。毫无疑问,帝国模式也有能力建构世界秩序,问题是,那不是天下体系。

也许美帝国在帝国概念上有许多创新,并非传统帝国主义,正如巴博纳斯所强调的,美国成功地使个人主义生活方式成为一种普遍诱惑,并且不再追求领土扩张而追求世界领导权,这与传统帝国确实有所不同,因此巴博纳斯认为美国秩序越来越接近天下体系:"美式天下是一个后帝国主义的天下。它无须通过征服外部领土来获得更多的金钱和人力资源,因为金钱和人力资源都自动流进美国。"[104] 这一点在表面上有些接近天下的自愿加入原则。事实上,美国也曾经从别国手里夺得大量土地,美国的转变只是因为攻城略地的策略过时了,在管理上和道义上的代价得不偿失,因此转而采取更高明的统治世界策略,即通过支配控制世界的金融资本、高新技术和资源命脉而以极小成本达到统治世界。这是非常高明的策略,但未必是可持续策略。别人会一直同意美国这样的统治吗?别人不同意,怎么办?"别人不同意"是所有一直无法解决的社会问题的缩影。

关于"美式天下",巴博纳斯还有许多有趣的见解。他相信天下需要一个主导世界秩序的中心国,即化为一般理论概念的"中国"。就当下世界而言,美国就是决定世界秩序的中心之国,因此,按照天下概念,美国才是当今世界的"中国"[105],而中国反倒不是

---

[104]　Babones, *American Tianxia*, p. 25.

[105]　Ibid. , p. 26.

"中国"。据说当今世界"可识别等级制"中的"顶峰"都位于美国，他列举了纽约作为金融、传媒、艺术、时尚顶峰，波士顿作为教育中心顶峰，硅谷作为信息技术顶峰，好莱坞作为电影顶峰，巴尔的摩作为医药顶峰[106]，所以美国是"中国"。这些证据显然夸大了，顶峰与众多"次峰"之间的差距并不大，顶峰并无一览众山小的效果。英国和欧盟的金融绝不可低估，巴黎和米兰的时尚或高过纽约，伦敦和德国的当代艺术与纽约一时瑜亮，英国和德国的教育是否不如美国也未见分晓，如此等等。当真要说美国有哪些顶峰，恐怕应该是先进武器、美元霸权、信息技术、人工智能，基本上都属于统治他人的武器概念，可见美国的顶峰都是武器性质的。巴博纳斯没有提及美国武器，而这却是唯一不可不提的美国顶峰。美国武器不仅在技术上高于其他国家，在数量上恐怕也超过其他所有国家先进武器的总和，美国发展了如此不对称的军事力量，足以消灭全人类多遍，对此唯一有效的解释是，美国建立的是帝国体系，所以需要压倒性的军事优势来控制世界秩序，而不是共享安全和利益的天下体系。

巴博纳斯关于"美式天下"的论点还基于明朝与当下美国的比较。巴博纳斯对我（和秦亚青等）不使用明朝作为天下体系的例子感到不解[107]。可为什么是明朝呢？假如要为天下体系提供例证，明朝是一个比较奇怪的选择，因为明朝绝不是好例子。在中国历史上，唯一的天下体系是周朝。如前所言，尽管周朝天下未及世界规模，但其制度立意是以天下概念为准。自秦汉终结了天下制度，中国转型为大一统国家，其国家性质比较复杂，既不是帝国，也不

[106]　Babones, *American Tianxia*, p. 17.

[107]　Ibid., pp. 8-9.

是民族国家，按照我在《惠此中国》中的分析，秦汉至清朝的大一统中国是一个"内含天下的国家"，其根本特性是，大一统国家继承了天下观念的精神遗产，却又放弃了天下体系制度，于是把天下的世界性结构转化为国家的内部结构，把天下观念用于国家建构而发明了"一国多制"的大一统。因此，秦汉以来的中国不再是天下，而是以天下为内在结构的国家。除了周朝，任何朝代都不是天下体系的实例。

进一步说，即使把"内含天下的中国"理解为天下观念的应用，那么，比较成功应用了天下观念的朝代也应该是汉朝、唐朝和清朝。天下观念的应用标志是"一国多制"，从发明权来看，汉朝是一国多制的发明者；以兼主长城内外而论，唐朝当为首创；以版图言之，当属元代或清朝，清朝虽不及元朝广大，但制度完善，实际控制程度更高。相比之下，明朝在"一国多制"上并无突出成就，至多是完善了元朝的土司制度，所以明朝绝非天下之例子。即使不论天下之世界精神，而只论中国的本土成就，明朝也不是中国的模范朝代。按照传统理解，夏商周三代是模范朝代，尤以周朝"郁郁乎文哉"为代表，所以孔子"从周"（《论语·八佾》）。其次的模范朝代为汉唐与清，为大一统之代表。若以文化水平为准，模范朝代则是唐宋；若以政治治理而论，宋为模范，其时天子与士大夫共治天下；若以版图而言，当属唐、元、清；若论及对外关系，朝贡制度自古有之，明朝只是沿袭而已。就综合指标而言，在中国历代大一统王朝之中，明朝位置不很高，而就专项而言，明朝也无优势，反而政治以昏庸为主，否定共治传统，建立了绝对专制。文化趋于平庸，思想不及先秦，诗词不及唐宋，绘画不及宋元。虽有郑和航海（后来禁止了）、比较发达之工商业（有争议）以及通俗小说，但这些优点实不如缺点那么突出。总而言之，明朝并非一个代表性的朝代。欧美学者所以特别重视明朝和清朝，是因为欧洲真正开始直接接触中国是在明朝，因此对明清的了解较多。除了极少数专家，多数欧美学者对宋朝之前的中国缺乏足够了解，这也意味着难以理解明清制度的历史线索，不容易确定明清的历史地位，因而导致了对明清的误读。

尽管巴博纳斯把明朝看作天下体系是个错误，但如果把明朝和美国看作超级大国，那么它们之间的比较就非常有趣而且有所启示。他给出了以下对比性的表格[108]：

表　1

	明朝天下	美国天下
意识形态	儒家	个人主义
关联制式	国与国关系	个人为本
态势	自卫型	扩张型
顺从	强制的	自愿的
顺差流向	流出	流入
人才流向	流出	流入
五服	皇权辖地； 附属辖地； 内部蛮夷；以上为内部 朝贡国；落荒蛮夷	华盛顿特区—纽约—波士顿轴心； 美国其他地区； 盎格鲁撒克逊联盟；以上为内部 其他盟友国； 非盟友国和敌国

巴博纳斯总结的明朝与美国的差异以及美国体系的优势基本如实，他发现美国也有"五服"，这一点确有创意，但也有一些不准确或有疑问之处。首先，他把英国、加拿大、澳大利亚等国都看作

---

[108]　Babones, *American Tianxia*, p. 22.

美国体系的内部地区,与明朝的"内部蛮夷"地位相等[109],不知道英国等国是否同意这种美式自大。其次,明朝的绝大多数朝贡国并非被强制而成为朝贡国的。明朝的朝贡国情况多样,有一些高度分享着中国文化的国家,比如朝鲜和越南,与中国有着特别密切的关系。就这些关系特别密切的国家来说,它们成为明朝的朝贡国,一方面来自明朝的威势,另一面也因为依附大国的好处,很难说是全然被迫,因为"事大"是一个保证安全和利益的理性选择;另有许多小国,与明朝既无竞争关系也无依附的必要,但在朝贡中能够获得"顺差"的经济回报,因此乐于成为朝贡国,这属于实用主义选择;还有一些小国与明朝往来不多,成为朝贡国或因潜在利益,或是趋炎附势,属于机会主义选择。按照巴博纳斯的标准,后两种情况,即实用主义和机会主义选择,显然属于"自愿"。正如在美国体系里,自愿依附美国的大多数国家也是出于实用主义或机会主义。是否有超越实用目的而一心热爱美国的国家?这是个疑问,一般来说,国家之间的"爱情"恐怕难得一见。毫无疑问,美国不仅在总体胜过明朝,而且几乎在每个方面都远远强过明朝。可是美国体系和明朝体系都不是天下体系,这才是问题所在。

　　美国体系在未来是否能够转化为天下体系?这是真正有趣的问题。美国体系在文化传统上存在着两个反天下的基因:(1) 单边普世主义。这是来自基督教模板的一神教基因,它不考虑其他文化也有普遍化的要求以及值得被普遍化的成就,而天下体系只能建立在兼容普遍主义(compatible universalism)的基础上;(2) 以个体理性去追求排他利益的最大化。这势必产生"他者不同意"或"他者不合作"的问题,进而导致冲突。单边普世主义和个体理性

---

[109]　Babones, *American Tianxia*, pp. 26-29.

正是冲突的原因而不可能成为冲突的解药。在我看来，"美式天下"不是未来的一个可能世界，而是一个不可能世界，除非美国发生改变思维的文化大革命。

二、中国的历史性

在许多中国人的看法里，西方各国一样都是西方。这是一种共时性的误读，其实英国、美国、法国、德国、意大利等各国非常不同，不能简单还原为一个西方。同样，在许多欧美人的想象中，中国从来都是一样的国家，并无实质变化。这是一种历时性的误读。无论何种误读，实质上都是将需要理解的对象加以简单化，将其纳入自己熟知的知识体系，消除需要深入研究的陌生特性，以便容易解释，并按照自己所乐见的结果去解释。可是这种理解同时正是误解，反而导致知识交流和知识生产的许多错误。有个成语适合这种情况：削足适履。

这里只限于讨论几个与我们的主题密切相关的误读。首先是关于中国制度性质的历时性误读。中国经常被看作一个自古以来的专制帝国，只有朝代变化，而在政治实质上无变化。这种误读完全忽视了中国历史上的三次制度革命，其变化深度并不亚于欧洲政治的变化。第一次制度革命是周朝创建了天下体系。在此之前的中国并无成熟的政治制度，大概属于"酋邦"盟约体系。周朝通过创造天下体系而把酋邦格局变成万国封建制度。第二次制度革命是秦汉终结了天下体系，创建大一统国家。自秦汉以来，中国不再自认为世界，但仍然自认是世界的中心。在很长时间里，大一统中国被似是而非地认为属于帝国类型的国家，但真正的本质在于它将天下的观念遗产转化为国家内部结构而成为一个"内含天下的中国"，即一个将世界结构化为国内结构的国家，可称为"世界模板国家"（a world-pattern country）。显然，继承历史遗产不等于没有实质变化，正如英国和法国虽然不再是帝国，但明显有着帝国遗产。第三次制度革命属于清朝终结之后的现代中国，它接受了现代国际秩序而成为一个现代主权国家。现代中国也继承了大一统的遗产，因此不属于欧洲式民族国家，而是一个"合众国"类型的主权国家。合众国是与民族国家并列存在的另一类现代国家——这一点往往被忽视。事实上，现代大国几乎都是合众国类型，包括美国、中国、俄罗斯、印度等。由于移民问题，许多民族国家将来也有可能变成合众国类型，因此，在未来，民族国家或许不再是国家的主要形式。

另外，天下概念也很容易被误读，因为天下概念有其理论用法和文学用法。作为理论用法，天下指的是世界、万民和普遍制度构成的三位一体，即地理学、心理学和政治学三层合一的世界。当然，这只是我的理论化概括，来源于早期中国关于天下的几种各有偏重的理解，其中周公倾向于把天下理解为普遍制度，孔孟倾向于理解为万民之心，老子理解为世界万事的集合。在天下的理论意义里，天下的幅度包括整个世界。常见的一种误读是把"五服"等同于天下，其实，五服之外的"四海"（不是海，而是远不可及而尚未接触的地方）也属于天下，虽然四海尚未进入天下体系，但四海仍在天下眼界之内。理论上说，天有多大，天下作为"天之所覆"就有多大，因此，天下体系是无限开放的，绝不是一个封闭的有限体系。假如作为文学用法，天下往往指的是所控制或统治的领域，常用于夸张表述，比如说"一统天下"通常指一统中国，甚至只是中国之一隅。如果把历史文献中的文学用法当成理论所指，那是学术失范。

　　另一个常见的误读是所谓朝贡体系。这个误读与费正清的影响力有关。"体系"意味着对体系内的成员有着政治、经济、外交甚至军事上的支配或控制。据此来看，古代中国只有朝贡制度，远远没有达到朝贡体系，因为古代中国对周边国家的影响力主要在文化方面。虽有政治册封之名，却无政权与军事支配之实；虽有朝贡经济交易，实为怀柔抚远之举而承受逆差之亏。因此，朝贡制度实在配不上朝贡"体系"之称。问题在于，大一统国家与帝国虽貌合而神离，并不追求对远方的控制，只求边疆安定，无须举兵劳民。不过，巴博纳斯倒是看出了这一点，他认为明朝的对外消极策略不及美国的"扩张性"策略多矣，美国积极的朝贡策略通过向多国征收加入美式天下的"会员费"或"租金"而为美国获取了巨大利益。[110]

　　还有一个对中国历史的误读是所谓外族统治问题（比如美国的"新清史"）。既然不能因为有的英国国王来自法国或德国就把英国看作法国或德国的一部分，那么中国也一样。中国历史上非汉人统治者几乎占到一半（北魏、唐、辽、金、元、清等）。更重要的是，中国从来都由各地人民混成，在远古中国（新石器时代到夏、商、西周），所有部落都属于农耕、渔猎和放牧的混合经济，当时既无铁犁牛耕也无驯马，故而不可能依靠单一经济而存活，也就无所谓农耕民族和游牧民族之分。被追认为中国始祖的黄帝所率部族就过的是放牧、打猎和农耕的混合生活，根据所居地理以及偏重游牧不断移营的特点，黄帝部族更有可能属于后世所称之蒙古族，可

---

〔110〕　Babones, *American Tianxia*, pp. 18-19.

见游牧部族实乃中国的起源之一。春秋战国之后生产技术的发展才使中国分化为农耕社会和游牧社会。因此,任何部族都有逐鹿天下问鼎中原的合法性。蒙古(包括匈奴、突厥等)、鲜卑(含拓跋等)、契丹、女真、满族、藏族都不是外族,都参与了逐鹿中原,也几度入主中原或半个中国。如果没有蒙古、契丹、女真和满族等部之参与,就完全无法想象中国是什么样。所以,蒙古、契丹、女真、满族和汉人等各地人民都是中国历史的创造者,都是中国之共主。

理解一个国家的本质关键在于理解其长时段的生长方式,尤其是理解决定其连续历史性的动力型。至于那些偶然事件或一时之现象,都只能说明"事件性"而不能解释"历史性",而事件性只是说明了无影无迹的消失,历史性才贮存长久常在的问题。在前中国时代里,从蒙古地区到广大南方,从辽河流域到西域,都有文明发生,多达数十处,形成苏秉琦先生所称之"满天星斗"格局。苏秉琦先生认为,其中对形成中原核心文化最为重要的是从辽西至蒙古中部,经山西而南达晋南河洛地区的 y 型的文明交汇通道。我愿意补充一点:在 y 型通道的同时或稍后时期又形成了自山东过河南而通陕甘的文明交汇通道,同时还有自西南而达河南,自江南而上中原的文明交汇通道,与 y 型通道合起来形成"天"字形文明网络。尧舜时代之后,中原逐步成为中心,形成了许宏所称之"最早的中国"。接下来是"模范"三代,其中由周朝创造了天下体系。周朝式微时,各国为了问鼎中原而逐鹿中原,终于形成了连续不断两千多年的"向心漩涡"生长模式。我相信"漩涡模式"能够有效解释中国的连续生长方式以及多样一体的格局:无论文化成分多么复杂,都卷入向心的漩涡中,汇合而成中国。中原文化所以为主,所以能够形成漩涡的向心力,则是因为中原最早拥有成熟的文字和政治制度,因而形成领先的知识生产,能够建构具有时间优势而连续不断的历史叙事,因而能够建立政治正统标准,同时,天下观念所主导的政治制度具有最大容量和最广泛的亲和力,使得任何地区人民都有合法理由参与中国的建构,因此,舟车所至之处,万民尽皆主动卷入"中国漩涡"之中。汉字、历史叙事和天下观念互相促成而形成以历史为知识之本、以天下为精神之维的意识世界。可以说,在中国的精神世界里,基本信念不是宗教,而是历史;基本视野不是民族,而是天下。

概括地说,中国由满天星斗格局逐步生长出网络式的天下格局,而天下观念和中国观念的结合又形成逐鹿中原的漩涡模式,向心运动的漩涡模式所产生的结果是大一统中国,即一个内含天下的中国。只有发现大一统中国的内在结构是一个容纳万民的天下结构,才能够解释为什么古代中国既不是帝国,也不是宗教国家,更不是民族国家,也因此能够解释为什么古代中国是内敛而非扩张的,却得以吸收众多文化和卷入多地各部而变成一个大国。这是一个最简练理论版的中国故事,它表明了天下观念在应用上的演变,即由世界性的天下体系建构转而内化为国家内在结构的建构,同时表明,对于大一统中国而言,朝贡制度早已退化为一个中心国家的象征,而无支配性的"系统"之实。在这里讲述这个中国故事是希望能够有助于对中国有一个合理的想象,并且消除一些削足适履的误读,然后才能够去想象和分析未来世界的多种可能性。

三、复习天下的新词典

巴博纳斯的"美式天下"提出了天下的概念与实践关系问题。

天下是一个理论概念,那么,是否存在着实现天下体系的多种可能实践?是否可能有多种天下体系?理论上说,这是可能的。我们知道,未来总是呈现为博尔赫斯所说的"时间分叉",即存在着同等可能的多种可能性。那么,对于一个具有未来性的概念,比如天下,理当也存在着"时间分叉"。

　　一个概念的意义或为开放的或为封闭的。数学和科学的概念通常有着确定而封闭的意义,比如说,我们不能把"平行线"的概念修改为"能够在远处相交的两条直线"(在非欧几何学里,我们只能说不存在真正的平行线)。属于生活领域的概念,有的有着确定含义,有的则有着开放性的用法,不能一概而论。比如说,"船"的概念是确定的,指能够在水面上航行的载体,而"飞船"只是一个比喻,其实不是船,而是空间里的飞行器。但那些表示生活方式的大概念,尤其是属于政治、伦理和文化的概念,却多数有着开放的意义空间。洛克、休谟、黑格尔、马克思所理解的自由就非常不同;柏拉图、孔子、罗尔斯所理解的公正也非常不同;希腊人和现代人所理解的民主也非常不同,如此等等。天下概念也同样有着开放的意义空间,可以通向多种不同的天下体系。但概念的开放性不等于任意一种意义都是合适的。每个概念都具有一种目的论的(teleological)限制——当然是人设的目的而不是神的目的,或者说,一个概念意味着一种事物的存在论(ontological)意图,一个事物至少要达到某种标准才是其概念所指的"这种事物"。一个完全无限制的概念就不再是概念了,而是一个完全被解构了的能指。我愿意举出"艺术"的概念。如果任何东西包括垃圾都算艺术,就没有任何一种东西是艺术或不是艺术(不难看出,这个艺术悖论模仿了维特根斯坦的规则悖论)。那么,就天下概念而言,要证明一种天下体系确实属于天下概念所承诺的天下体系，就需要分析天下概念所蕴含的意图。

毫无疑问，天下体系的实践实例（周朝的天下体系）只是理解天下概念的一种参考，并不等于天下概念本身。正如希腊城邦实践的希腊民主并非现代民主的模板而只是一种历史参考资料，周朝的天下实践也不是未来天下的模板而只是历史参考资料。那么，天下的本意是什么？其一，"协和万邦"（《尚书·尧典》），类似于世界永久和平，但比康德方案的尺度大得多；其二，"生生"（《周易·系辞上》）而达到"大同"（《礼记·礼运》），使世界万民过上有意义的生活，因此万民和睦如家庭（大同的意思不是统一价值观，而是多样一体，和睦如家）；其三，"以天下为天下"（《管子·牧民》）或"天下为公"（《礼记·礼运》），即世界成为万民共享的政治主体，成为世界公器。如果从天下的否定性含义来看，天下体系拒绝任何一种帝国主义体系，拒绝通过征收霸权"租金"而肥私。

天下的意图是抽象的，而实现天下体系的制度必是具体的，需要根据实际条件而定。根据未来世界的可能条件，特别是技术条件，未来新天下体系有可能将以世界规模的漩涡模式和网络模式相结合的方式而形成。人工智能、互联网、万物网、生物技术、量子技术等"技术化存在"将成为未来世界的存在方式，因此，以个体为主体的个体理性思维方式将不得不服从世界万物互联的存在方式，必须转向与互联存在更为相配的关系理性思维方式，即"共在先于存在"的思维方式，否则很可能出现无法控制的灾难。特别需要注意的是，个体理性的加总无法必然形成集体理性，因此个体理性不具备应对大规模危机的能力。显然，只有关系理性有可能建构集体理性。

　　新天下体系虽然必定与古代天下体系有诸多不同,但其制度精神上仍然相通。天下概念在古代过于前卫,而对于未来世界却很契合。我在《天下的当代性》中举出了新天下体系所需"词典"里的一些关键词,它们包括一些长久有效的方法论和原则。请允许我在此复述其中部分关键词:

　　(一)配天。天道是万物运行的条件,从属于天道的人道就必须符合天道,所谓配天。配天意味着自然是自由的限度,万物是人的尺度。如果与此相反,人被理解为可以任意征服自然的绝对主体而成为万物的尺度,就是逆天。逆天将会制造无法补救的自然失衡而自取灭亡,因此,天道是人的绝对限度,人只能在天道界限内进行自由创作。比如说,试图创造不死的超人或人机一体的新物种,就恐怕是逆天。天下体系首先需要以制度权力去限制人类无法承担后果的逆天行为,特别是不可控制的技术冒险或政治冒险,这是为了保证人类的生存安全。

　　1. 生生。既然自然产生万物,自然之本意就是让一切存在继续存在,让一切生命繁衍生息。天意如此,天下体系之意图也必当如此,必以万民普遍受益的制度去维护世界多样性,并以共在原则去建构相辅相成的存在关系,使世界的共在利益大于每个国家之私利。

　　2. 无外。天无外,所以天下无外。人类普遍安全或永久和平的一个关键条件是世界内部化,使世界成为一个不再有外部性的无外世界。世界内部化是长久维持所有国家共在关系的条件。天下体系将成为一种无外的监护制度而维护世界的普遍秩序。这是一种反帝国主义制度,天下体系属于世界而不属于任何国家,即"以天下为天下"之意,也是"天下为公"之意。简单地说,"无外"

的世界就是世界的内部化。

（二）关系理性。关系理性实乃人道之基本原则。人道必以普遍安全或永久和平为第一要义，因此，人道的理性首先考虑互相安全，以排除战争为基本要求，并把竞争限制在互相伤害最小化的范围内。天下体系的制度理性必以关系理性为其原则，以保证天下成为非排他性的存在，或者说最大规模的共在方式。于是有：

1. 互相伤害最小化。这是生生原则的一个直接运用。互相伤害最小化是共在关系的必要条件，满足了理性的最大限度风险规避，是最彻底的理性原则。根据理性要求，互相伤害最小化优先于自身利益最大化。

2. 相互利益最大化。即普遍受益策略与利益互补策略。相互利益最大化是一个比互相伤害最小化更为积极的理性运用。既然天下以全球互联和互相依存状态作为条件，那么，在无外的天下里，相互利益最大化比起自身利益最大化更能够在实际效果上保证每个人或每个国家的利益。因此，相互利益最大化也优先于自身利益最大化。具体落实为：

2.1　孔子改善。相互利益最大化的基本含义源于孔子原则"己欲立而立人，己欲达而达人"（《论语·雍也》）。孔子原则是一个广义的普遍原则，具有政治、经济和伦理的多面意义。这里在政治经济学的意义上把孔子原则解释为"孔子改善"，其基本含义是，如果一种制度是普遍正当的，当且仅当，这种制度能够保证，只要社会总体利益得到改善，每一个人的利益就都必须得到帕累托改善。相当于说，社会总体的帕累托改善必须同时落实为每一个人的帕累托改善。

2.2　损补之道。源于老子"天之道，损有余而补不足"（《道德经》第 77 章）的自然平衡调节原理。老子相信，如果某种事物过度发展，或者某些人的利益过度增长，必定导致失衡，而失衡必定导致灾难，因此必须限制失衡，如果已经失衡则必须恢复平衡。老子原则与罗尔斯的劫富济贫"有别原则"（difference principle）有部分相通之处，但罗尔斯原则的根据是平等价值观。老子原则与平等毫无关系，而是基于存在论的理由，即一切事物只有处于动态平衡关系中才能够良好存在，而失衡会导致任何事物失去活力，因此，减少强者的利益也是保护强者的长久存在。可见，老子原则不等于偏心弱者的罗尔斯原则，而是以平衡去保证所有人的生存活力。这种平衡原理很可能来自《周易》的阴阳平衡概念，而"阴阳"是形成平衡的功能性隐喻。

（三）兼容普遍主义。世界上每种文化本来各美其美，相安无事。真正的冲突来自一神论的思想模式，它不仅把自己的价值观看作普遍的，同时要求成为唯一的，不允许各美其美就必然导致文明冲突。假如承认每种文化的主体性，就无法以一神论方式去定义普遍价值。在普遍价值的理解中存在着一个隐秘错误，即把普遍价值默认为"可用于每个人"（applied to every individual）的价值，这是一神论的理解方式，可是这种理解必定导致一个悖论：既然某一种文化可以把自己的价值观理解为适用于每个人，那么，每种文化都可以把自己的价值观理解为适用于每个人。可见，一神论的单边普遍主义是逻辑无效的。与此不同，兼容普遍主义将普遍价值理解为"可用于每种关系"（applied to every relation），即普遍价值落实在对称的"关系"上而不是落实在单边的"个体"上，这样就能够避免一神论悖论。兼容普遍主义的基本原则是：凡是能够以对称关系去定义的价值就是普遍价值，因为只有对称关系的合理性能够获得普遍必然的证明；凡是不能以对称关系去定义的价值就仅仅表达了某个集体偏好的特殊价值。

不难看出，美式天下尚未满足新天下词典，也就难以成为一种天下体系，而仍然属于霸权体系。当然，霸权体系也能够建立世界秩序，正如美国体系的现实（可参考"王霸"之论）。本来，世界秩序就有两个传统：帝国传统和天下传统。帝国传统是霸权体系，意味着向外辐射力，向外征服或向外扩展而单边支配世界；天下传统是共享体系，意味着内卷向心力，向内汇合纳入而生成共享世界。从短时段和中时段来看，霸权体系对世界的统治更为成功（例如英帝国体系和美帝国体系），但从长时段和超长时段来看，天下体系很可能更为可信和可靠。世界霸权体系对权力、技术和金融资本的垄断很难持续，因为别人不同意。这里存在着一条我称之为"模仿测试"的定理：假定人是理性的，那么，在竞争博弈里，人人都会模仿别人更为成功的策略，而策略模仿的速度高于策略创新的速度，于是，在互相模仿中，最后会达到各方策略相等的"集体黔驴技穷"状态。对此僵局，有两个解：如果各方都采取敌对策略（hostile strategy），那么互相模仿的结果只能是共同承担灾难；如果各方都采取善对策略（hospitable strategy），那么互相模仿的结果将是共在共享。

目前世界仍然属于现代主权国家的国际游戏，但正在转型，已经出现一些"后帝国状况""后国际政治"或者"后威斯特伐利亚状况"，但这些变化目前只是导致了有目共睹的乱局，尚无能力创建一个全新游戏。可以说，目前世界尚未达到能够建立新天下体系的条件，恐怕要到以万联网（the network of everything）、人工智能、生物技术和量子技术为代表的"技术化存在"覆盖世界，才有足够的物质条件建立天下体系，而天下不会属于某个国家，它将属于世界，简单地说，系统为王。也许值得担心的是，技术系统会倾向于支持一个好天下还是坏天下？

评论赵汀阳《天下究竟是什么?》

郑宗义[111]

哲学家辛格(Peter Singer)在 2002 年出版《一个世界》(*One World*)[112],提出我们要解决当前影响整个地球的各种问题,必须超越绝对的国家主权观念(the absolute idea of state sovereignty),甚至各主权国之间的国际化观念(internationalization),而及于全球化(globalization)的视野与思考。他在书中的讨论,特别是涉及全球化的伦理或道德基础时,使用的全是欧美的例子,以及英美哲学的理论。假若大部分(即除了与自然科学密切相关的)哲学问题的思考都必然带有历史性,亦即必然是带着某一特定的历史文化视角,则当中国学人去思考与设想全球化的观念时,其思想资源乃至理论表述可以是来自对传统文化的再诠释,便是自然不过的事情。

[111]　郑宗义:香港中文大学哲学系教授;主要从事儒家哲学、当代新儒学、中国哲学史、中西哲学比较研究。

[112]　此书是辛格根据 2000 年在耶鲁大学所做的 Dwight H. Terry Lectures 补充而成,参看 Peter Singer, *One World: the Ethics of Globalization* (New Haven & London: Yale University Press, 2002)。

赵汀阳出版的两本书《天下体系——世界制度哲学导论》(2005)、
《天下的当代性——世界秩序的实践与想象》(2016)和一系列文
章[113],包括这篇《天下究竟是什么?》,亦当作如是观。赵汀阳发掘
的文化思想资源是"天下",他说:"对世界负责任,而不是仅仅对自
己的国家负责任,这在理论上是一个中国哲学视界,在实践上则是
全新的可能性,即以'天下'作为关于政治/经济利益的优先分析单
位,从天下去理解世界,也就是要以'世界'作为思考单位去分析问
题,超越西方的民族/国家思维方式,就是要以世界责任为己任,创
造世界新理念和世界制度。"(《天下体系》第 3 页)不过,赵汀阳的
意图比辛格的更大,因为对他来说,天下不仅是个全球化的视野与
观念,更是个可以想象与实践的未来世界秩序或制度。而紧接着
的问题自然就是这篇文章的题目:天下究竟是什么? 由于赵汀阳
对此已经有不少论述,本文限于篇幅,只能顺着这篇文章的脉络,
提出几点疑问。必须说明,质疑的目的是厘清,以做进一步交流
所资。

这篇文章一方面是响应巴博纳斯"美式天下"的倡议,另一方
面是综括"天下"的涵义。让我们先从回应的部分开始。美式天下
的说法,似乎代表巴博纳斯接受了天下观念,并变为己用(appropri-
ate),以为当今美国可以逐步发展成一个美式天下的体系,且优于
中式天下的体系。如果从表面上看,将这体系之争视为"谁"主天
下之争,则恐怕是对天下观念的严重扭曲,重新跌入民族国家向外
扩张为帝国主义的窠臼。如果从理论的角度看,将这体系之争视

---

[113] 赵汀阳:《天下体系——世界制度哲学导论》,江苏教育出版社,2005;《天下
的当代性——世界秩序的实践与想象》,中信出版社,2016;《天下秩序的未
来性》,《探索与争鸣》2015 年第 11 期,第 7—21 页。

为天下观念可以有着不同的表现方式或体系,犹如另类现代性(alternative modernity)的说法,则需要澄清的是,指涉世界秩序或制度的天下观念到底对其秩序或制度有怎样的说法,或者说,到底它给予我们怎样的想象空间,因而会有不同实现方式或体系的可能。根据赵汀阳的说法,天下观念所指涉的世界秩序或制度:(1)可以用中国古代周朝的封建政治(封邦建国)作为一个曾经在历史上实践过的案例作为参考;(2)参与其中的各国都"具有自愿性、共享性和友善性。而且,天下概念指向'一个体系,多种制度'的兼容体系,其兼容性建立在关系理性所建构的共在关系上,而不是建立在统一的宗教或意识形态之上"[114](《天下究竟是什么?》,本书第81页);(3)可以说是"一种世界宪法"(同前,第78页);(4)由是,"简单地说,一个非排他性(non-exclusive)的制度所定义的无外世界就是天下"(同前,第79页)。

但平心而论,即使综合上述各点,仍然无法让我们对天下观念所指涉的世界秩序或制度有一个比较清晰的图像或想象方向。我们仍然可以追问:天下是否一个国与国联合起来的类乎大联邦的

---

[114] 赵汀阳在别处有比较详尽的说明:"天下体系的普遍性在于它表明了一种世界共享制度所必须具有的基本性质:(1)天下体系必须保证各国加入天下体系的好处大于独立在外的好处,从而使各国都愿意承认并且加入天下体系。(2)天下体系必须能够形成各国在利益上的互相依存和互惠关系,从而保证世界的普遍安全和永久和平秩序。(3)天下体系必须能够发展普遍有利于各国的公共利益、共享利益和公共事业,从而保证天下体系的普遍共享性质。概括地说就是,天下体系必须实现世界的内部化,使世界只具有内部性而不再存在外部性。"(《天下的当代性》第57页)这段文字若是用来描述周公创制天下体系的性质,恐不无可疑之处(即是否历史事实),例如强调各国是自愿加入:"天下体系具有自愿合作性质,其正当性在于天下万民的承认和支持,各国可以自愿加入或退出。"(同前,第72页)至于把"一个体系,多种制度"的兼容性塞进天下观念的涵义中,就更明确是个现代的创造性诠释。

制度? 其中既强调各国的自愿性,那是否等于依旧承认各国自身的自主即主权(超越绝对主权的思考不等于否定主权的观念)? 如何去理解天下秩序下各国国民的身份与关系? 现代主权国家强调的平等、权利、自由等观念在天下秩序中是否仍有其理论与实践的地位? 假如各国自身的自主即主权观念仍然保留,则当各国自身的利益与世界或天下的利益相冲突时,有什么理由要各国维持世界或天下的思考? (在这点上,赵提出的关系理性是否一个充分的理由?)也许,正是因为天下观念的模糊,才会产生所谓中式天下与美式天下孰优孰劣的问题。实则上,"谁"主天下,如果不是霸权思维下"谁"(哪个强国)来"主宰"天下,则依天下思维,应该是"谁"(一个带头国家或联盟之类的组织)来"主持"天下秩序或制度,或者说,来维持、守护天下宪法? 以周朝的历史案例来说,它有周天子。对此,赵汀阳如果不是刻意回避就是未做正面处理。在回应安靖如(Stephen C. Angle)认为"改变联合国的性质而发展为天下体系是一个比较经济的路径"时,赵汀阳的回答是:"由于联合国在本质上受制于现代主权国家体系的政治逻辑,恐怕很难脱胎换骨地转化为一个属于世界的世界制度。我相信,如果天下体系将来成为可能,它的基础更可能是全球金融系统、全球技术系统和互联网这些真正有实权的机构或组织。或者说,把全球金融系统、全球技术系统和互联网变成世界共享共有共管的全球系统,才是实现天下体系的一个重要条件。"(《天下的当代性》第229—230页)此中的意思是指天下秩序是由跨国的金融、技术公司来主持? 天下秩序变成像全球经济体系一样,"无人在掌管"(No one is in charge)[115]? 但

---

[115] 参看 Thomas Friedman, *The Lexus and the Olive Tree: Understanding Globaliza-tion* (New York: Anchor Books, 2000), p. 112。

不要忘记跨国公司、利伯维尔场是以创造财富为目的,亦是目前造成全球严峻贫富悬殊的元凶。至于说全球金融、技术成为"世界"共享共有共管的全球系统,那"世界"是谁? 赵汀阳补充道:"目前世界尚未达到能够建立新天下体系的条件,恐怕要到以万联网、人工智能、生物技术和量子技术为代表的'技术化存在'覆盖世界,才有足够的物质条件建立天下体系,而天下不会属于某个国家,它将属于世界,简单地说,系统为王。也许值得担心的是,技术系统会倾向于支持一个好天下还是坏天下?"(《天下究竟是什么?》,本书第 99 页)但什么是系统为王? 什么系统来主持、管理人的世界秩序(马克思说的异化)? 但一个不懂得分辨好坏的技术系统凭什么会支持(一个以全人类福祉为目的的)天下秩序? 更严重的问题是,如此设想的天下观念,它还有多少是从传统文化思想中提炼出来的?

　　赵汀阳以周朝的封建政治作为天下观念曾经在历史上实践过的案例,换言之,他是从这个案例中重新发掘出天下观念,并对其当代性、未来性寄予厚望。对于有历史学家如葛兆光质疑天下只是个儒家的理想,他坚持周朝已经是这个理想的(部分)实现(同前,本书第 79 页)。对赵汀阳而言,周朝的封邦建国,犹如建立一个网络体系,"包含着从属于网络主体的众多政治实体,也就是属于世界政治主体的众多诸侯国。其中,世界政治主体的主权拥有者,即天下之宗主国,负责监护天下体系的共同安全和整体秩序,保护体系的共同利益和共享利益;每个诸侯国既独立自治又属于整个网络秩序,与宗主国之间有着互相依存的关系"(《天下的当代性》第 57—58 页)。细阅上引文字,不难发现赵汀阳是如何苦心孤诣地把一个经他诠释过的天下观念(即所谓网络主体、世界政治主体)填入宗法封建的周朝历史,结果竟使宗周成为"世界政治主体",甚至"主权拥有者"。他并且深信,宗周必然是代表了协和万邦的天下视野,即一种世界性的政治视野。将如此理解的周朝天下观念作为设想具当代性与未来性的天下观念的参考案例,很难不教人想到谁主天下,可知巴博纳斯的美式天下并非无的放矢。

此处我们无需质疑赵汀阳对周朝封建政治的解释是否符合历史事实,只需指出它绝对是个富争议性的阅读。试看历史学者王尔敏对周朝封建政治及其如何影响后来君主政治的解释[116]:(1)"中国中心观念,其形势创始于共主时代,其理论可以《尚书·禹贡》为代表。是所谓五服制度……即令谓《禹贡》成书在春秋时代,亦可信其所本,实即当时宗周政治统治形势,做一理想整齐之解说。"(第69页)[117](2)"事实上在秦帝国统一中国之前,所有中国范围内外,同时存在许多列邦,夏商两代自不待言,即自西周以至春秋战国而言,实是列国纷立局面。而在宗周封建一统之下,各国同时有其实质上之繁密交际关系,彼此交通往来,早已形成一定国际关系之习惯与制度。此种长期维持国际关系之制度,就实际需要上言,比天朝中心观念更要有实效而意义重大。"(同前)

---

[116]　以下所引皆出自王尔敏:《十九世纪中国国际观念之演变》,载《中国近代思想史论续集》,社会科学文献出版社,2005,第68—138页。

[117]　值得注意的是,王尔敏对古代历史中的"中国"一词曾做探本溯源的考证,他的结论是:"'中国'词称,上溯自商代,意义确定明显,自可立为定说。自商以下,至秦汉统一以前,诸夏民族,习用普遍,沿贯脉流,亦可察知。古籍记载留存之全部,其意义共有五端,如前所举者:一为京师之义;二为国境以内之义;三为诸夏领域之义;四为中等之国之义;五为中央之国之义。然此五端亦并有一共同之基本意义,即皆指一确定之领域。此'中国'一词之形成为我国名之最根本基础也。'中国'一词在秦汉统一以前已普遍成为国土之共称,则亦足知上古文化大一统观念之成熟,与其助成中华民族团结统一之意义。"见《"中国"名称溯源及其近代诠释》,载《中国近代思想史论》,华世出版社,1977,第441—480页。

（3）"秦汉统一之后，形成中国一体与四方各民族交际来往形势。……《禹贡》五服之中国中心理论，遂亦自然成为普通常识；政治家应用，亦不免据为参考。四方诸国，虽漫称之为夷狄之邦，而交际未尝中断，彼此国际关系，渐至形成上下区别。中国皇帝，自秦汉已帝天自命，天朝意象，亦必自然生成。至于形成严密制度，足供充分参考者，则在明清两代。"（第69—70页）（4）"明清两代之中国中心形势及天朝意象观念，表现于体制完密之封贡关系。东南西北沿边民族，与中国交往，无不列在藩封。简约言之，封贡制度实为中国中心观念之具体化与制度化。"（第70页）（5）"明清两代封贡制度，维持沿边和平交际达五百年之久，边外各国皆然，而以中韩、中越关系最具代表性。封与贡所表达之政治性关系，一般俱为象征性。彼此来往表现于文化礼制仪节，盖授封印、颁正朔、纳表、朝贺、进贡，纯为一种繁褥之仪礼形式。其实在极端扼要之经济依存关系则于此种重大仪节之外频繁进行。"（同前）此经济依存关系即是宗藩贸易。总之，在王尔敏的解释中，周朝封建政治是中国中心观念、列国之国际往来关系，其背后早已隐含大一统观念，而其对后来君主政治的影响乃在于中国中心观念一变而为天朝意象，列国之国际往来关系一变而为天朝与四夷的政治经济关系，明清的封贡制度即是典例。此中没有赵汀阳所谓的天下观念，以天下为思考单位的视野。

　　必须补充一点，到周朝封建政治走向衰败，所谓礼坏乐崩的春秋时代，确实涌现一批思想家在思考如何重建制度，即重建怎样的制度及如何重建。天下观念正是在这样的背景下被重新强调。此即天下，一个列国并立且互相争斗的局面（这是现实情况），应如何建立一个既和平且稳定的秩序（这是理想向往）。以赵汀阳常引用的《管子》为例，其建言是"霸王"天下，虽云"得天下之众者王，得其半者霸"(《霸言》),但取天下之术在于德与力并用,故谓"是故圣王卑礼以下天下之贤而王之,均分以钓天下之众而臣之。故贵为天子,富有天下,而伐不谓贪者,其大计存也。以天下之财,利天下之人。以明威之振,合天下之权。以遂德之行,结诸侯之亲。以好佞之罪,刑天下之心。因天下之威,以广明王之伐。攻逆乱之国,赏有功之劳,封贤圣之德,明一人之行,而百姓定矣。"(同前)相较之下,孟子的建言是"王"天下,严辨王霸(即主张管治秩序的正当性应在"王"而非"霸"),以为"以力假仁者霸,霸必有大国;以德行仁者王,王不待大,汤以七十里,文王以百里。以力服人者,非心服也,力不赡也;以德服人者,中心悦而诚服也,如七十子之服孔子也。"(《孟子·公孙丑上》)故谓"威天下不以兵革之利。得道者多助,失道者寡助"(《孟子·公孙丑下》);"仁人无敌于天下"(《孟子·尽心下》);"不仁而得国者,有之矣。不仁而得天下者,未之有也"(同前);"尧舜之道,不以仁政,不能平治天下"(《孟子·离娄上》)。当然,在《管子》《孟子》以外,还有其他的思考,如墨家、《老子》《庄子》与法理学者等,在此既不能且不必一一细表。可惜的是,这些丰富的传统思想资源,赵汀阳并未加以应用,更遑论清理。他所取的天下观念,除了基于他对宗周历史的解读外,便似乎再未带有丝毫中国思想的特质。这从他讨论建立天下秩序背后的伦理或道德基础时可以清楚看到。

赵汀阳没有使用伦理或道德基础的概念,而是探究天下观念的理性观。他认为能支撑天下观念的理性观,不是自由主义崇尚的个体理性,而是承认人与人乃共在的关系理性。他所谓的关系理性,具体言之,乃人与人通过博弈思考而达至利益均沾的双赢结论,从中更可以引绎出互相伤害最小化与相互利益最大化的策略与原则(《天下究竟是什么?》,本书第 97 页)。他深信以博弈语境来解释于共在关系上之所以能建立和平稳定的秩序乃至天下秩序,是"解释力最大的语境"(《天下的当代性》,第 22 页)。先勿论赵汀阳以这一博弈的关系理性来说明《易》的"生生",甚至孔子的恕道即"己所不欲,勿施于人"与"己欲立而立人,己欲达而达人"(他所谓的"改善"),完全是硬套曲解,它自身是否具最大解释力也成疑问。因为在现实的博弈中,还存在着博弈双方势力强弱的不均等,亦存在着可见的眼前利益与不可见的未来利益的不均等,更不要说"利益"概念的含混(你认为的利益不必是我认为的利益)。再从伦理学的角度看,赵汀阳的关系理性是从自利的立场来论证利他,问题是当实践利他行为必须做自我牺牲时(当然这里有程度问题),论证便会有失效之虞。以前面提及辛格的书为参照,辛格很重视如何建立全球化(视野)的伦理学(the ethics of globalization),即论证人应该不限于国族利益(national interest)的考虑去照顾非我族类的他人。值得注意的是,由于当今西方伦理学出现了一股批判"无偏袒伦理学"(impartial ethics)的思潮,主张道德行动者偏袒亲人(partiality)为合理,如威廉斯(Bernard Williams)、提倡女性主义关怀伦理学的诺丁斯(Nel Noddings)等,所以辛格思考的用力处就在响应他们,重申无私(impartiality)才是道德上合理的。换言之,超越国族利益的偏袒而无私关照一切人才是道德上对的。辛格认为偏袒只是人类进化至今仍不可免的事实,因而其合理性成为人日常生活中的直觉,然而一旦进入哲学反省,便知只有无私才是道德上对的。[118] 辛格的反驳是否成功,不必在此深究,

---

[118]   参看 Singer, *One World*, pp. 158-167。

这里只想指出一点,即他在论证人应超越国族利益去关照与自己无甚关系的他人时所做的一个模拟论证。他认为若发达国家的人民只需每月捐献少量金钱就可以帮助贫穷国家的人民免于饥饿和疾病而不为,实无异于人见孺子将入于井却因怕弄脏衣服而不救,完全是道德上无法狡辩的错误[119](而二者的差别仅在于后者是人亲眼目睹,故很易反省到见死不救是不应该的,前者则因不是人亲眼目睹,故也较难察觉到吝啬金钱是不应该的[120])。辛格大概不知道孟子的怵惕恻隐之心,但古今中西心同理同,都明白最能唤起人对他人无私关爱的并非博弈关系下利益最大或伤害最少的思考,而是对他人苦难的不忍与不安。晚近当欧洲各国正在争议应否接收叙利亚难民时,最具控诉力量的却是一张难民儿童尸身一具具列放于海滩的照片,即是明证。所以,比起博弈思考,儒家的仁爱观念恐怕更能作为全球化思考或天下视野的伦理学基础。甚至关于如何消弭偏袒与无私之间的张力,即在亲爱家人与关照他人之间可能发生的矛盾,儒家也有丰富的思想资源可资参考。先秦儒墨仁爱与兼爱之是非,正触及此争议,及后经过宋明儒对孟子立场的补充与完善,孟子"亲亲而仁民,仁民而爱物"(《孟子·尽心上》)所包含的义理亦可对此争议给出一个合理的解答(详细的论证则要另文为之)。回到本文,赵汀阳设想的天下观念中没有"仁"的理论位置,是因为他并未能恰当、相应地理解儒学。在他看来,儒家的"家庭虽然超越了个人之绝对自私,却造成以家为单位的相

---

[119]　参看 Singer, *One World*, pp. 156-157。

[120]　这个道理孟子在解释齐宣王以羊易牛时已指出,故曰:"无伤也,是乃仁术也,见牛未见羊也。君子之于禽兽也,见其生,不忍见其死;闻其声,不忍食其肉。是以君子远庖厨也。"(《孟子·梁惠王上》)

对自私,各家自私导致的冲突仍然类似于各人自私所导致的冲突,因此儒家的家庭理论于事无补",也就是说,始于亲亲的仁"其实也暗含自私的逻辑"(《天下的当代性》第 87 页)。毋庸讳言,赵汀阳对儒家乃至传统思想缺乏善解,这亦是为何其天下观念的中国思想特质甚单薄而得借用西方思想来作填充的缘故。

2018 年 6 月 7 日初稿/2018 年 9 月 24 日二稿

"感"与人类共识的形成

——儒家天下观视野下的"人类理解论"

干春松[121]

引　　论

在 1840 年之后的经济和军事弱势下,儒家所强调的"人同此心,心同此理"的普遍意义上的价值取向,逐渐被"缩小"成一种"地方性的知识",与为抵抗外侮而兴起的民族主义倾向合流,成为中国近代日益高涨的各种类型的民族主义[122]的思想资源。思想观念的形成和发展固然难以摆脱时代的刺激及由此带来的局限,然

〔121〕　干春松:北京大学哲学系教授、儒学研究院副院长。

〔122〕　民族主义并非一种不能接受的观念(贝淡宁提出了"合理的民族主义",见贝淡宁:《超越自由民主》,上海三联书店,2009),而近代在外侮的背景下所形成的民族主义,在维护本民族权利的前提下,往往体现出对外族的排斥甚至"仇恨",而基于爱国主义的意识形态下的民族主义,则演化为种族主义和排外主义,这种思想在强调自己的独立性的时候,往往将别的文明视为对立物存在。

而,如何跨越时代的局限,发掘儒家建立在"同情"和"互相理解"基础上的"共同意识",则可以让我们看到儒家思想对于缓和与化解日趋激烈的民族国家之间的对立和冲突所可能发挥的作用。更为重要的是,这样的工作也会让我们了解传统儒家之所以主张"天下主义"的内在理据。

儒家文献中一直肯定基于"类"[123]而产生共感的可能,并认为这是一种"天赋"的能力。不过孟子的论述因为得到更多人的讨论和阐发而成为儒家思想中一个很有影响力的信念。在孟子看来,人与人之间要达到互相理解的可能性,就要坚信与生俱来的"良知",这既可以视为儒家对于人之为人的一个基础性"要求",也可以作为人类之间建构互相理解的"基础"。在性善论的视野中,他需要解释为什么有一些人并不能按照良知的指引来辨别善恶是非。孟子有精英主义的倾向,他将人分为"大人"和"小人",他们的差别并非在于是否禀受良知,而是有的人善于保存其赤子之心,故而成为"大人",反之则为"小人"。从孔子以来,儒家学派对于"大人"和"小人",或"君子"与"小人"的区分更多转向其道德品性,而不是基于社会地位的高低。按孟子的话说,如果你选择满足自己的口腹之欲,那么你会变成"小人",而如果是存心养性,则会成为

---

[123] 关于"类"与人类之间理解的可能性最为明确的描述可以从《荀子》书中见到,比如《礼论》中说:"凡生天地之间者,有血气之属必有知,有知之属莫不爱其类。"这是说,人有血气然有认知的可能,他们都会爱自己的同类。而这样的认知能力就是以情度情。"故以人度人,以情度情,以类度类,以说度功,以道观尽,古今一也。类不悖,虽久同理,故乡乎邪曲而不迷,观乎杂物而不惑,以此度之。"(《荀子·非相》)

"大人"。[124]　在孟子看来,人们成为"大人"的决心是人类能够共同"感受"到的,除非他们被物质欲望所遮蔽,由此,修身便是一个回归道德"感受力"的必要过程。人们要生活在合理的社会秩序中,前提是社会成员都成为君子。而在此之前,圣人率先做出表率,让大家来效仿。[125]　他总结说:"故曰:口之于味也,有同耆焉;耳之于声也,有同听焉;目之于色也,有同美焉。至于心,独无所同然乎?心之所同然者何也?谓理也,义也。圣人先得我心之所同然耳。故理义之悦我心,犹刍豢之悦我口。"[126]孟子明确地说"圣人"是先于一般人意识到义、理是心之同然的"内容",这也是人作为一种"类"与别的"物类"的差别。

对于人的"类"特征之高贵性的肯定是儒家的信念,一直为历代儒家思想家所坚持。宋明时期的儒家发展主要也是奠基于孟子的思想基础之上的。比如,朱熹在与弟子讨论这一段话的时候,用儒家的伦常来解释理、义。他说:"理义之悦我心。"云:

> 人之一身,如目之于色,耳之于声,口之于味,莫不皆同,于心岂无所同。"心之所同然者,理也,义也。"且如人之为事,

---

[124]　《朱子语类》中朱子对于仁和圣的解释,有助于我们理解一体之仁和对于仁的不同实现状态而出现的"境界"上的高低差别。也就是说,圣人和一般人都有爱人的禀赋,而只是圣人能将这种爱扩大到最彻底的地步。他说:"圣只是行仁到那极处。仁便是这理,圣便是充这理到极处,不是仁上面更有个圣。而今有三等:有圣人,有贤人,有众人。仁是通上下而言,有圣人之仁,有贤人之仁,有众人之仁,所以言'通乎上下'。'仁'字直,'圣'字横。'博施济众',是做到极处,功用如此。"(《朱子语类·卷三十三》)

[125]　孔子认为君子之德像风,所以德风所过,人们便会追随。《论语·颜渊》说:"君子之德风,小人之德草,草上之风必偃。"

[126]　《孟子·告子上》。

> 自家处之当于义,人莫不以为然,无有不道好者。如子之于
> 父,臣之于君,其分至尊无加于此。人皆知君父之当事,我能
> 尽忠尽孝,天下莫不以为当然,此心之所同也。今人割股救
> 亲,其事虽不中节,其心发之甚善,人皆以为美。[127]

对于圣人所率先感受到的"同然",王阳明强调了后天的修养工夫的重要性,他认为圣人的感知力并非起因于圣人之心与我们一般人的内心有所不同,而是圣人基于其修养,能够将被物欲堵塞的纯然内心呈露出来。"天下之人心,其始亦非有异于圣人也,特其间于有我之私,隔于物欲之蔽,大者以小,通者以塞,人各有心,至有视其父子兄弟如仇雠者。圣人有忧之,是以推其天地万物一体之仁以教天下,使之皆有以克其私,去其蔽,以复其心体之同然。"[128]

儒家始终将先天的感受力和后天的努力结合,因此反复申说知行合一的重要性。而一般的百姓之所以能被圣人的教诲所感动,就是因为他们共同禀受了天理,所以一旦被教化所"感",便自然有所反应。"然民之所以感动者,由其本有此理。上之人既有以自明其明德,时时提撕警策,则下之人观瞻感发,各有以兴起其同然之善心,而不能已耳。"[129]

近代以来影响中国最大的则是西方的"启蒙"思潮,梁启超将中国人接受西方的价值观念视为"新民",这固然是对《大学》观念

---

[127] 《朱子语类·卷五十九·孟子九》。
[128] 王阳明:《传习录·卷中·答顾东桥书》。
[129] 《朱子语类·卷十六·大学三》。

的借用,但其所明之"明德"已经是将个人权利作为基础的观念。当个人的权利从神权中得到"独立"和"解放"的时候,这是人类价值观的一种"革命性反转",其内在的逻辑是,人不再将"神性"作为对于自己的人格特质的内在要求,而是不断肯定自然欲望的合理性。这样的转变如果放在孟子的语境中,或许可以被理解为,人们开始将自然的欲望当作理解人的起点,从而放弃了成为"大人"的高阶要求。

按照孟子的思路,人与人之间在成为"大人"这一点上要形成共识,孟子的良知观肯定了每个人都可以成为圣人的潜力,反过来说,在这样的意义上,圣人是可以被理解和模仿的。因此,后世的儒者们更强调共识的形成需要"教化"和自我克制的"工夫"。

在儒家的"类"观念中,人与人的差别就不在于其邦国层面,而在于对理义或者伦常的认知,而且,他们接受这样的认知的先后。儒家建立起以人类为导向的价值体系,圣人的作用就是通过教化,让所有的人认识并实践这样的共识。宋代的陆九渊对此有最为精彩的表达:"东海有圣人出焉,此心同也,此理同也;西海有圣人出焉,此心同也,此理同也;南海北海有圣人出焉,此心同也,此理同也;千百世之上有圣人出焉,此心同也,此理同也;千百世之下有圣人出焉,此心同也,此理同也。"[130]

我们知道人类社会从生产方式到生活形态已经发生了巨大的变化,人与人之间也有了更为密切的交往,人心和价值的可通约和可交互理解则依然如此,人同此心、心同此理。也就是说,今天的儒者依然会坚持这样的信念。

---

[130]　全祖望:《宋元学案》,中华书局,1986,第 1884 页。

从前文我们可以看到,儒家思想看重"学以成人",认知世界与具体的道德实践密切关联,这就决定了儒家的认识论更为依赖"感官"和"身体"的维度。对于现代人来说,儒家的许多论述会有一些训诫式的"独断论",即在论证"人为何要如此""人为何要遵循礼仪规范"时,其论证或诉诸"圣人之制作",或是内心之"安定"这样的"感受性"的结论,但这也是儒家注重"人"的精神层面的表征。

儒家相信人的修养和身体上的"定"等工夫都可以促进认识的深化,这种认识论上的特征也会影响到儒家对于"人类理解论"的建立,儒家的"理解论"有一个十分关键的概念就是"感",是宇宙和人类、人与人之间的"感"让我们可以互相理解并使我们可以存在共同的世界观和价值目标。本文将从《周易·咸卦》和《礼记·乐记》这两个文本的解释史,并结合宋明儒者对它们的发挥来梳理"感"对于建立儒家理解论的意义。

一、由"感"而"公",《周易》中的"感"的原理

在最早的儒家文献《尚书》中,"感"被理解为对神明的旨意的了解。比如《大禹谟》中的"至诚感神",其大意是说,人至诚的话就可以感应或感受到神的旨意或会影响到神的意图。按《说文解字》的解释,"感"指的是"动人心",就是让对方感受到你的意图,"感"让认知的主体和对象之间产生一种了解,形成相互之间的反应。

早期儒家关于"感"最为重要的文献是《周易·咸卦》和《礼记·乐记》。《周易·系辞》中说:"《易》无思也,无为也,寂然不动,感而遂通天下之故。"从字面上看可以这样来理解:《周易》并不是有一些固定的框架,而是通过阴阳之间的"感"来沟通世界上的

万事万物,由此可见,《周易》试图提供一种理解天下事物之间互相
关联的"形式系统",这个联系的纽带就是"感",它是动静之间的
"开关"。

　　《周易》中关于"感"的问题最为集中的呈现是在咸卦。其卦辞
曰:"咸:亨,利贞,取女吉。"虞翻和郑玄都将"咸"训释为"感"。此
卦为艮下兑上(山上有泽),所以经常通过夫妇之道来解释。王弼
在给此卦作注时,专门讨论了《周易》中天道与人事相结合的原则,
指出乾坤象征天地,而咸卦则象征夫妇,它们的共同点则在于本始
性,"乾坤乃造化之本,夫妇实人伦之原"[131]。不过,乾坤作为自然
属性的两极与夫妇作为人类属性的两性之间却因为"阴阳"相"感"
而"利贞",也就是有好的结果。"人物既生、共相感应。若二气不
交,则不成于相感。""此卦明人伦之始,夫妇之义,必须男女共相感
应,方成夫妇。既相感应,乃得亨通。"[132]在阴阳相感的大原则下,
夫妇作为人伦之始,即是所有人类社会的道德规范的原发点。这
个触发机制并非社会性的群体生活要求,而是天然的"吸引力",是
男女之间的"感"。男女在属性上互相吸引,这种吸引力的介质就
是"感"。

　　历代的注家都注意到象辞中的解释:"《象》曰:'咸,感也。柔
上而刚下,二气感应以相与。……天地感而万物化生,圣人感人心
而天下和平。观其所感,而天地万物之情可见矣。'"对此,王弼注
释道:"天地万物之情,见于所感也。凡感之为道,不能感非类者
也,故引取女以明同类之义也。"[133]王弼的注强调了"同类相感"的

---

〔131〕　王弼注、孔颖达疏《周易正义》,北京大学出版社,2000,第 163 页。
〔132〕　同上。
〔133〕　王弼注、孔颖达疏《周易正义》,第 164 页。

层面,因为天地相感,所以万物化生,而圣人则通过感化人心的方式来建构和平的社会秩序。

这样的解释符合儒家伦理由夫妇父子之亲扩展到仁爱天下的过程。而具有更为明显的儒家价值倾向的孔颖达在《周易正义》中,对"圣人感人心而天下和平"做了详尽的说明:

> "圣人感人心而天下和平"者,圣人设教,感动人心,使变恶从善,然后天下和平。"观其所感而天地万物之情可见矣"者,结叹咸道之广,大则包天地,小则该万物。感物而动,谓之情也。天地万物皆以气类共相感应,故"观其所感,而天地万物之情可见矣"。

这段话的后半部分,继续解释"感"的原理,认为天下万物之间因为气类共相感应,所以存在着普遍的关联性。而这段话的重点在于突出了圣人的"教化"。圣人因为了解事物之"本来样子"(情),所以,可以对人进行道德教化,而人们也因为这些教化"感动人心"而接受之,由此,天下和平的目标就可以实现。

宋明时期,理学家们注重天理和人道之间的关系,因此,大多重视《周易》,并通过对《周易》的注释来阐发自己的思想。张载在讨论咸卦的时候,说"咸"是以"虚受为本",意即要放弃自己的主观成见,而容纳万物。[134] 并且,他认为夫妇虽是理解"感"的入手,但并不能局限于此。感之道有很多种:或以同,或以异,或以人,或以

---

[134]　在《正蒙·乾称》中,张载说:"无所不感者虚也,感即合也,咸也。以万物本一,故能合异;以其能合异,故谓之感。""感者性之神,性者感之体。"(张载:《张载集》,中华书局,1978,第63页)

事,对于象辞中"圣人感人心而天下和平"的说法,张载解释说"是风动之也;圣人老吾老以及人之老而人欲老其老,此是以事相感也"[135],即圣人通过每个人都能体会到的情感生活来施行道德教化,最终让人感而化之。

在宋儒的注释中,侧重于阐发《周易》社会政治意义的是程颐的《周易程氏传》,程颐在对卦名进行解释时,类似于从发生学意义上来梳理从天地万物到人类社会形成的过程,这导致程颐会从天地的空间位置来引申其社会秩序中的尊卑倾向,并将之贯彻到对咸卦的解释中。

> 《序卦》:"有天地然后有万物,有万物然后有男女,有男女然后有夫妇,有夫妇然后有父子,有父子然后有君臣,有君臣然后有上下,有上下然后礼义有所错。"天地万物之本,夫妇人伦之始,所以上经首《乾》《坤》,下经首《咸》继以《恒》也。天地二物,故二卦分为天地之道。男女交合而成夫妇,故《咸》与《恒》皆二体合为夫妇之义。[136]

程颐在对"咸"的解释中,除了继承前人以"感"解"咸"之外,又结合咸卦后面的恒卦,强调了"常道"和"正"的意味。以"正"来理解"常道"赋予了人类秩序的正当性和对于人性的高点的坚持。由此建构的社会秩序会让人愉悦。"咸,感也,以说为主;恒,常也,

---

[135]　张载:《张载集》,第125页。张载认为:"能通天下之志者为能感人心,圣人同乎人而无我,故和平天下,莫盛于感人心。"(《正蒙·至当》,载《张载集》,第34页)。

[136]　程颐:《周易程氏传》,中华书局,2011,第174页。

以正为本。而说之道自有正也,正之道固有说焉,巽而动,刚柔皆应,说也。"[137] 程颐认为男女之间相感最为深刻。他借助"艮"所指称的山的意象,指出"艮体笃实,止为诚悫之义。男志笃实以下交,女心说而上应,男感之先也。男先以诚感,则女说而应也"[138]。通过对男女特征的相反相成来解释结构的稳定性和持久性。

程颐在对"咸,感也"的解释中,认为世界上所有关系的成立,都源自他们之间的感应。"不曰感者,咸有皆义,男女交相感也。物之相感,莫如男女,而少复甚焉。凡君臣上下,以至万物,皆有相感之道。物之相感,则有亨通之理。君臣能相感,则君臣之道通;上下能相感,则上下之志通;以至父子、夫妇、亲戚、朋友,皆情意相感,则和顺而亨通。事物皆然,故咸有亨之理也。"[139] 如果说程朱理学以天理来为人伦秩序的正当性提供基础的话,那么在这里,程颐则强调了人伦本身所包含的"情感因素"。程颐说:"相感之道利在于正也。不以正,则入于恶矣,如夫妇之以淫姣,君臣之以媚说,上下之以邪僻,皆相感之不以正也。"[140] 通过对"感"提出"诚""正"的条件,程颐认为就可以尽天地之理,由此,圣人就能实现"天下和平"的目标。"既言男女相感之义,复推极感道,以尽天地之理、圣人之用。天地二气交感而化生万物,圣人至诚以感亿兆之心而天下和平。天下之心所以和平,由圣人感之也。观天地交感化生万物之理,与圣人感人心致和平之道,则天地万物之情可见矣。

---

[137]　程颐:《周易程氏传》,第 174 页。

[138]　同上。

[139]　同上书,第 174—175 页。

[140]　同上书,第 175 页。

感通之理,知道者默而观之可也。"[141] 亲亲—仁民—爱物是儒家之爱不断扩大的过程,在这个过程中,"感"成为这样的"爱"的扩充的内在机制。儒家以修身入手,最终则要达成平天下的大任。在程颐的思想中,天下和平目标的实现,在于去私而存公。人与人之间因为有"感",所以才有意愿将爱加以推扩,然后实现"天下为公"的目标。

程颐在解释九四爻的时候发挥说,感之道就在于"心",心在人身之中,据此,"感"就应该是中正无私的。如果不是基于内心的"感",就不正,难以有好的结果,在对九四的"贞吉"的解释中,他显然接受了张载的"虚"的观念,认为"贞者,虚中无我之谓也"。这样,他把中正引入无私之大公,"夫贞一则所感无不通,若往来憧憧然,用其私心以感物,则思之所及者有能感而动,所不及者不能感也,是其朋类则从其思也,以有系之私心,既主于一隅一事,岂能廓然无所不通乎?"[142] 我们知道,程颐特别倾向于以"公"释"仁",[143] 儒家之终极目标是对于天下为公的肯定,中正之心必然是无所偏私的,其内在的理据就在于"感通"。他说:

　　《系辞》曰:"天下何思何虑? 天下同归而殊途,一致而百虑,天下何思何虑?"夫子因咸极论感通之道。夫以思虑之私心感物,所感狭矣。天下之理一也,涂虽殊而其归则同,虑虽百而其致则一。虽物有万殊,事有万变,统之以一,则无能违

---

[141]　程颐:《周易程氏传》,第 175 页。

[142]　同上书,第 178 页。

[143]　唐纪宇说:程颐通过对"公"的观念与"仁""理一"结合起来,"所强调的都是在伦理学意义上对'私'的破除而实现儒家'物我兼照'的道德理想"。见唐纪宇:《程颐〈周易程氏传〉研究》,人民出版社,2016,第 163 页。

也。故贞其意,则穷天下无不感通焉,故曰:"天下何思何虑?"用其思虑之私心,岂能无所不感也?[144]

如果是基于私心,所能被感和感人处自然狭隘,只有体会到万殊背后的"理一",才能无不感通。有感有应,事物变化之理、道德教化之功效才能完全达成。

感,动也,有感必有应。凡有动皆为感,感则必有应,所应复为感,感复有应,所以不已也。穷极至神之妙,知化育之道,德之至盛也,无加于此矣。[145]

宋代理学家强调天理先在,儒家的普遍主义精神有了更为理论化的表达,以往人们更多关注从理气心性层面去讨论道学家的问题关切。然如果从"感"出发,我们可以认为,因为事物都分有天理,也就有了"同类相感"的基础,由此生发出万物一体的精神,从而加深我们对于从血缘亲情发展为人类之爱的逻辑关系的认识。作为程颐思想的传人,朱熹也关注《周易》中的"感",在《周易本义》中,他强调了"感"的真诚一面,反对拿言辞来"蛊惑"。[146] 朱子强调感应作为自然原理的面相,《朱子语类》中记载了他与弟子之间对于感应问题的讨论:

"周易传'有感必有应',是如何?"曰:"凡在天地间,无非

---

[144]　程颐:《周易程氏传》,第 178 页。
[145]　同上书,第 175—179 页。
[146]　朱熹:《周易本义》,中华书局,2009,第 130—131 页。

感应之理,造化与人事皆是。且如雨旸,雨不成只管雨,便感得个旸出来;旸不成只管旸,旸已是应处,又感得雨来。是'感则必有应,所应复为感'。寒暑昼夜,无非此理。如人夜睡,不成只管睡至晓,须著起来;一日运动,向晦亦须常息。凡一死一生,一出一入,一往一来,一语一默,皆是感应。"[147]

在这里,朱熹通过对有感必有应的强调,认为感与应的反复不仅是自然的规律,也是人类之间建立起互相理解的心理机制。

二、"感"的心理机制与社会教化: 从《礼记·乐记》出发

对于"感",另一个对我们有重大启发的儒家文本是《礼记·乐记》。礼乐文明可以看作儒家文化的代名词,与礼之有文献可据不同,世事变迁,乐的器具和乐谱已经茫昧难寻,虽然讨论"乐"的文字亦在不同的文献中有所记录,不过比较集中地被收录在《礼记·乐记》中。《乐记》的开篇就介绍音、声与乐之间的关系。人心感于物而发声,不同声相杂形成音,不同音所构成的旋律则可以称之为"乐"。

与"礼"主别尊卑不同,"乐"更侧重求同以相亲。"乐者为同,礼者为异。同则相亲,异则相敬。乐胜则流,礼胜则离。合情饰貌者,礼乐之事也。礼义立则贵贱等矣,乐文同则上下和矣,好恶著则贤不肖别矣,刑禁暴、爵举贤则政均矣。仁爱以之,义以正之,如

---

[147] 《朱子语类·卷七十二·易八》。

此则民治行矣。"[148]唯有内外合一、礼乐完美配合社会才能和谐。

人们要遵循的礼来自圣人的制作,而乐则发自人的内心,因此,礼乐文明就会达到"揖让而治天下"的社会风尚,这样的风尚进一步扩展,发展到"大礼"和"大乐",就会"四海之内合敬同爱":

> 大乐与天地同和,大礼与天地同节。和故百物不失,节故祀天祭地。明则有礼乐,幽则有鬼神,如此,则四海之内合敬同爱矣![149]

那么为什么礼乐能够达成普遍和谐的世界秩序呢,主要还是在于"感",这要从儒家对音乐的理解说起。

按照《乐记》的说法,声音都来自人心,而人心本静,要感于物而动,产生反应。而不同的情绪状态,人心感于物的反应也有所不同。

> 乐者,音之所由生也,其本在人心之感于物也。是故其哀心感者,其声噍以杀。其乐心感者,其声啴以缓。其喜心感者,其声发以散。其怒心感者,其声粗以厉。其敬心感者,其声直以廉。其爱心感者,其声和以柔。六者非性也,感于物而后动。是故先王慎所以感之者。故礼以道其志,乐以和其声,政以一其行,刑以防其奸。礼、乐、刑、政,其极一也,所以同民心而出治道也。[150]

---

[148]　孙希旦:《礼记集解》下,沈啸寰、王星贤点校,中华书局,2002,第986—987页。

[149]　同上书,第988页。

[150]　孙希旦:《礼记集解》下,第977页。

　　这六种情绪状态并非人心之自然,而是人心受到外在环境的刺激而产生的反应。因此,圣王们对于这种"感之者"是极其慎重的,通过礼来呈现"志",通过乐来调节声音,通过政令来统一人们的行为,通过刑法来阻止奸邪行为,这样的社会管理策略可以让民心一致而秩序井然。

　　孔颖达以来的注家十分看重"六者非性"的说法,而从孟子的性情论出发,认为人心的作用就是要节制人受欲望的干扰而回归到礼乐的秩序中,这就需要发挥"感"的作用。"感人心固以乐为主,然万物得其理而后和,故道以礼而后可以乐也。……民心,即喜、怒、哀、乐、爱、敬之心也。同,谓同归于和也。六者之心,人之所不能无,唯感之得其道,则所发中其节,而皆不害其为和也。故礼乐刑政,其事虽异,然其归皆所以同民之心而出治平之道也。"[151] 人所具有的六种情绪要表达得恰如其当,要依赖于人类所具有的"感"。在这里"感"不仅所指是"感知世界的能力",而且还具备"辨识善恶的禀赋"。[152] 在后一种能力的阐发中,卫湜在《礼记集说》中借助孟子以来所形成的性情观,认为人的欲望不是性,是情:

　　　　长乐陈氏曰:"乐出于虚,必托乎音然后发;音生于心,必感乎物然后动。盖人心其静乎,万物无足以挠之,而性情之所

---

[151]　孙希旦:《礼记集解》下,第 978 页。

[152]　儒家典籍中的"感"是否能被解释为"道德感动"可以做进一步的讨论,但王庆节认为"道德感动"是一种"道德判断力"的说法与后世对"感"的解释有一致的地方。"也就是说,道德感动自身可能不一定是一个道德行为,但是它确是道德德性的一种见证,而且它还是引发新的道德行为的一种力量,它往往诱导、激励、推动、促进后续的道德行为产生。这样,道德感动的道德判断和见证功能就使得自己和他人的道德行为发生或至少有可能发生。"(王庆节:《道德感动与儒家示范伦理学》,北京大学出版社,2016,第 27 页)

自生者也。摄动以静,则喜怒哀乐未发而为中,则性也,君子
不谓之情;离静以动,则喜怒哀乐中节而为和,则情也,君子不
谓之性。"〔153〕

文中所提到的六种声音所表达的情感,不是"性之正者",如果
不加以节制,就会导致人欲泛滥而天理难明。

> 凡此六者,非性之正也,感于物而后动,则其情而已,乃若
> 其情,则能慎其所以感之,穷人心之本,知六者之变,使奸声不
> 留,聪明淫乐,不接心术,合生气之和,道五常之行,使之阳而
> 不散,阴而不密,刚气不怒,柔气不慑,各安其位,而不相夺,则
> 正人足以副其诚,邪人足以防其失,而治道举矣。〔154〕

人的欲望来自对于外物的"有感而应",这个过程的分析有点
接近于儒家修养论中对于"未发"和"已发"的讨论,在儒家的工夫
论中,"未发"的纯净状态会在接触社会和客观世界的过程中被沾
染,所以,必须通过道德修养的过程,让这个"感"的过程不被"情"
所牵制。如若这样,人心会逐渐形成好恶的判断,否则便会产生
"悖逆诈伪"之心。《乐记》中说:

> 人生而静,天之性也。感于物而动,性之欲也。物至知
> 知,然后好恶形焉。好恶无节于内,知诱于外,不能反躬,天理
> 灭矣。夫物之感人无穷,而人之好恶无节,则是物至而人化物

---

〔153〕　卫湜:《礼记集说》卷九十一,文渊阁四库全书本,第 12 页。
〔154〕　同上书,第 13 页。

也。人化物也者,灭天理而穷人欲者也。于是有悖逆诈伪之心,有淫泆作乱之事。是故强者胁弱,众者暴寡,知者诈愚,勇者苦怯,疾病不养,老幼孤独不得其所,此大乱之道也。[155]

将"感"与儒家性情论中的"未发""已发"观念结合在一起,这样,"感"成为纯粹之天命所赋与感物而动的"已发"的连接点,由此,儒家的为善去恶的工夫所指,就在于如何把握"感"的过程中出现的"人化物"的现象。

朱熹在对"人生而静,天之性也。感于物而动,性之欲也"的解释中,认为在"感于物"的过程中,善恶有了分别。

此言性情之妙,人之所生而有者也。盖人受天命之中以生,其未感也,纯粹至善,万理具焉,所谓性也。然人有是性则有是形,有是形则有是心,而不能无感于物,感于物而动,则性之欲者出焉,而善恶于是乎分矣。性之欲,即所谓情也。[156]

人禀受天命之正,在"未感"之时是纯粹至善的,与外物相"感"而形成人性之"形",因此,"感"的过程对于人的善恶是十分重要的,性之善与欲望所产生的危害就由此而分。于是,先秦的儒家就认为圣人和先王制礼作乐来作为"引导"的手段,并有刑和政作为惩戒和纠正的方法,由此,王道政治和礼乐社会才能实现。所以《乐记》中说:

---

[155]　转引自孙希旦:《礼记集解》下,第988页。
[156]　同上书,第984页。

> 是故先王之制礼乐，人为之节。衰麻哭泣，所以节丧纪也。钟鼓干戚，所以和安乐也。昏姻冠笄，所以别男女也。射、乡食飨，所以正交接也。礼节民心，乐和民声，政以行之，刑以防之。礼、乐、刑、政，四达而不悖，则王道备矣。[157]

作为一部讨论如何从礼仪和音乐来引导人们克制私欲、保持天赋的善性的作品，《乐记》里有许多关于如何利用好的音乐来"感化"人们的行为的讨论：

> 夫民有血气心知之性，而无哀乐喜怒之常，应感起物而动，然后心术形焉。是故志微、噍杀之音作，而民思忧。啴谐、慢易、繁文、简节之音作，而民康乐。粗厉、猛起、奋末、广贲之音作，而民刚毅。廉直、劲正、庄诚之音作，而民肃敬。宽裕、肉好、顺成、和动之音作，而民慈爱。流辟、邪散、狄成、涤滥之音作，而民淫乱。[158]

孔颖达将这样的过程扩展成君子对于百姓的教化过程，也就是说，百姓会因为政治的清明与否而生发出从善或从恶的倾向。他说："论人心皆不同，随乐而变。夫乐声善恶，本由民心而生，所感善事则善声应，所感恶事则恶声起。乐之善恶，初则从民心而兴，后乃合成为乐。乐又下感于人，善乐感人，则人化之为善，恶乐感人，则人随之为恶。是乐出于人，而还感人，犹如雨出于山而还雨山，火出于木而还燔木。故此篇之首，论人能兴乐，此章之意，论

---

[157]　转引自孙希旦：《礼记集解》下，第 986 页。
[158]　同上书，第 998 页。

乐能感人也。"〔159〕这样以音乐来感动人心的方法其实我们在《诗经》的解释中也可以看到,因此,可以视为是儒家比较看重的教化方式。人心固然虚静无为,然不能不应于物,由此,修养的工夫就有两个层面,首先是保持人心的虚灵不昧,而更为关键的则是在"感于物"的过程中,能够节制欲望所带来的诱惑,这就是儒家修养论的重点所在。这样的修养工夫,在《乐记》里被表述为"反情以和其志":

> 凡奸声感人,而逆气应之。逆气成象,而淫乐兴焉。正声感人,而顺气应之。顺气成象,而和乐兴焉。倡和有应,回邪曲直,各归其分,而万物之理,各以类相动也。是故君子反情以和其志,比类以成其行。奸声乱色,不留聪明;淫乐慝礼,不接心术;惰慢邪辟之气,不设于身体。使耳、目、鼻、口、心知、百体,皆由顺正,以行其义。〔160〕

礼是从不同的角度来规范社会秩序,相比之下,乐则是要从人的观念和行为的发动处下功夫,同时,亦要通过促使人向善的音乐来矫正人的行为,由此,声音通过"感触"和"感化"成为教化行动中最为潜移默化的部分。

---

〔159〕　孙希旦:《礼记集解》下,第 999 页。
〔160〕　同上书,第 1003 页。类似的意思还有:"治世之音,安以乐,其政和。乱世之音,怨以怒,其政乖。亡国之音,哀以思,其民困。"(第 987 页)

三、自然与教化:"感"与"共识"

从孟子的"孺子入井"而产生的"恻隐之心"出发,儒家一直要强调这样的"共感"所引发的道德力量,而这个"感"因为道德原动力和具体道德实践的"中介",在这里具有更丰富的可能性,以其"虚受"而能成就多种道德责任。因此,"感"必然会从夫妇父子之伦常情感扩展到"万物一体"的普遍性的爱。

《乐记》展现的则是儒家道德教化手段的独特性,即任何的道德规范和道德教化,必然以"感动"而"化",这就有别于道德强制和道德绑架,而是发自内心的"喜悦"。

《周易》和《乐记》作为经典的存在,成就了人们理解儒家价值的一个共同基础,[161]"感"之所以能够成为理解儒家的仁爱的一个关键性概念,首先是基于其对于人与人之间是否可能存在可通约性理解的认定,这也是周易所建立的人事和自然之间的共通性所引发的理路。其次是"感"所触发的"道德理想"(未发)和"道德现实"(已发)的枢纽,意味着教化的必要。也就是说,人固然有可理解的基础,但这样的理解基础是建立在人的私欲还是公共利益之上,对于儒家而言,是天理之公和人欲之私的根本差别。在以个人权利作为规则基础的现代社会,这样的"教化"观念和教化过程,本身可能构成某种意义上对于人的自然欲望的限制,然在儒家这里

---

[161]　林少阳倾向于从"文"来解释文明之可通约的基础,在经典所展示的"文"以及"文以载道"而营造的共同价值基础则是"共感"得以建立的基础。林少阳对于"文"的界说可见《"文"与日本学术思想》(中央编译出版社,2012)的序言部分。

却是"成人"的关键。

我们可以由此引申出一些新的视角：比如，儒家对于"天下一体"的终极目标的实现奠基于人的"自我完善"（成为大人），虽然这样的"返本"可以看作"道德自觉"，但这样的道德自觉并不能自动完成。换句话说，道德上的自我完善基于每个人所具备的对于善恶的判断力，这样的判断力来自人的"天赋"。不过在"感于物而动"的过程中，许多人被外在环境影响，判断力会被私欲所遮蔽，这样就需要教化和惩罚并举的手段来规训。这个理路是《乐记》的主题。由此，道德自觉和圣贤的表率作用就构成了前提和过程的结合体。如果没有道德本体，道德培育便成无源之水；而如果没有道德实践中对困境的克服，完善的政治秩序就难以建立。因此，人的"道德感知力"和圣贤的"道德感动力"共同铸就道德实践的整体完成。

从孟子开始，儒家便讨论"王道衰退"的难题，这种被视为"退化"论的论述方式其实应被看作一个深刻的道德困境的解释。道德属性作为人的"类"本质如何解释现实生活中的不完善。一个内在的理由是人对自己的"类"本质缺乏自觉和自信，而在现实中缺乏一个道德表率则导致外在的教化难以获得共鸣。无论是韩愈还是宋明儒者，如何探索道德原则和内在精神的一致性一直是儒者的核心使命。

在历史上，儒家特别强调道德自觉的必要性和可能性，也承认并非所有人都能依靠"自觉"来保证道德的完满性，也就是说并不能因现实的刺激而做出合理正确的"感"，在这样的语境中，圣贤的存在或学做圣贤也就成为儒家道德修养论的一个支点。

通过《周易》《乐记》这样的经典，儒家建构起人类能够互相理解的机制,如果《周易》中更多是从基于自然界的阴阳的吸引而产生的"感受性",那么《乐记》则从修养论的角度强调了道德感受的重要性,这样便成就了自然与人化之间的和谐,这两者的结合是建构古典共同体的基础,对于儒家在中国和东亚的实践来说,则是通过"同类相感"的理论建立起基于道德完善性的家族(小共同体)和"天下"(大共同体)的不同层级的人类共同体。分别地看,家族之间的"感"因为基于夫妇之吸引而生化,因此,更多是基于自然;而超越家族的共同体,比如国家和跨地域的天下,则需要通过激发道德感的教化,这个教化的过程是通过儒家经典和文字的传播所共同构造的"文"的世界。

在儒家经典逐渐向东亚和南亚不同的国家传播的过程中,儒家从亲亲—仁民—爱物这样的爱的扩展而从理论上化解了政治体制的局限,从而以"人同此心,心同此理"的原则让文化共同体和政治共同体之间产生"共感",这可以说是东亚儒家文化圈的内在机理。

东亚儒家文化圈在文化上的努力方向是以礼乐文明作为共同的价值基础,而在经济上则是采用薄来厚往的"朝贡体系"的一种复杂结构。虽然,现实政治中的朝贡体系客观上存在着一定程度的不平等,但背后的原理却是"王者无外",即对于共同的文明体系的承认,在儒家文明的"共感"基础上,族群、国家和肤色并不成为阻碍采用共同原则的障碍物,而是通过经典的传播不断强化"相感"的场域,促进共同体运转的顺利和持久。

然而,近代以来,儒家文化圈已经成为历史,现代国家体系的传入使基于文化的共同体让位于以人种和族群为基础的民族国家体系。不仅如此,现代国家所奉行的价值原则也与儒家"感"的人类理解论不同。在"现代性"的逻辑中,我们将自己的"类本质"由崇高的道德品性转变为自然欲望的时候,道德自觉已不再是自我修养的基础。另一方面，在平等观念的影响下，人们不再慨叹"圣贤何在"的问题，而是发出"我为什么需要道德的指导者"这样的质疑。在"教化者"缺失的时代里，"教化"本身也被质疑。

那么，我们该如何在现代性的挑战下来思考"类"的特性以及建立在此基础上的"共感"呢？

不可否认，现代中国的建立本身就是对自身文化和价值的自我否定的过程，但是文化心理结构却是稳定而持久的，因此，对于现代中国人而言，存在着两种不同价值体系下的对于人的认识模型：一是建立在《周易》和《乐记》意义上的"道德感应"模型，这一模型依然对我们理解世界影响巨大；二是从1840年以来引入的西方近代"理性人"[162]的观念不断在冲击"道德感应"的模型。在当下的文化体系中，这两种模型既互相冲撞，也互相协调。因此，不能将新的对于人的"类"特性的认知方式看作西方价值的一种植入，而应该视为一种共同体构建原则的"中国模式"。一方面，当中国的生产方式和社会组织方式逐渐融入世界体系之后，社会的价值观和政治法律制度已经与现代社会相一致。另一方面，"道德感应"模型却不断产生对现有秩序的批评功能，无论是从意识形态的角度，还是基于文化守成的角度，中国始终对于国际秩序有自己的理解。[163]

---

[162] 无论是霍布斯还是亚当·斯密，构成现代西方政治哲学的基础的人是一个"理性"和"算计"（梁漱溟）的人，而现代政治制度的设计中，首先将个体自由权利的保障视为基础性的前提，这样构成共同体的原则就相对于古典社会发生了根本性的转变。

[163] 从康有为的大同理想、孙中山的亚洲主义、毛泽东的"三个世界"到世界政治经济新秩序的表述，我们可以看到中国在努力融入现代社会的同时，不断产生着带有批判西方强权逻辑的追求公平秩序的向往。

　　我们当然理解,在现阶段,即使是由中国来主导建构现代国际秩序,这个秩序不能也不应该是古代天下体系的翻版,而应该是贯穿着天下主义原则的"新天下秩序"。

　　这个新天下秩序,在制度上有明确个人权利的基本立场,这是现代生产方式和制度体系内在的要求。但新天下主义的"共同体"形态并不意味着否定社群和家庭生活。所以,家族的重要性以及由此发展的万物一体的世界观依然是中国人对未来秩序的设想的文化基因。由于"同类相感"认知模型依然在影响着中国人的价值观,那么中国人对于新的人类共同体的追求依然会具有典型的儒家价值元素。

　　在新的社会经济形势下,人与人之间产生"感"的基础发生了变化,在早期人类社会,儒家强调的是"类"的意识,而在现代社会,"类"的意识则更为强调构成"类"的个人。然后,儒家的"同类相感"原则在接受人人平等观念的基础上,依然会认为接受别人的建议和引导并不表示平等权利的丧失。这样的价值模型相信道德表率的作用,不仅道德和价值底线的确立需要有人来作为表率,而且,道德理想也需要贤能之士来提倡。

　　不仅如此,我们对基于"感"而建立的"人类理解论"有新的期待,即如何通过重新思考人类的"族类"特性,通过强化人类的"共感"来穿透几百年来不断被强化的族群和国家的"中层"共同体。

　　在人类的活动受到自然和生产力限制的时候,基于族群和国家的共同体被构造("想象")[164]出来,如此以"民族国家"为基本

---

〔164〕　这里采用的是本尼迪克特·安德森的概念,他认为诸如"民族"主权和"共同体"是被"想象"的。参氏著《想象的共同体:民族主义的起源与散布》,上海人民出版社,2005。

单位的共同体的构造与近代启蒙和现代化的过程构成了某种程度的重叠,由此,民族国家也成为现代国际关系的基本单元。首先在现实中,此类共同体构成是根据经济发展程度将不同的国家置于不同的分工体系中,从而使国与国之间的不平等成为一种"自然秩序",并在国际秩序运行中通过经济和军事手段不断加以"合理化"。其次是民族国家的"对内功能"和"对外功能"〔165〕的差异性设置也造就甚至激化了族群和国家之间的冲突。这都导致在现有的国际体系下,人类建立"共感"的障碍。尽管人们早就意识到国家体制的存在是人类文明发展至某一阶段的产物,但在目前的利益格局下,人们并不会放弃国家的建制,甚至会强化国家具有超越一切的神圣性,因此,人类的意识反而被遮蔽。因此,如何超越族群和国家甚至宗教来建构一种普遍性的"类"的意识,真正确立人类的价值基点,则是我们可以通过反思理解"感"而加以营造的。在这样的需求之下,一些卓越之士(政治家和知识群体)如何通过价值宣导和制度设置来催化这样的价值基础,则是时代对于当代"贤人""道德国家"的期待。

---

〔165〕　杨度认为当今有文明国而无文明世界,因为"今世各国对于内则文明,对于外则野蛮,对于内惟理是言,对于外惟力是视。"(杨度:《金铁主义论》,载《杨度集》(一),湖南人民出版社,2008,第 217 页)

从李卓吾的"不容已"到"与天下为公"
——回应干春松论文

孙　歌[166]

　　干春松教授提出了一个饶有兴味的问题,就是中国文化中"感"的功能。这个问题的提出,并不是为了谈西方哲学意义上的"感觉""感性""知性",而是一个对于中国文化与中国思想而言更为根本性的问题,即通向自然之道的心灵所具有的重大哲学意义。这是一个以西方哲学的方式无法有效解释的问题,因此,我希望借助明末时期李卓吾的"不容已"展开进一步的论述,以回应干教授提出的这个非常有价值的问题。

　　《焚书》卷一中收录了李卓吾写给耿定向的长信。这是一封语气严厉措辞激烈的信,几乎近于绝交辞。例如信中说耿定向之所

---

[166]　孙歌:中国社会科学院文学研究所研究员;主要研究方向为日本政治思想史。

以执迷不悟,是因为"多欲":"公今既宗孔子矣,又欲兼通诸圣之长;又欲清,又欲任,又欲和。既于圣人之所以继往开来者,无日夜而不发挥;又于世人之所以光前裕后者,无时刻而不系念。"[167] 接着略显尖刻地说:耿定向的真不容已处本是贪图高官厚禄光宗耀祖,却刻意掩盖这个本心,宣称自己是以先知先觉自任,从而承担继往开来之大任。这就不是真的不容已之本心了。

　　李卓吾这个不厚道的说法并不是一种道德讨伐。换句话说,他批评的并不是耿定向的欲望本身,而是他以单纯而冠冕堂皇的道德姿态掩盖了自己在现实世俗生活中的"多欲",也就是说他在"作伪"。同时,即使仅就思想而言,假如耿定向把孔孟之道作为自己思想不加质疑的前提,那么他对于道教与佛教的兼收并蓄就只能算是"多欲"了。这意思是说,思想上的兼收并蓄如果不能以去掉前提为前提,那就同样是在兼收并蓄这个问题上"作伪"。细读李卓吾此信的上下文,可以找到充分证实李卓吾上述独特思想立场的论据。在这封信的前半部分,李卓吾强调耕田求食、架屋求安、读书求科第、居官求尊显的人之常情并无隐瞒必要,因此那些遮掩利己之心、高谈利他道理并且以此为据谴责他人的做法,"反不如市井小夫,身履是事,口便说是事,作生意者但说生意,力田作者但说力田。凿凿有味,真有德之言,令人听之忘厌倦矣"[168]。这一说法当然是针对他所批评的口是心非的道德姿态而言,但是李卓吾从中却推导出他对于圣人之道的独特理解:"圣人不责人之必能,是以人人皆可以为圣。故阳明先生曰:'满街皆圣人'。佛氏亦

---

〔167〕　李贽:《焚书·卷一·答耿司寇》,载《焚书 续焚书》,中华书局,1975,第36页。

〔168〕　同上书,第30页。

曰:'即心即佛,人人是佛'。夫惟人人之皆圣人也,是以圣人无别不容已道理可以示人也,故曰:'予欲无言。'"[169] 这也就是说,李卓吾认为阳明所说的"满街皆圣人"并不是在追认市井小民生活状态的意义上把圣人定义为满街之人,而是强调满街之人全都存在成为圣人的可能;而且被士大夫尊崇的孔圣人,正是因为他不责人之必能,且自谓其于子臣弟友之道有未能,因此才达到善与人同的境界。也就是说,孔子说自己无法穷尽子臣弟友之道,是因为这四者为人世间最难,孔子承认自己未能,不是假谦,而是真圣。并不居高临下地划定圣人与俗人之别,故人人皆可为圣。既然人人皆可为圣,那么耕稼陶渔之人均有可取之善,又何必专学孔子才能为圣呢?

在另外一篇书答中,李卓吾谈到应该为人之师还是为人弟子的问题时涉及他对孔子的看法:"且孔子而前,岂无圣人,要皆遭际明时,得位行志。其不遇者,……夫谁知之。彼盖亦不求人知也。直至孔子而始有师生之名,非孔子乐为人之师也,亦以逼迫不过。……惟孔子随顺世间,……遂成师弟名目,亦偶然也。"[170] 可见李卓吾与耿定向代表的偶像化尊孔姿态针锋相对。用今天的话说,他把孔子"历史化"了。既然历史上的圣人并非只有孔子,那么何必专事孔子家法呢?把孔子作为因未能"得位行志"反倒得以流传到后世的一家之言来研习不是更好吗?可见李卓吾对于耿定向"既宗孔子矣,又欲兼通诸圣之长"的做法持否定态度,否定的不是兼通诸圣之长的必要性,而是"宗孔子"的态度。对李卓吾而言,只要以古人为"宗",就无法真正继承古人。这与他认为耕稼陶渔之

---

[169]　李贽:《焚书·卷一·答耿司寇》,第 31 页。

[170]　李贽:《焚书·卷一·答刘宪长》,载《焚书 续焚书》,第 25 页。

人皆可为圣的看法互为表里，是去掉所有先在前提的求道态度。这才是他不容已精神的真谛。

李卓吾对耿定向说："公之不容已者是知其不可以已，而必欲其不已者，为真不容已；我之不容已者是不知其不容已，而自然不容已者，非孔圣人之不容已：则吾又不能知之矣。"[171]

这段话是为了反驳耿定向。后者把自己的不容已与李卓吾的不容已加以区别且认为李卓吾的不容已不过是自然生发，故背离了孔子的不容已，李卓吾对此不以为然，激烈地反驳说耿定向有执己自是之病。他认为既然人人皆可为圣，则虽各各手段不同，其心为不容已之本心是一致的，何故做此区分，而不相忘于无言？

然而李卓吾的真意却不在于抹平自己与耿定向的区别。显然，他认为即使必须承认他们各自的不容已都是真的，他们之间也还存在着需要加以甄别的原则分歧，这分歧在于对道统之"名"的执着与否。李卓吾认为耿定向"名心太重也，回护太多也。实多恶也，而专谈志仁无恶；实偏私所好也，而专谈泛爱博爱；实执定己见也，而专谈不可自是"，远不及东廓先生"其妙处全在不避恶名以救同类之急"[172]，可见"名"本身的好恶并不是判断圣人之道的标准；甚至就连儒释道鼻祖，在这一点上也是同样："孔子知人好名也，故以名教诱之；大雄氏知人之怕死，故以死惧之；老氏知人之贪生也，故以长生引之：皆不得已权立名色以化诱后人，非真实也。"[173] 李卓吾的意思是，真正的不容已，即使在圣人那里，也只可意会不可言传，圣人的言传之处不过是善诱世人的不得已策略而已。正是在

---

[171]　李贽：《焚书·卷一·答耿司寇》，第 30 页。

[172]　同上书，第 33 页。

[173]　同上。

这个意义上,李卓吾认为孔孟的出类之学在于他们的"巧处":"然究其所以出类者,则在于巧中焉,巧处又不可容力。今不于不可用力处参究,而唯欲于致力处着脚,则已失孔孟不传之秘矣。此为何等事,而又可轻以与人谈耶?"[174]

李卓吾关于孔孟"不传之秘"的说法,原本是他用来说明自己不愿为人师的理由,但这个说法却是理解李卓吾"不容已"的重要线索。他一方面认为万物皆为同体,人人都可为圣,同时却又承认圣人毕竟有"出类之学",但这出类之学却不可容力,亦即不可通过知识传授的方式以语词、观念加以传承,也就是说不能够依靠"名"加以确认。为人之师,充其量不过是因材施教地以名的方式"化诱后人",更何况李卓吾认为,当时好为人师的那些作伪之士就连化诱后人的事业也无法胜任。而李卓吾的志向,却不在于以去伪存真的方式去"用力",而是在于理解圣贤不可"轻以与人谈"的"巧处"。他所说的"不容已",正是这样的"不可容力"的精神世界。可见,李卓吾所强调的人人为圣的不分别,其意义正在于拒绝时人"于致力处着脚"的教化论,在于拒绝耿定向偏私自恃的"名心",在于以不分别为基础而导向圣人的"不传之秘"。

李卓吾与耿定向关于不容已的论争,在当时产生了很大影响。据袁中道描述:"与耿公往复辩论,每一札,累累万言,发道学之隐情,风雨江波,读之者高其识,钦其才,畏其笔。"[175]因李卓吾才高气豪,洁身自傲,目空一世的狂狷之气令那些视他为异端者日益对他侧目,最后终于导致他以笔舌杀身。这凛冽凄绝的活法即使是他的崇拜者也望尘莫及,以至于钦佩他并为他作传的袁中道自叹

---

[174]　李贽:《焚书·卷一·答耿司寇》,第 33 页。

[175]　袁中道:《李温陵传》,载李贽:《焚书 续焚书》,第 4 页。

"不能学""不愿学"[176]。

李卓吾为了反衬士大夫心口不一而强调市井村夫有德的说法,事实上并没有正面解决人欲如何成为德的载体的问题。李卓吾很清楚地区分了古人上乘的出类之学与市井之人生活伦理这两种不同的"有德",同时又以人人皆可为圣、非孔子一人独取为理由取消在这两者间进行分别的可能,那么,他显然建立了两个对"有德"进行追问的层面:一个是以自家性命作为传承古人智慧的载体,不断追寻理和道的真正形态的学问层面,一个是以现实生活和个人的真实欲望为载体,以社会活动为生命保障的社会生活层面。在这两个层面上,李卓吾都探求防止作伪的真有德之道,都试图杜绝以先在的道德标准来宰割事物的弊端。在李卓吾本人那里,这两个层面固然可以通过"不容已"得到统一,因为他的生命欲望本身的人伦内涵已经达到例如让袁中道自叹无法企及的程度。但是这个李卓吾本人践行的标准却无法在现实中与人共享,无法化解这样的疑问——如果听任人的欲望"不容已",那么欲望之中的那些可能发展为罪恶的要素如何处理呢?难道社会真的可能如同李卓吾表述的那样,因各得其所而太平无事吗?"贪财者与之以禄,趋势者与之以爵,强有力者与之以权,能者称事而官,儒者夹持而使。有德者隆之虚位,但取具瞻;高才者处以重任,不问出入。各从所好,各骋所长,无一人之不中用。"[177]

李卓吾确实对欲望进行了充分的"解放"。但是这个解放绝非西欧近代意义上的主体性确立,而是对于既定儒家纲常的彻底颠覆。问题在于,这个彻底颠覆却不是"反纲常"的行为,即不是站在

---

[176]　袁中道:《李温陵传》,第 7 页。

[177]　李贽:《焚书·卷一·答耿中丞》,载《焚书 续焚书》,第 17 页。

纲常的对立面,而是使纲常在失掉了稳定的前提之后作为新的社会秩序获得重建。如同上述引文中李卓吾表达的那样,他想象中的"各从所好,各骋所长"包含了贪欲与逢迎这一类欲望的满足,而他对于新的社会秩序的构想则是以无好之可投、无丑之可掩的"有德者"与"高才者"为支柱的。在同一文章的开头处,就是李卓吾那句有名的话:"夫以率性之真,推而扩之,与天下为公,乃谓之道。"[178] 可见,李卓吾是把"真"作为建立新的社会秩序的基点的,哪怕它包含了个体欲望中的非道德成分。这篇《答耿中丞》非常明确地表述了李卓吾对于建立新的社会秩序的基本态度,他显然认为要使天下万物各得其所,就要秉承孔子回答颜渊问仁时所说的"为仁由己"的精神,亦即不要从外部施加条理之教化,因为这种做法不仅会造成"作伪"的后果,而且事实上是对于万物各得其所的最大妨碍。李卓吾甚至断言,以德礼束缚人心和以政刑束缚人体一样,都是致使人大失其所的根源。

　　中国文化之"感",在明代末期转化出激烈的"天下为公"命题,有它自身的历史逻辑。在漫长的历史脉络中,这条潜在的线索虽然没有成为论述的主线,却从来没有中断。不仅如此,它经历了时间的洗礼,不断发展和变形,焕发出了顽强的生命力。

---

[178]　李贽:《焚书·卷一·答耿中丞》,第 16 页。

天下秩序和儒教普遍主义的重组可能性[179]

——以"大陆新儒家"的论述为主

赵京兰[180]

1. 引言:"天下秩序"的重组和
"稍微不同的现代"可能性

中国成为世界第二大经济体的显著地位变化使得我们只有从根本上重新思考"中国是什么"。可以说"中国"所具有的某些因素与未来的世界秩序密切相关。"天下秩序"论述也得以在中国崛起打开的想象空间中展开。这是因为以下三方面因素。第一,中国的规模。中国绝不是一个国民国家,而是"帝国规模的国民国家"。

---

[179] 本论文最先在博古睿研究院中国中心主办的第一届国际大会"什么是天下——东亚语境"(2018 年 6 月 17—18 日)上发表,之后进行了大幅修改。

[180] 赵京兰(Cho Keongran):延世大学国学研究院教授;主要研究领域为中国现代思想、知识分子问题、儒家和天下问题等。

第二,经济发展。中国的经济发展与规模问题结合在一起,其影响力巨大。第三,一直以来"中国"被认为是不同于西方的"天下",即一个"价值体"。[181] 在这里,"天下"意味着周代 800 年的封建制度和秦汉以后帝国的整合机制。以上三方面因素的不同结合方式会带来不同结果,但在预测 21 世纪的中国内部和世界秩序时,这一结合体必然是最大变数。不过,如果不能很好地处理这三方面因素,它们反过来也有可能成为中国 21 世纪的陷阱。笔者也因此对于中国的 21 世纪既抱有期望,又心怀担忧。

本文密切关注中国的上述状况,主要将第三个问题,即"天下"或帝国概念[182]的重组可能性联系到"稍微不同的现代"想象,去加以论述。"稍微不同的现代"这个说法考虑到了"天下"概念的重组与否可能会决定能否建立与原先的资本主义不同的秩序。本文将指出,若要提高这种可能性,必须反映"20 世纪中国的经验",不管是以哪种方式。在这里,20 世纪中国的经验是对中国社会主义 30年和改革开放 40 年的反省。

"天下秩序"不仅是以儒教的王道思想为核心的世界观,还包含经济发展和运作方式在内的中国固有机制。尤其中国有着意识形态领域(即上层结构)和经济领域(即下层结构)没有完全脱钩而是整合在一起的传统,这一点是学术界的共识。汪晖说,资本主义经济

---

[181] 列文森认为,"天下"就是"中华帝国",亦即"世界"。同时,他又指出相对于作为"权力体"的"国","天下"是一个价值体。参列文森:《儒教中国及其现代命运》,郑大华、任著译,中国社会科学出版社,2000,第 84 页。

[182] 如果说天下秩序是意味着中国的机制的复合概念,在最近的语境中,"帝国"似乎是更能反映现实的术语。但"帝国"有可能被误解为帝国主义,因此在中国,比起"帝国"这一词,更常用天下这一词。尤其是那些以周代为典范的学者,自然会更推崇天下(论)这一用词。本文将根据脉络,两个都会使用。

危机的核心就在于其经济与政治、文化、习俗、宗教等的脱离,在于其经济过程对社会关系的破坏和摧毁。[183] 如果他的这一观点也适用于中国,那么我们有必要以 21 世纪的重组为前提,让如上的中国整合型传统自觉复活。当我们讨论"稍微不同的现代"时,重新提及"天下",就是因为中国所具有的这种历史传统。

不过有一点我们不能遗忘,那就是面对"危机的世界现象"(global phenomenon of crisis),重组天下秩序绝非易事。因为有人曾分析说,中国的国家资本与全球的私人资本不同,它具有自身固有的逻辑、实践和性格(ethos),但中国的国家投资者没有能力颠覆处于支配地位的新自由主义秩序,也丝毫不关心用什么取代新自由主义秩序的问题。[184] 平息这种担忧需要一定时间,但首先应该让人们看到,"一带一路"缓解中国内部不均衡的可能性。在此基础上,从实践的角度展现出,"一带一路"可以创造出欧亚经济合作的转折点。因为内部逻辑和外部逻辑不能分割开来。

天下秩序的重组问题,与当前重思中国的问题有所重叠。西方现代在包括中国在内的东亚语境里,有着接受和抗拒的双重意义。为了生存需要接受,而为了守住自己需要去抗拒。持续 150 年的"洋务"意味着,为了救亡不得不去接受。从这个意义上来讲,洋务可以说是"被强迫的现代"。但如今已经摆脱了"洋务"的强迫性,进而走到了重思中国的关键时刻。在这里重要的是,要思考的对象即中国不只是传统的中国,也是具有社会主义 30 年和改革开

---

〔183〕　汪晖:《当代中国历史巨变与全球危机中的台湾问题》,《文化纵横》2015 年第 1 期,第 70 页。

〔184〕　Ching Kwan Lee, "The Specter of Global China," *New Left Review* 89 (Sep. - Oct. 2014) : 63-64.

放 40 年经验的中国。也就是说,20 世纪的中国与传统的中国一样重要。如上所述,基于王道的儒教的普遍主义和天下秩序的重组问题,和对 20 世纪的解释并不是毫不相干。因此,21 世纪的创新要以前面所说的中国具有的三种传统和 20 世纪的经验为基础。

本文基于上述问题意识,参照从中国传统时期开始持续下来的"支配的正当性"问题,去思考"天下秩序"和儒教普遍主义的重组可能性,同时将重点讨论当前中国"大陆新儒家"的论述。重新确保儒教的普遍性,和天下(或帝国)秩序的重组可能性密切相关。但本文的目的不只在于对中国儒学论述和天下论述进行逻辑性的缜密研究。因为,目前中国的儒学论述有着不能只用哲学范畴覆盖的"政治考量"。不过笔者在本文中将就天下秩序的重组构想,作为东亚人主张旨在共存的多元性,并通过这一主张尽可能在论述中承担打破中国内部同一性的作为他者的"作用"。

2. 中国的儒学复兴现象:"条件的变化" "被推迟的讨论"和"换角度看"

为了说明近期在中国出现的儒学复兴现象,我想提出"条件的变化""被推迟的讨论"和"换角度看"这三个关键词。这也是对"为什么现在讲儒学"这一提问的回答。当前在中国出现的儒学复兴现象,从宏观角度来看,是因为有了中国的经济发展和中国共产党的政策变化等"条件"的变化才得以出现的。如果不是因为西学东渐,"客观"的儒学讨论本该出现在 20 世纪初,所以可以说这个讨论"被推迟"了。"换角度看"是指,在包括中国在内的东亚,儒学被认为是国势衰微的原因,但如今我们要摘掉这个标签,重新去审视儒学。有项心理学研究表明,被贴上去的标签对于创造性解释其对象,会起到阻碍作用。我认为,如果我们摆脱原先的框架和态度,去参与中国的儒学讨论,那么有可能从这一讨论导出其他可能性。

在阐明上述立场后,笔者将通过最近在中国发生的两个事件展开讨论。因为笔者认为这两个事件恰恰表明儒学复兴带来的"冲击"有多大,并有效呈现出儒学论述的内容。一个事件是葛兆光教授对"大陆新儒家"[185]的批判;另一个事件是台湾现代新儒家代表人物牟宗三的弟子李明辉对"大陆新儒家"的"反驳"和对此的回应。[186] 如果我们换个角度来看,就不难发现,这些重磅级学者做出"整体"的批判,恰恰说明今天的儒学讨论极具威胁性,重要性不容忽视。

葛教授强烈批评"大陆新儒家"的儒学讨论,甚至说他们的想法"异想天开"。他在文中引用一些学者的话——"现代中国的立法者,既不是孙中山,也不是毛泽东","康有为才是现代中国的立法者",认为"大陆新儒家"的政治诉求和文化诉求是"企图回归道统,儒化中国"。他认为这是儒家自"文革"后第一次集体发声,中国大陆新儒学不再满足于"魂不附体",而是要"借尸还魂"。[187] 李明辉教

---

[185] 2005年方克立教授首次使用了这一词。属于"大陆新儒家"的人物包括早期的蒋庆、康晓光、陈明,后有干春松、唐文明、曾亦等人延续了他们的方向。他们各自展开自己的主张,不过有一个共同点是,通过重新解释康有为,试图对现代儒学进行重新脉络化。他们还被冠以"康党"的外号。

[186] 但因为本文不是以与他们有关的论述为中心,所以根据本文需要只援引了他们的一部分论点。

[187] 葛兆光:《异想天开:近年来大陆新儒学的政治诉求》,Yang Il-mo译,《东洋哲学》48辑,第217—231页。(原文为葛兆光:《异想天开:近年来大陆新儒学的政治诉求》,载《思想》第33期,台湾联经出版社,2017)但中国儒家论述的主体对此的批判也不容忽视,代表性的有丁纪(《畸形儒家观和病态中国文明观》,儒家网)的文章。

授将"大陆新儒家"说成是一小撮人的自我标榜。他不赞同"大陆新儒家"偏重政治儒学而不重视心性儒学,因为他认为从儒家传统来看,心性儒学和政治儒学不可分割。相对来说,台湾新儒学强调心性和内圣,而大陆新儒学强调政治和外王。

　　葛教授批评说,"大陆新儒家"中一部分人拒斥西方,排斥异端,或主张建立政教合一的儒教国家,这些都是时代错位的做法。他认为,"大陆新儒家"之所以提出这样的主张,是因为他们忘却了儒学与政治权利保持距离的传统。[188] 正如葛教授所说,中国的儒学复兴现象过热,在某些人看来有些过度也是事实。主张政教合一就是一个例子。不过,如果我们稍微换个角度来看,就可以从文章标题《异想天开:近年来大陆新儒学的政治诉求》看出,"异想天开"的措辞反而说明儒学复兴现象不能用原先的语言来加以分析。葛教授的批评确实让那些对于近些年儒学讨论过盛,对于其方向性感到非常不满的中国国内外自由主义倾向的学者倍感畅快,可也仅限于此。他在"观察"时采取的态度似乎只是观望(wait-and-see)而不是关心(consideration)。因为从他的批评中很难找到想要一同思考解决方案的痕迹。

　　其实在我们深入中国的儒学论述当中,从软件方面一一分析之前,需要从硬件方面关注以下三点:第一,现在的儒学论述以"条件的变化"为基础。先不管是否赞同儒教思想,也不管今天的中国儒学复兴现象是怎样出现的,葛教授认为儒教在中国是逝去的思想,这无异于否定了形成目前中国儒学复兴现象背景的条件本身。儒教丧失自身成立的制度基础而成为"游魂"已将近百年。可以认

---

[188]　葛兆光:《异想天开》,第 261 页。

为如今讨论的条件本身发生了巨大变化。正如列文森(Joseph Levenson)所说,不能认为从"语法"跌落到"词汇"地位的儒教,丝毫没有重新成为"语法"的可能性。毛泽东曾用皮和毛来比喻儒教的命运。他说,制度的皮不存,儒教的毛附焉。但毛泽东有客观区分自己所期望的和中国的文化现实的眼光,他预言自己死后儒教会复活。今天儒学不就如他所预言,正在复活吗? 最近中国的经书被列入学校教育课程里[189],就说明儒学有可能重新正式或非正式进入制度内。尤其要关注的是,尽管需要分析原因,但从结果来看,民间对儒教的响应不容忽视。[190] 因此,葛教授解读说,中国大陆新儒学不再满足于"魂不附体",而是要"借尸还魂"。先不说他对儒教的喜恶立场,这个解释等于说他不接受条件的变化。而是否接受条件的变化,决定各自的问题意识。[191]

第二,今天的儒学复兴现象可以说是"被推迟的讨论"。众所周知,过去的150年中国面对西方的威胁,为了适应近代国民国家体制,只能完全否定自己的传统。彻底否定儒教的新文化运动也是在这种脉络下出现的。分割掉"外王"层面的心性儒学的追求,是在要否定自己的"畸形环境"下不得不采取的做法。儒教世界观中的文明和野蛮的构图,在福泽谕吉的脱亚入欧论压倒一切的状况下不得不被重新安排。西方成为文明,而中国成为"野蛮"。根

---

[189]　参见中共中央办公厅、国务院办公厅于2017年1月印发的《关于实施中华优秀传统文化传承发展工程的意见》。

[190]　参考郭齐勇:《中国大陆儒学的新进展》;赵京兰:《现代中国的"儒学复兴"现象——听大陆新儒家代表人物干春松谈话》,《时代与哲学》2017年6月号。

[191]　陈明教授也指出了这一点。陈明:《儒教研究新思考——公民宗教与中华民族意识建构》,http://www.aisixiang.com/data/31632.html,访问日期:2013年8月1日。

据有无儒教文化来区分文明与野蛮的中华主义,其本身成为需要克服的对象。在只能做这种认识的状况下,儒学的外王层面可能变得更加难以提及。以儒学为主干的中华主义对于中国的崛起做出了多大贡献,是学术分析对象。但不管怎样,中国重新崛起了。陈来教授将现代儒学的发展和起伏,分为冲击和挑战、潜隐和复兴等大问题来说明,也是因为他注意到了 150 年来"逆转的逆转"。[192] 因此,今天的儒学复兴现象应该用近现代 150 年的历史视角来解读,这样才能读懂无法通过学问捕捉到的中国知识分子的心理状态。

第三,要"换角度看"儒学。这与在西方漂流后重新回归的状态下如何看待儒学和怎样的儒学的问题有关。当然,葛教授批评说儒学讨论在很多部分时代错位,可能意思是说,中国成为共和制国家已经超过 100 年,"现在为什么是儒教"。这表明对儒教的立场不同,但也表明,应该明确重新被召唤的儒教,它究竟是什么样的儒教。为解决这个问题,我们要摘掉被贴在儒教上的标签,"重新看"儒教。这样才能创造性地去重新解读儒教。而且这世上存在的任何一种思想都具有两可性,根据解释有可能重获新生。世上没有百分百新的东西。问题是如何以符合当代社会的方向去重新解释原有的文化,这一点很重要。传统思想始终有着重新解释的空间。因此"所有古典都是现代的",这句话完全可以成立。儒教有其多个方面,无法用作为经典的世界观、思维模式、制度、哲学思想中的任何一方面来定位。即使制度方面因为要谨慎,所以先加括号,但对中国人来说,儒教的思维方式或文化的一面,以及有

---

〔192〕　陈来:《百年来儒学的发展和起伏》,陈来教授在香港孔子学院的讲演(2013.6)。

关执政者责任伦理的贤能主义等问题,客观上与当代中国社会的运行机制密切相关。[193] 在东亚为何要重新讲儒教的问题? 因为尽管在政治上、制度上共享多样性的个人占压倒性的多数,但公领域、社会生活依然与儒教的习俗、思维方式、道德情感无法分割。[194] 这三个关键词说明的是"为什么现在讲儒学"的问题,从这一点来看,我认为就葛教授对儒学论述的批判算是给出了部分回应。

3. 儒教重新实现普遍化的条件和新康有为主义

在我们对"为什么现在讲儒学"的问题有了一定了解后,接下来就要问,"大陆新儒家"的论述是否在为儒教重新实现普遍化和儒教的正当化战略提供条件。因为正如我们在引言中提到,只有做到这一点,才能论及中国构想的天下秩序的实现可能性。"大陆新儒家"中目前在中国最大的学术集团是新康有为主义者(又称"康党")。与台湾的现代儒家相比,他们更关注孔子、董仲舒、康有为,而不是朱子。[195]

〔193〕 贝淡宁:《中国模式》,西海文集,2017(*The China Model*, Princeton:Princeton University Press, 2015)。正如《金融时报》承认的那样,这本书最大的美德就是,让我们对于我们习以为常的思考从根本上提出了挑战性质疑。Gideon Rachman, "'The China Model'by Daniel Bell," *Financial Times*, June 20, 2015.

〔194〕 金成均将按照这种价值生活的东亚公民定义为"儒教公民"。参金成均:《儒教民主主义和价值多元主义》,《成均 China Brief》,第 142 页。

〔195〕 新儒家和新左派都关注康有为的后期思想。当然,他们关注的理由互不相同,前者关注孔教,后者关注"大同书"。但这两个流派都感兴趣的一点就是,康有为不分少数民族和汉族,基于民族整合的"文明中国"构想。

　　至于关注康有为的理由，日本的中国学学者田岛英一有所研究。他认为，中国近代国民国家的形成还是一个将士、民、夷这三个集团改编成同性质的国民的过程。若关注这种中国国民国家形成的特殊性，可以从中提炼出"文明中国"（康有为）、"血统中国"（孙文）、"阶级中国"（毛泽东）这三种模式。[196] 改革开放后随着经济的发展，比起"阶级中国"或"血统中国"模式，"文明中国"模式更受到中国知识分子的关注。陈来曾解释 20 世纪 90 年代的国学热背景，说国学热反映了中国经济快速发展带来的全民的民族自信与文化自信的增强，以及民众对民族精神与伦理道德重建的强烈需求。[197] 他说得对。中国已经成为世界经济大国，如今轮到肯定自己的文化遗产了。[198] 如此看来，人们选择曾设想"文明中国"模式的康有为，也是符合时代潮流的结果。因为从"大陆新儒家"的立场来看，认为构想一个基于自己文化的范例的条件已经形成，似乎是理所当然的事情。

　　问题是，以康有为为象征的"文明中国"的内容究竟是什么？他感受到的危机感是什么？为消除危机感他做了哪些尝试？还有，我们要讨论"大陆新儒家"今天为什么要重新召唤康有为的问题意识，这样我们才能对葛教授引用的批判——"既不是孙中山，也不是毛泽东"，"康有为才是现代中国的立法者"——进行最起码的应对。

　　康有为直接从 19 世纪公羊学中获得线索，并用西方以及佛家

〔196〕　田島英一，「中國ナショナリズム分析の枠組みと實踐」，加加美光行，『中國の新たな發見』，日本評論社，2008，第 270 页。

〔197〕　陈来：《孔子与当代中国》，《读书》2007 年 11 月，第 16 页。

〔198〕　赵京兰：《1990 年代中国新保守主义的诞生和儒学的再照明》，载《国家、儒学、知识分子》，书世界，2016，第 128 页。

思想给予儒学以一普及的意义,因此扩大了它的伦理与政治学说。[199] 这是萧公权对康有为的分析,而干春松注意到了这句话。在萧公权看来,康有为是利用而非排斥西学和佛教,将之作为儒家思想所要融合的对象,并在此基础上发展出了新的儒家思潮。[200]唐文明也认为, 现代儒家思想开展的基本方向,是被康有为所规定的。因为他认为,康有为将古代公羊家的三世说改造成一个目的论。也就是说,他高度评价康有为把未来从三世说设定为大同世。他还认为,此后这一目的论历史观为梁漱溟、牟宗三等人的思路提供了基础。[201] 如果所谓的新康有为主义者们这样高度评价康有为对儒学的扩张性解释,那么康有为是不是儒家正统,对于评价康有为就可能不是重要的问题了。[202] 即使当时康有为颇受"其貌则孔也,其心则夷也"的批判,但对于"康党"来说,这种批判或许不是很重要。因为受到批判也可能是领先时代的人们必须付出的代价。

　　事实上,康有为更具实质性、更应被关注的是另一点。那就是康有为一贯要强调的"保全中国"。康有为一直强调要"保全中国",这意味着需要完整地继承清王朝的土地和人口。他认为,在

〔199〕　萧公权:《近代中国与新世界:康有为变法与大同思想研究》,江苏人民出版社,1997,第 107—108 页。

〔200〕　干春松:《康有为与现代儒学思潮的关系辨析》,《中国人民大学学报》2015年 05 期。

〔201〕　唐文明:《中国革命的历程和现代儒学思想的开展》,《文化纵横》2010 年第2 期。

〔202〕　白彤东批判康党信奉经,这个说法若要具备合理性,就要证明一个前提,即因为康有为是正统,"康党"才关注他。

此基础上的主权独立才有意义。[203] 在康有为看来,民族革命不能成立是因为民族界线不分明。他认为世界上没有纯正的种族,汉族也是蒙古族的混血。他还主张,满族和汉族源自同一个祖先,是同类。中国自古以来就有多种民族混合在一起。[204] 孔子在《春秋》里重视礼乐和文章。所谓区辨华夏与蛮夷,只不过是区辨文明和野蛮。合于华夏礼俗者为华夏,不合者为蛮夷。[205] 认为世界民族没有纯种的主张,在很大程度上也是历史事实。并且,就康有为的上述主张来看,尽管不能完全否认其目的是反对当时孙文一系的民族革命,但他至少没有认同基于汉族中心主义的民族歧视主义者。

康有为针对革命派基于满汉矛盾的革命主张,呼吁加强民族融合,继承清王朝的人口及疆土。他重新解释公羊学的华夷观念,认为中国历史上的华夷区辨主要是在文化基础上进行的,而不是以种族优劣为标准区辨的,当代"中国人"的种族构成是历史上各民族融合的结果。[206] 康有为基于这种认识,后期为了建立大一统的中国,开始关注确立政治正当性的问题。[207] 由此来看,"康党"似乎高度评价韩愈"夷狄入中国,则中国之,中国入夷狄,则夷

---

[203] 干春松:《保教立国——康有为现代方略》,生活·读书·新知三联书店,2015,第6页。

[204] 萧公权:《中国政治思想史》,崔明、孙文镐译,首尔大学出版部,1998,第1138—1139页。

[205] 康有为:《康南海先生文钞》(民族难定汉族中亦多异族而满族亦祖黄帝考);萧公权:《中国政治思想史》,第1140页。

[206] 因此干春松主张,应把康有为列入新儒家第一阶段代表人物。参干春松:《康有为与现代儒学思潮的关系辨析》。

[207] 唐文明认为,孙中山将家、国、天下等多重伦理空间改造成民族这个单一伦理空间,没有提供一个整合性的国家理念。参唐文明:《中国革命的历程和现代儒学思想的开展》。

狄之"的主张,即"夷夏之辨的标准不是种族而是文化"这一儒教的普遍主义。实际历史上,由中华王朝统治的正当性可以通过"大一统",即天下一统来获得。康有为比谁都清楚这一点,但至于天下一统的方法,他依赖于儒教的普遍主义。换句话说,在民族自决的时代,尽管受到建立国民国家的压力,他仍然试图建设甚至包括满族在内的帝国规模的国民国家。而这种中国特有的独特性,如果离开中国所具有的天下国家观和华夷思想,很难去解释。此外,关于康有为个人的经验,有一点值得提及。那就是他作为清朝官员,日常生活中经常接触满人官僚。也就是说他在日常生活中了解到了夷。随着在现实中通过实践加深对他者的了解,他认识到他者也是一样的人。无知会将他者彻底他者化。现实中的无知和实践的缺乏会加强本质主义民族观。[208]

其实在中国,100 年后的今天,也仍存在与康有为的这些思考大同小异的问题。例如,如何保全中国的统一? 如何处理中央权力和地方自治的关系? 如何思考不同民族之间的关系? 这些问题显然仍是摆在政治家面前的棘手课题。[209] 因此,康有为的建国方略可以说是面对包括远东、东北亚在内的全球资本主义体制这一前所未闻的危机所推出的最初的儒家式应对。在笔者看来,康有为似乎是想用加入"儒教文明"的"帝国的国民国家"来应对转向国民国家体制的要求。即形式是国民国家,内容是帝国的那种形态。因此,干春松主张,将中国历史中的中西问题分为古典和现代来理

---

[208] 田島英一,「中國ナショナリズム分析の枠組みと實踐」,加加美光行,『中國の新たな發見』,日本評論社,2008,第 267 页。

[209] 干春松:《保教立国——康有为现代方略》,第 10 页。那么,我们可以说,中国的忧患的来源在于过去和现在都要维持由多民族组成的规模巨大的帝国。

解时,可以将儒家区分为康有为之前的儒家和康有为之后的儒家。[210] 这说明康有为在儒家的现代构想方面的重要地位。

那么"大陆新儒家"为什么关注董仲舒？韩国学者辛正根认为,董仲舒既然目睹与"文"距离甚远的统一帝国(秦)的灭亡和再次出现(汉),不可能没有切身感受到"文"的危机。董仲舒认识到汉朝与孔子活跃的春秋时代的状况不同。他经历过秦朝,在汉朝手握大权,但他非常强烈地意识到,支配世界的模式,其框架尚未形成。他认为,如果不制定这一框架,就很难守成,危机还会再次到来。因此他以学问为媒介,试图将政治和宗教正确地结合起来,[211] 进而将帝国之前的历史发展解释为在中原地区建设文明、体现文化的圣化历程,而不是一部斗争史。为此,董仲舒不只加进伏羲氏、神农氏和黄帝,还加入孔子,完成了大一统。通过这种工作,中华主义时代拉开了帷幕。而董仲舒构成的中华主义兼备了种族性契机和普遍性契机。[212]

董仲舒凭借天下思想,完成了"支配正当性"诞生的循环,进而使以儒教为内容的帝国统治原理得以诞生。至此,先秦儒家和汉代以后的儒家也有了区别。在"康党"看来,康有为是想在近代过渡期西学东渐的危机中重现,在礼崩乐坏的春秋时期试图重建周朝模式的孔子的作用,以及汉武帝时期董仲舒的作用。他们有一个共同点,那就是都将"儒学的现代重组"和通过大一统的稳定来确保"支配正当性"看作时代课题。并且,他们对夷和夏的认识方式,与1949年以后的少数民族政策明显不同。

---

[210]　干春松:《保教立国——康有为现代方略》,第10—12页。

[211]　辛正根:《董仲舒:中国主义的开幕》,太学社,2004,第73页。

[212]　同上书,第29—33页。

"大陆新儒家"中最先看重这种春秋公羊学传统的学者是蒋庆,他从 20 世纪 80 年代末开始率先设想了"政治儒学"。蒋庆评价说,中国人的日常或制度总体上失去了依靠,他把这种现象描述为中国性的丧失。[213] 据杜楷廷总结,蒋庆在中国是最为人熟知的、评价极端两极化的在世儒学家之一,这毋庸置疑。他出名是因为他的思想具有的争议性和他本人不同寻常的经历。[214] 蒋庆的政治儒学受到台湾新儒家的集中抨击,而且受到大陆其他学者的强烈批判。[215]

尽管如此,蒋庆的立场对于所谓的"第二代大陆新儒家"产生了不少影响。此后,所谓的"第二代大陆新儒家"采取集团形式开展活动,在此过程中同以李明辉为代表的台湾儒学家的争论愈演愈烈。陈明认为,过去基于西方哲学的两种叙事,即启蒙话语和革命话语支撑了中国知识分子,而如今话语类型或学术范式要有所变化。[216] 这话意味着,"康党"将通过儒教构想中国的未来,比起内圣将更重视外王。

李泽厚的下面一段话也在强调,中国思想中"内圣"和"外王"

---

[213] 蒋庆:《政治儒学》,生活·读书·新知三联书店,2003,第 4 页。蒋庆和贝淡宁、陈祖为(Joseph Chan)、白彤东一同被划分为"儒教功绩主义者"(confucian meritocracy)。他们指出儒教政治理论中缺乏制度论,提出了一个不同于自由民主主义,又具有儒教宪政制度特点的制度安排,即通过议会内非民主程序——考试或荐举——组成的上院。金成均:《儒教民主主义和价值多元主义》,第 140 页。

[214] David Elstein, "On Jiang Qing: Guest Editor's Introduction," *Contemporary Chinese Thought* 45, no. 1(2013).

[215] Lee Ming-huei, "A Critique of Jiang Qing's 'Political Ruism'," *Contemporary Chinese Thought* 45, no. 1(2013).

[216] 《回应:北京儒家学者座谈李明辉对"大陆新儒学"的批评》(2015 年 3 月 28 日,原道书院),陈明的发言。

两者都不可或缺,但中华民族的日常或社会心理中,后者更为重要。

> 我仍愿再一次(已经不知多少次了)强调除孔孟程朱陆王这条"修心养性"的"内圣"脉络外,儒学还有孔、荀、董仲舒、王通、陈、叶、顾、黄等"经世致用"的"外王"之路。当然,它们之间,关系复杂,但后者的重要性却丝毫不亚于前者,而且在维系华夏民族的生存发展上,大概比前者更为实在。正是它建构了两千年中国的政教体制、公私生活、社会心理。"现代新儒家"忽略或蔑视这条线索,便失去了儒学和儒学精神的大半。[217]

我们也可以认为,这是他在小心翼翼地表明,现代新儒学应该摆脱过去只集中在内圣的"偏向",而去关注外王。如今在这种经济发展的基础上,人们正在展开"被推迟的讨论",在这种情况下如果尝试"重新看儒学",那么"大陆新儒家"只重蹈现代新儒学覆辙,从他们的立场来看反而会有放弃任务之嫌。现在有必要超越"为什么现在讲儒学"的问题,进行更进一步的讨论,在这一点上不管是转向"政治儒学"还是"制度儒学",都可以说是他们顺应"环境的变化"表露出对自己文化的欲望。如果说这是文化自信的反映,那么我们能否只是负面地去看待它?

---

[217] 李泽厚:《世纪新梦》,安徽文艺出版社,1998,第 111 页;白彤东:《心性儒学还是政治儒学? 新邦旧命还是旧邦新命?——关于儒学复兴的几点思考》,《开放时代》2010 年第 11 期,第 9 页。但李泽厚曾批判蒋庆比慈禧太后还保守。

　　问题是这还不算结束。中国的儒学复兴不只是自足性的,如果不能不考虑外界的视线,那么只靠主张儒学复兴,不仅不能说服中国外界,就连中国内部也很难说服。当然,即使是像前面所说的那样,大陆新儒家最终追求的是范式的变形,但现在他们面对的环境似乎对他们并不友好。一些对这方面有深刻认识的主张提出,为儒家的哲学辩护,就应该将西方思想也纳入与儒学竞争的诸子之中。[218]这一提法很有道理。但众所周知,想把西方思想纳入诸子之中去简单处理,会遇到很多复杂的问题。

　　由于篇幅有限,本文不讨论这一问题,但笔者提议,中国既已在 20 世纪接触了西方思想,那么不管是政治儒学还是制度儒学,为了给其重新脉络化提供环境,"大陆新儒家"就要重新回顾迄今为止的战略。时过境迁,现在我们需要与康有为之流的防御性"大一统"意识保持距离。这样才有可能客观地看待中国当作对手的强有力的他者——西方思想。因为通过他者审视自己或许能够提高儒教普遍主义重组的可能性。

4."支配的正当性"和"天下秩序"的重组可能性

　　研究天下秩序的重组可能性其实可以解释为转换中国式范式的决心。这个转换的意志与中国对经济发展这一硬实力的自信不无关系。如果没有硬实力的支撑,就不能论软实力。同样,天下话语在中国事实上可以说是在硬实力的实体感之上开展的。当然,笔者承认,"天下"这一政治理想确实作为一种习惯或力量让中国

---

[218]　白彤东:《经学还是子学?——对政治儒学复兴之路的一些思考》,《探索与争鸣》2018 年第 1 期,第 69 页。

人去思考世界。

　　但传统的"天下秩序"再不可能作为现代政治制度的形式存在。而我们可以说,在当前的中国政治文化中,尤其是外交政策中,它仍然强有力地存活着。而且中国的主流学者们将 2012 年的"中国梦"和 2013 年的"一带一路"(陆海新丝绸之路)看作象征中国政府的两大项目,似乎将此定义为"天下秩序"的新形态。[219] 这也可以成为天下话语带着现实性去展开的物质基础。但不管知识分子的忧患意识如何强烈,国家推进的"一带一路"和围绕天下的知识分子的历史文化话语尽管有时相辅相成,但不一定会一致。即使考虑中国特殊的学术环境,我们也要承认,两者之间分明存在不一致和紧张。

　　在中国,"天下秩序"的新形态出现之前就已经有了天下话语。而大部分可以说是相当于基本上"回归"的大一统文明战略的 21世纪版本。[220] 目前,在中国出现的各种中国世界秩序论,比如新朝贡秩序、新天下主义[221]、天下体系、跨体系社会[222] 等,非常多样。而代表性人物赵汀阳将天下看作方法论和内容。他把天下视为地理、心理、政治制度这三层意思融为一体的综合理念。[223] 他把周朝 800 年的制度当作天下体系模型。以此为基准,他主张天下

〔219〕　尤淑君:《清代天下秩序观的建立、解构及其转化》,《文化纵横》2016 年 12月号,第 79 页。

〔220〕　田寅甲:《韩国为何应关注"大一统中国的回归"?》,2018,未刊稿。

〔221〕　许纪霖以去中心、去等级为基本,追求新的普遍性。许纪霖:《新天下主义与中国的内外秩序》,载许纪霖、刘擎主编《新天下主义》(《知识分子论丛》第 13 辑),上海人民出版社,2015,第 19 页。

〔222〕　汪晖:《当代中国历史巨变与全球危机中的台湾问题》,《文化纵横》2015 年第 1 期。

〔223〕　赵汀阳:《天下体系》,江苏教育出版社,2005,第 41—42 页。

体系与西方单方面的普遍主义或文化帝国主义方式不同。[224] 这话很对。因为西周"自治性"封建秩序也曾是孔子所梦想的理想社会。那么有人就会提出一种批判，那就是，把弱肉强食的逻辑统治着的西方资本主义的秩序，和遵守封建、宗法和礼乐的伦理社会——周朝放在同一水平线上进行比较是否合理。这样的批判尽管妥当，不过，天下话语在中国虽然有这种危险性，但仍有一定的作用。作为价值的天下话语，其本身能够牵制国家或皇帝。在中国历史上，当特定王朝失去民心，士往往会站在民心，即天的一侧，助推王朝颠覆。

鉴于这一点，笔者将在这一节留意 21 世纪的各种世界秩序论，同时聚焦康有为设想的"文明中国"，即大一统，将其联系到实际存在过的帝国机制的理想和现实进行论述。那么，"文明帝国"，即大一统是什么？是天下统一为一体。因为天下统一了才能实现稳定。这里需要注意的是，"有一种思维方式，认为支配的正当性不是根据统治者的民族出身来判断的，实现'大一统'的王朝才是'正统'的中华王朝"。

可见，"大一统"，即统一有多重要。位于统一对立面的分裂，早已形象化（imaged）为春秋战国时期的混乱局面。并且，"传统"的根源在于"天"这一"中华"政治神话。所有中华王朝都拼命建构帝国结构、试图变成中华帝国，都是因为统治者可以通过天下思想，即"大一统"思想的框架获得自己的正当性。也就是说，统治周边民族的这个事实中，"王朝"权力是否具有正当性，并不是通过其作为"帝国"支配周边民族地区获得政治、经济利益来得到认可，而是要通

---

[224]　赵汀阳：《天下的当代性》，中信出版社，2016，第 127—129 页。

过中国自身的文化价值观得到认可。[225]

　　"支配的正当性"就是建立以大一统为主要内容的中华帝国（Imperial China）。这就是为什么说天下既是价值也是制度。这一点对于理解曾经以建立国民国家系统为目标的中国近现代100年也很重要。这句话也意味着，在中国，帝国性的传统具有贯通2000年时空的固有结构和逻辑。而且对于我们理解包括中国知识分子在内的统治阶层的思想和行为也很重要。孙中山在通过辛亥革命建立共和制后也再三强调"王道"，也是为了确保这一帝国性。[226]这就是王道政治的成功与否与天下主义正当性密切相关的理由。不过再怎么把王道政治当作名分，中华帝国系统基本上还是把一个天子当作最高点的类似封建关系，即朝贡关系。[227] 德国学者赫尔弗里德·明克勒（Herfried Münkler）认为，各种非对称性把帝国的界线和国家的界线区分开来，帝国的邻居没有它认可为与自己同等的存在，即具有同等权利的存在。其邻国明显依赖于中心，只是程度不同而已。[228]

　　同样，在20世纪，包括四夷的中华帝国尽管瓦解，但仍要维持"帝国国民国家"（九州）。[229] 对于天下的理解有两种，一种是"天

[225]　王柯,「帝國と民族——中國における支配正當性の視線」,『帝國の研究』,名古屋大學出版會,2003,第219—220页。

[226]　但辛亥革命的爆发给蒙古和西藏提供了从中国分裂出去的根据。村田雄二郎,「20世紀システムとしての中國ナショナリズム」,西村成雄编,『現代中國の構造變動—ナショナリズム—歴史からの接近』3,東京大學出版會,2000,第57页。

[227]　闵斗基:《中国的传统政治秩序的特点》,《中国近代史论》,知识产业社,1976,第91页。

[228]　赫尔弗里德·明克勒:《帝国——平天下的逻辑》,Kong Jin-seong 译,书世界,2015,第30—34页。

[229]　渡边信一郎,「天下イデオロギ—」,『日本历史调查』440号,1999年4月。

下—九州"说,另一种是"天下＝无限制"说。前者只指称中华,后者意味着中华＋夷。尽管如此,这时中国知识分子和政治人士虽然认同西方民族国家理论,但仍然受到传统的"大一统"帝国理念的深刻影响。[230] 葛兆光认为,在中国近代,除了从天下转向国家,将边疆纳入中国的课题贯穿了整个20世纪,带给知识分子和政治人以压力。[231] 因为不管是传统时期还是20世纪,确保帝国性等于是获得支配正当性的途径。因此,中国的所有王朝都未能摆脱帝国性的诱惑。

也因如此,最近十年最大的项目——"一带一路",即使与对内消除不均衡的目的有关,但仍被怀疑有对外"膨胀"的目的。这与中国过去一贯追求的大一统的历史不无关系。例如,像大卫·哈维这样的学者批评说,这只是资本的空间移动。还有些人认为这是中国缓解国内生产过剩的战略。[232] 为消除这些怀疑,中国政府提出了共商、共享、共建的发展理念,以强调中国的经济崛起不会给周边国家造成威胁,而会带来合作与共同发展的机会。尽管如此,周边国家仍然有半信半疑者。因此汪晖强调,"一带一路"必将是"一个针对资本主义经济模式进行改革的漫长过程,也必然是将历史文明与未来的社会主义相互连接的进程"[233]。他似乎认

---

[230] 葛兆光:《中華民族の由來:二十世紀上半期の中國知識界の曲折》,《思想》2016年6月号,第12页。

[231] 同上书,第8页。可以说,20世纪日本的侵略对于中国人将中华帝国体制的意识形态,即中华主义保存下来,起到了作用。如果中华主义最终起到让中国知识分子和政客奋发图强的作用,那么这不得不说是日本侵略的悖论。

[232] Lee Nam-ju:《中国的西进战略和一带一路:能否成为亚洲合作的新转折点》,《黄海文化》第89卷,2015。

[233] 汪晖:《当代中国历史巨变中的台湾问题——从2014年的"太阳花运动"谈起》,《文化纵横》2015年第1期,第54—71页。

为,这样才有可能重新形成"东亚跨体系社会"或"历史文明的纽带"。

帝国的扩张和维持一般依靠"文明化使命"话语完成。比如中国,近代之前曾存在基于华夷思想的文明化过程,近代之后随着接受西方的社会进化论,文明化强度得到了进一步加强。到了 1949 年以后,在少数民族"国民化"工作中表现得更加明显。[234] 即使过去在朝贡机制内曾有"状况的正当化体系"这一因素,但笔者承认中国传统上呈现出了与西方帝国主义不同性质的帝国样式。但在国内外变数和状况的制约性比传统时期变得复杂不知多少倍的状况下,即使中国具备了经济实力、军事力量和技术合理化这些硬件,其会不会像过去那样维持松弛状态的帝国性,无法保证。虽然中国具有自己固有的天下秩序传统,而且是单一支配体制,但内部的理解关系各不相同。还有,中国已进入市场经济轨道,而且与前现代时期不同,中国被围绕在美国或欧洲等复杂的国际关系中。综合考虑以上种种因素,中国究竟能不能避免自我中心或自我膨胀呢?[235]

若要平息这些担忧,在中国恢复"善良的帝国"原理,最大单位的行为主体就要表现出相关决心和能力。如果做不好这一点,即使艰难,知识分子至少要迂回地发出不同的声音。因为基于王道政治的天下秩序并不是轻而易举就能实现的。21 世纪的王道政治意味着清算中国与弱小国家之间从传统时期持续下来的支配与差

---

〔234〕 赵京兰:《中国的去西方中心论话语的困境——20 世纪民族国家和中华民族意识形态的两面性》,《中国近现代史研究》68 辑,2015 年 12 月。

〔235〕 赵京兰:《中国能否提供"帝国的原理"?——关于柄谷行人〈帝国的构造〉的批判性分析》,《历史批评》116 号,2016 年 8 月。

别的关系,在此基础上建立对等的合作关系。[236] 这需要知识分子先从思想上做好准备。

中国历史上,外来王朝统治的时期确实摆脱了中原中心主义。元朝和清朝就是这种例子。这可以说是未定下等级时常变化的例子。这意味着,不管是谁,只要能实施"榜样性的政治",就可以成为中心。这时原先的中心就会改变。[237] 王道政治就是据此论普遍性的。实际上,"中国"这一空间本身在历史上也是极具伸缩性的。这时的"中国"与作为主权国家的中华人民共和国是两码事,是可变的"中国"(Pax Sinica, Proper China)。干春松认为,在儒家看来,天下秩序最终要强调的不是统治疆域的大小,而是在道德基础上建立王道政治。[238] 尽管这事实上很不现实,但他能够这样说,表明他虽然接受康有为的"文明中国",但在其他方面与国家有所不一致。

5. 代替结论:"稍微不同的现代"和 21 世纪的"王道"

笔者在引言中提到过"危机的世界现象",这指的是现代本身

---

[236] 由于未能清算中国与弱小国家之间,或这些弱小国家与其他周边地区之间从传统时期持续下来的支配与差别的关系,留下了可能会对形成真正的合作与联盟关系构成障碍的因素。裴京汉:《东亚历史中的辛亥革命》,《东方史学研究》117,2011 年 12 月,第 233 页。

[237] 干春松:《儒家视野中的"国家"以及"新康有为主义"的思潮》,载罗钟奭、赵京兰编著《儒学和东亚——另外的现代之路》,图书出版 b,2018,第 301 页。

[238] 干春松:《王道政治与天下主义》,孔学堂书局,2017,第 47 页。

的危机,而不是一时的现象。现代的危机是国家的危机,也是民主主义的危机。当前的危机之所以严重,是因为和过去不同,我们明明知道问题的根源在哪里,却不能去解决。齐格蒙特·鲍曼(Zygmunt Bauman)在其著作《危机的国家》(State of Crisis)中指出,现在的危机在"权力"和"政治"分离的状况下发生。权力是处理事情的能力,政治是决定采取什么样的措施的能力。与之相比较,中国的情况又如何呢? 中国能不能算例外?

　　笔者把"危机的世界现象"和天下秩序的重组联系起来,是为了敦促中国的天下论主导者们担负责任,同时强调天下秩序在当代的重组并不是件容易的事情。在当今 21 世纪,尽管有前面所述的规模、经济发展、中国固有的天下秩序这三个因素,但如果不去认真解释 20 世纪的经验并当作参考体系,我们无法期待一个良好方向的现代。换句话说,中国尽管具有这些固有的逻辑和性格(ethos),但如果不通过反省"失败"的经验和中国内部暴露出的新自由主义的问题,表现出改进的决心和能力,就难以期待一个"稍微不同的现代"。

　　尽管如此,中国的上述三个因素,对于期待"稍微不同的现代"的那些人来说,再一次成为"诱惑"的因素。20 世纪三四十年代对苏联社会主义失望的世界左派知识分子将自己的希望投射到中国,这样的现象重现,已有一段时间了。对于包括我在内的韩国知识分子也是如此。[239] 因此目前比什么都必要的是,中国知识分子

---

[239]　日本的柄谷行人最具代表性。笔者把当时的世界左派知识分子的东方观(尤其是中国观)概念化为"左派—东方主义"。竹内好在很多方面是实践型知识分子,可他的思维处于日本的左派—左派东方主义范畴内。当然,在日本,这种意识比西方知识分子更强烈,这与他们对曾经侵略中国的赎罪意识有关。

对上述因素,"不依靠他人"彻底地进行自我认识。不管是"克服现代"的能力还是决心,都只能在中国彻底的自我认识和自我检讨中产生,这样副作用才会更少。笔者在前面提到过,天下秩序和儒教普遍主义的重组问题与中国对 20 世纪的反思性解释不无关系,这段话也是出于同样的脉络。因为如果没有对 20 世纪的反省,符合 21 世纪的思维冒险就不会被允许。

中国在 20 世纪曾遭遇社会主义的挫折,此后克服社会主义的挫折,在改革开放上获得了"成功"。儒学正是在这两种经验的基础上得以复兴。今后我们要把儒学讨论与两种经验结合起来,这样才能说服中国内部和外界的人,才能避免遭到无媒介地回归"封建"的批评。"被推迟的讨论"只有成为包括"自我反省"的升级版,而不是只停留在"自我回归",才能避免被误解为"大陆新儒家"的计划是谋求另一种"中国中心主义"。[240] 有了"自我反省"才能超越单纯的复古,走向创新阶段。在这里,只有接受自己的传统和西方,同时努力去超越,才能做到创新。要通过这种接受和超越,对自己的封建和野蛮提出问题,同时对西方现代知识的歧视性结构提出根本性问题。这样,儒学复兴现象才能成为一个有价值的"思潮"。[241] 在西方漂流后重新回到故乡的状态下,我们要问,我是谁,我的价值在哪里,这时,对自己的真正的客观化过程才会开始。

到了 20 世纪,日本仍把亚洲当作自我扩张的对象,而中国仍有

〔240〕　刘擎批判说,新左派和新儒家的去西方中心主义思想中存在新的"中国中心主义"倾向。刘擎:《中国思想界对西方中心主义的批判》,罗钟奭、赵京兰编著:《儒学和东亚——另外的现代之路》,第 345 页。

〔241〕　《回应:北京儒家学者座谈李明辉对"大陆新儒学"的批评》(2015 年 3 月 28 日,原道书院),韩德民在座谈会上说,儒学复兴现象成了一种"思潮"。

将其视为自己内部的思维习惯。日本的思维习惯呈现为侵略,中国则表现出恢复一部分丧失的朝贡体制的强烈意愿。如今,这两个国家究竟摆脱了多少原有的思维习惯,很难去确认。在过去传统的中国时期,难以想象有真正的"外部",但中日甲午战争以后,出现了真正的"外部",即近代西方。

那么,包括韩国在内的其他国家又如何呢?从 20 世纪以后开始,这些国家再也不是中国自己的"内部"了。比如韩国,朝鲜李氏王朝曾是 500 年儒教国家,但已经摆脱出来,实现了"烛光民主",实现了经济发展。[242] 而且在"亚洲四小龙"之中,韩国是唯一一个不属于中华圈的国家。韩国和中国尽管在规模上存在巨大差距,但对于韩国人来说中国不再是"中心",韩国也不再是"边缘"。[243]如今,"中心"和"边缘"可根据具体事例而变动。不只是西方,中国的知识分子还要把韩国接受为可以打破自己同一性的"外部"。不过我认为,中国要好好利用这个"外部"。因为尽管规模不同,韩国这一"场所性"(placeness)[244] 具有可以客观评价中国的天下秩序或软实力的绝佳条件。中国要建立的范式,如果能在韩国行得通,就能在世界上行得通;如果能说服韩国,就能说服世界。

日本在瓦解中华体制后,将立足于真正的亚洲联盟论、建立东亚新秩序的宝贵机会,弃之如敝履。[245] 这个反面教材,中国应铭记于心。对中国来说,这是改革亚洲和全世界的百年一遇的好机

---

[242]   在韩国,有人把这里的烛光叫作"孟子烛光"。

[243]   在韩国,一直以来主导"批判性中国学"的白永瑞,从东亚观点讨论了"边缘"和"中心"的问题。白永瑞:《在核心现场重新问东亚》,创批,2013 年。

[244]   可参考白永瑞:《横观东亚》第一辑,韩国的东亚论,台湾联经出版社,2006。

[245]   Choi Won-sik:《非西方殖民地经验和亚洲主义的亡灵》,载《帝国以后的东亚》,创批,2009,第 119 页。

会。竹内好说，日本的明治维新 10 年决定了一切。[246]　而中国，先不管过去的改革开放 40 年，今后的 10 到 20 年是关键时期。这期间如果无法提出能够在世界、东亚、中国通用的 21 世纪真正的"王道"，恐怕就连"稍微不同的现代"也难以期待了。

　　大汉帝国之后，儒教包容诸子百家思想，克服了自己的局限性，进而成了天下或帝国的思想。而"进化了的儒教"通过重新经历帝国，除了"价值"，还得以具备了"制度"。此外，还经历了过去 150 年被强制的"洋务"的 20 世纪。如今，在结束"洋务"的状况下，儒教应把 20 世纪的经验积极包容进来，深入思考如何去进化。关于"21 世纪王道"的思考，只能成为"大陆新儒家"的任务。不管怎样，他们似乎抱有思想改变世界的信念。

---

[246]　竹内好：《日本和亚洲》，Somyung 出版社，2004，第 58 页。

对赵京兰教授文章的评论

许纪霖[247]

这是一篇气势磅礴、结构宏大的评论文章,涉及中国、东亚与世界,新自由主义与社会主义,天下主义与民族国家,传统儒家与现代中国,从古到今,从中国到西方,评论的对象有汪晖、葛兆光、李明辉、许纪霖、赵汀阳、干春松,等等。一篇文章涉及的领域、人物和议题之广泛,对于我还是全新的经验,要抓住赵京兰教授的核心观点予以评论是有点困难的,也超出了我的能力。

接下来的评论,我将在有限的篇幅里面,就赵教授提出来的众多问题中的两个问题予以回应。一是关于我的新天下主义,二是关于儒学复兴的问题。

一、关于我的新天下主义

赵教授正确地理解了我的新天下主义,与传统的天下主义不

[247] 许纪霖:华东师范大学历史系教授、中国现代思想文化研究所副所长;主要从事 20 世纪中国思想史与知识分子的研究、上海城市文化研究。

一样,是去中心、去等级化的,用她的话说,是一种"去帝国化的帝国"。容许我再补充解释几句。我的新天下主义,与赵汀阳等的天下体系有着不同的问题意识,简单地说,我针对的是近几年来在东亚各国出现的甚嚣尘上的民族国家至上。今天的东亚局势有点像20世纪上半叶的欧洲,为了避免类似的国家战争悲剧在东亚重演,我提出用新天下主义来对冲民族主义。

所谓新,就是将民族主义中的合理成分(不管民族国家大小,平等尊重彼此的国家主权和民族尊严)纳入天下主义的框架,同时保持天下主义的普世价值立场,以超越的人类价值与利益检验和协调各个国家的国家利益。就这点而言,新天下主义与康德的人类永久和平理想的世界主义没有本质差别,只是世界主义中的一种,具有中国历史传统和中国特色的世界主义。由此我们看到,各个轴心文明,包括儒家文明与基督教文明在内,对人类的普遍价值与普世秩序的想象,是有共通之处的。

但是,赵教授的疑惑在于,以新天下主义来想象和重构东亚的秩序有现实的可能性吗? 关于这个问题,我在2016年上海举行的中日韩三国学者就东亚普遍性的对话会上发表了一篇论文,后来发表在《开放时代》杂志2017年第2期,题目是《一种新东亚秩序的想象:欧盟式的命运共同体》,详细内容不多说了,核心观念就是,为了避免因民族主义高涨产生的冲突,东亚各国有必要像欧洲那样,将建立一个欧盟式的东亚命运共同体作为自己的目标。

这种观念在今天全球民族主义重新高涨、欧盟也面临解体威胁的时刻,的确显得不合时宜。然而,我想说的是,越是在这样的时候,作为学者,而不是政治家,要思考的,不是这样的东亚共同体是否可能,而是是否可欲,是否值得追求。要知道,在半个世纪之前,当欧盟设想刚刚提出来的时候,也被人视为天方夜谭,可望不可即。然而,今天的欧盟已经成为一个有着共同的议会、统一的货币和市场,人口自由流动的邦联体。

实现欧盟式的命运共同体,东亚所缺的不仅是有待于努力的各种可能性条件,最缺少的,首先是共同的理想与目标。而新天下主义,正是东亚命运共同体的共同的价值基础之一,而其肉身就是赵教授所说的"去帝国化的帝国",一个不再有类似过去的中华帝国,或者东亚共荣圈的价值与利益共享共同体。这个东亚命运共同体与高度同一性的民族国家不同,具有宗教、文化和制度多元化的帝国形态,却不再由某一个大国说了算或由它来主宰。我相信,这样的目标姑且不论其现实可能性有多大,对东亚知识分子来说,它起码是可欲的,值得追求的。

二、儒家的复兴问题

赵教授在这个部分的讨论中,提出要从三个问题思考儒学:1. 条件的变化;2. 被推迟的讨论;3. 换个角度看儒学。这都是很有意思的、值得讨论的观点。

在今天的中国思想界,儒学不说已经复兴,但的确已经重新崛起,成为三种重要思潮中的一支。当今中国存在着三种最重要的文化传统:以儒家为核心的中国古代文明传统,五四以来以启蒙为标志的现代性文明传统和近一个世纪的社会主义传统。儒家文明到了 20 世纪初因失去了其制度基础和社会基础而解体,只是以碎片化的方式存在于中国人的日常生活;从西方引入的现代性文明100 年来历经波折,到今天实现了一半,有了资本主义的理性化秩序,但尚未完全实现法治和责任制政府;而历史同样悠久的马克思主义传统在毛泽东时代走过一段历史的弯路,但其反对资本霸权、追求平等的理念依然在中国有广泛的心理土壤和社会动员能力。对这三种既存的文化传统,自由主义、马克思主义的新老左派和儒家保守主义有着相当冲突的态度和立场,但不管是喜欢还是讨厌,这三种传统都在那里,容不得挑肥拣瘦,不得不面对和正视它们。

儒学在未来的中国思想结构当中,肯定将扮演重要的角色。真正的分歧在于,儒学将在三家之中处于什么样的位置? 姑且按照中国传统哲学的体用来形容,这个分歧就一目了然。在主流意识形态看来,应该是马(马克思主义)体儒用;按照自由主义的立场,应该是自(自由主义)体儒用;按照新儒学来看呢,他们希望的是儒体西(包括马克思主义和自由主义)用。当今中国思想界所争的核心,是自家的"体"的核心位置,即所谓的话语主导权,不是将对方完全排斥掉,而只是在"用"(工具)的层面来吸纳其他两家的可用成分。

无论是古代的中华文明,还是自由主义所代表的现代启蒙,或者是马克思主义的社会主义传统,其内部都非常复杂、多元,存在着各种相互矛盾冲突的多歧性。中华文明的内部有儒道墨佛法五大传统,即使在儒家内部,也有重德性的修身一面和重实践的经世致用另一面,有以民为本的人文倾向与君主为纲的威权传统。而在现代性文明内部,即使是大西洋两岸,美国模式和欧洲模式就存在着很大的差异,作为新大陆的美国,既缺乏中世纪的贵族传统也没有近代的社会主义运动,崇尚个人和竞争的英雄主义传统根深蒂固,对政府存在着深刻的不信任,个人的自由与权利是神圣不可动摇的天赋人权。美国又是一个充满了宗教感的新教伦理国家,独立的个人之间又充满着社群主义精神,发展出完善的市民社会。而欧洲与美国相比,世俗化更为彻底,宗教色彩比较淡,近代强大的社会主义运动被自由主义内化所产生的社会民主主义思潮,成为欧洲的主流,他们不像美国人那样相信资本主义的自发秩序,更愿意通过国家的干预实现社会的平等与公正。正如哈贝马斯和德里达所说:"在欧洲的社会,世俗主义发展得相当成熟。欧洲人对于国家的组织和管理能力充分信任,但对市场的功能却表示怀疑。他们具有敏锐的'辩证启蒙'意识,对于科技的进步,不会天真地抱持乐观的期望。"至于由马克思所开创的社会主义,众所周知,也有西方和东方两支不同的传统,由伯恩斯坦、考茨基开创的西欧社会党传统在现代文明的宪政框架内实践社会主义的理想,到了今天已经成为欧洲的主流。而从俄国到中国的东方社会主义实践,一个世纪以来曾经辉煌,又几经衰落,至今仍处于与现代文明的艰难磨合之中。

因为古代文明、现代文明与社会主义传统内部的复杂性和多歧性,于是问题就不在于要不要"通三统",而在于通的是什么样的"三统"?这犹如一场调酒师的比赛,不同的勾兑方案所调出来的现代化鸡尾酒,味道大相径庭。如果取的是法家中的富国强兵、西方现代性中的资本主义富强和东方社会主义的传统,那么这个"通三统"所产生的怪物将是一种国家权贵资本主义或官僚化的法家社会主义。而假如将儒家的民本与人文传统,自由主义中的自由、法治和民主与社会主义的平等理想相结合,那么这个"通三统"将融合古今中外各种文明中的智慧与精华,开拓出另一番风景。赵教授在评论中引证的拉铁摩尔1971年在日本讲的话,也是这样的意思。

借鉴西方的经验,目光也要从学习美国转移到学习欧洲。无论国家的历史还是文化的传统,中国与美国两个大国之间的差异实在太大,用基辛格的话说,双方的文明观和哲学观属于不同的例外主义,"中国和美国都认为自己代表独特的价值观"。相形之下,中国与欧洲大陆有更多的可比性,比如,中国与欧洲一样都有古老的轴心文明,其文明内部有复杂的多元性;中国像法国那样有强大的官僚国家传统,又像德国那样曾经落后过,面临经济上赶超先进国家、文明与文化之间紧张冲突;中国也像欧洲那样深受马克思主义影响,有着深刻的社会主义传统,宗教色彩比较淡,世俗化程度相当彻底,等等。一个国家的文明发展,不可能抹去已有的传统,一切推倒重来。因而,中国要将自己的视野从美国转向欧洲,从欧洲的历史经验中吸取更多的智慧,在古老的文明、现代的启蒙和社会主义传统的融合之中重建中华新文明。

朝鲜与强大邻居的外交

金基协^[248]

原　　则

"事大"和"字小"被确立为维持世界秩序原则的时期不晚于春秋。《春秋左氏传》中有一篇写道："礼也者,小事大,大字小之谓。"孟子在一段话中对此进行了进一步阐述："惟仁者为能以大事小,……惟智者为能以小事大,……以大事小者,乐天者也;以小事大者,畏天者也。乐天者,保天下。畏天者,保其国。"

现代世界认为,儒家思想存在诸多弊端,"歧视"便是其中之一,而"平等"则是一种无可争辩的美德。《礼记》中"刑不上大夫"和"礼不下庶人"的描述更是明显地表现出歧视的态度。这意味着关于社会秩序的原则在不同的社会层面以不同的方式发挥作用。

儒家思想当然没有现代世界盛行的对"平等"的那种信仰。这

〔248〕　金基协(Kim Kihyup):全北大学科学文明研究所研究员。

种差异基本上来自不同的世界观。18 世纪欧洲出现了一场旨在减少社会歧视和政治歧视的运动。这一运动对 19 世纪初道尔顿(J. Dalton)的原子理论的出现表现出过度热情,人们开始将世界视为原子的集合:"就像物质世界由相同的原子组成一样,人类社会也是平等个体的聚集。"这种世界观推动人们不仅仅致力于减少歧视。现在他们认为要彻底废除所有歧视。这种原子观也开始应用于国际关系领域:"世界由(原子般的)独立主权国家组成。"

在资本主义制度中原子观淡化了保护弱者的需要,并使社会成为"适者生存"的丛林,同样,原子观鼓励强国采取无情和激进的政策,使世界成为一个非常危险的地方。如果是这样,那么人们最终应该会找到方法来改变原子理论。但是,却没有。那么原子观如何持续了这么长时间? 技术的快速发展使这种情况得以继续。新技术不断提供越来越高效的开采自然资源的手段,而增加的物资供应使很大一部分民众都感到满意。

值得注意的是现代人文主义疏远自然的一面。现代人认为自然只不过是人类生活的背景。19 世纪末的人们认为自然是无限存在的,所以自然不会因为人类开发利用而受到任何影响。直到 20 世纪后期人们才开始意识到事情可能不是这样。

在文明开始之前,智人只是自然的一部分。文明的发展带来了自然与人类社会关系的变化。自然与人类社会之间似乎开始出现距离,并且距离在增加。但这个距离不可能是一个真正的"距离",因为人类不能完全脱离自然。发生变化的只是人类在自然中的位置,就像佛陀手掌上的孙悟空一样。

无论在哪种社会,总是会有人幻想人类社会可以与自然完全分离。但是他们很难成为任何重要传统观念的主流,因为这种信念会违背传统的可持续性。现代世界中,这种信仰的流行却是一个例外,非常罕见,我预计它不会持续很长时间。

另外,值得注意的是《孟子》所引用的"天"的作用。对于一个现代的世俗主义者来说,它只不过是一种纯粹的修辞,但我在其中读到了孟子对人与自然的关系的认识。孟子认识到事物不应仅仅由直接参与方的协作来决定。有的议程,除直接参与方外,还会对多方造成影响,例如气候变化公约,引入一个超验主题则看似相关。

在这个时候,当人们越来越强烈地认识到需要重新考虑人类社会与自然之间的关系时,我们应该彻底重新审视现代世俗主义的影响。东亚传统朝贡体系的原则将成为一个值得考虑的好素材。

朝明关系的建立

中国和朝鲜之间首次记录的主客关系发生在 243 年的前燕和高句丽之间。其他许多事件也随之发生,但其中大多数只是短期利润的追求,并没有发展成稳定的关系。这种情况一直持续到高丽早期(916—1392),当时高丽与中国的两个朝代来往密切:宋和辽,或宋和金。

高丽在 1270 年屈服于元的入侵后,与后者建立了一种新的关系。高丽被承认为一个独立的王国,但作为蒙古帝国的一部分,高丽处于严密的控制之下。高丽王子通常在升到王位之前留在元朝宫廷中,并与蒙古公主结婚。从 13 世纪中期到 14 世纪中期蒙古干涉期间,中朝之间的人员交流和货物交流大量增加,朝鲜无疑融入了中华文明。

然而,元与高丽之间的关系并不完全基于儒家思想。它更依赖于符合蒙古部落习俗的皇室婚姻。两国之间真正的儒家关系将在 14 世纪末明朝和朝鲜之间实现。

明朝的创始人洪武皇帝(1368—1398 年在位)对他统治期间的朝鲜人非常怀疑。他以毫无根据的怀疑而闻名,但对于高丽来说,他有足够的理由进行怀疑。高丽与元朝一整个世纪都保持着非常密切的关系,国王本身就有一半蒙古血统。恭愍王(1351—1374 年在位)试图在早期阶段挑战元的影响,但最终以他的悲惨、神秘的死亡结束。高丽回到亲元阵线,导致 1388 年对明朝的一次军事行动企图。

这场运动被一群确信需要对国家进行重大改革的官员和将军所领导的一场军事政变阻止了。他们企图进行广泛的改革,并希望改善与明的关系,然后成为朝鲜的统治者。

洪武仍然不愿相信朝鲜人。当时的朝鲜领导人从王室的一个废弃分支中选出了新的国王(没有蒙古血统),以赢得皇帝的信任。几年后(1392),他们结束高丽王朝并开创朝鲜王朝的动机可能也是这样。

即使朝鲜领导人开创了朝鲜王朝,洪武似乎也不满意。他三番五次向朝鲜太祖(1392—1398 年在位)发出信息,每三年只派一名特使,而朝鲜人则希望每年派遣三名特使。皇帝也经常挑剔朝鲜国王信件中的措辞错误,甚至要求将信件的起草人送到他面前。考虑到洪武在 1390 年的胡无庸之狱和 1393 的蓝玉之狱中所制造的迫害,人们很容易想象他对朝鲜人会有多么挑剔。

朝鲜领导人试图与明朝建立密切关系的努力受到了永乐皇帝

（1402—1424年在位）的欢迎。明朝接待了三位年度特使，不久之后，又接待了第四位年度特使（在冬至）。朝鲜还派出了其他执行特定任务的特使。在1392年至1449年的58年间，399名朝鲜使节访问了明朝，而只有95名明朝使节访问了朝鲜。

为什么早期的朝鲜领导人如此渴望与明朝拥有如此密切的关系呢？他们显然想要的不仅仅是明朝不侵略朝鲜的保证。这是一个难以找到直接答案的问题，但是人们可以根据当时的情况尝试进行一些猜测。

首先要考虑的是朝鲜所需的改革范围和强度。1391年全新土地管理制度（名为"科田法"）的宣布开启了社会经济革命。在蒙古世纪，由于高丽政府忽视了对土地和劳动力私有化的检查，到了王朝末期，国家资源的较大部分掌握在了一小部分权力集团手中。（人口中奴隶比例太高，在13世纪末已经成为一个严重的问题。"一贱则贱"原则［如果父母中有一方是奴隶，则孩子也会成为奴隶］使得奴隶比率一直上升，而自由人太少，难以支撑国家。一位来自元朝的常驻官员阔里吉思建议国王将该原则改为"一良为良"［如果父母中有一方不是奴隶，则孩子也不会成为奴隶］，但不想进行改革的高丽贵族对他进行了召回。）

新王朝创始人的首要任务是剥夺（贵族和佛教寺院）现有的权力。这是一项必定会在很长一段时间内引起巨大阻力的任务。为了实现这一目标，他们一方面需要与中国保持稳定的关系，另一方面需要有效的意识形态来说服中产阶级支持改革。他们在儒家的社会政治思想中找到了满足这两种需求的答案。正是这种对凝聚力的渴望使他们比当时的明朝统治者更加致力于实施儒家的原则，并且更加渴望与中国建立密切关系。经过朝鲜领导人多年的坚持,明朝统治者终于接受了与朝鲜建立密切关系。

朝鲜的"和而不同"战略

朝鲜的第四任国王世宗(1418—1450年在位)不仅被认为完成了新的国家体制的建设,而且还将朝鲜文化提升到一个新的水平。他的大多数成就都结合了两个方面:用进口的中国材料建造基本结构,以及培养与基本结构匹配的本土元素。例如,他一方面让人印刷和翻译许多中文医药书籍,另一方面,支持对国内草药和疗法的研究。这可以比作用进口材料建造房屋,并用家用材料装饰花园。这个原则被称为"和而不同"。

朝鲜具有适合发展中国中部已开发的农业文明的自然条件,并在其历史的早期开始引进中国技术。一开始进口是缓慢而艰难的,但随着时间的推移变得越来越快,越来越轻松,而且高丽和元之间的密切关系进一步促进了朝鲜的中国化。在从高丽到朝鲜的转折时期,朝鲜比中国的许多偏远地区还更加中国化,但是也大量保留了其独特的文化特征。早些时候,高丽的一个政治派别曾向元朝朝廷请求将高丽作为一个省来兼并,但却因为高丽独特的文明已足够发达到不需要这样的措施而被驳回。

世宗的"和而不同"政策使朝鲜能够享受中华文明的技术优势,同时保留它的文化特色。中国的统治者也欢迎朝鲜的这种方式,因为他们看到了保持一个理想的主客关系会比在帝国增加另一个省拥有更多优势。在日本战争期间(1592—1598),当明朝部队在朝鲜部署时,一些朝鲜人害怕某些不适合附庸国的国内做法(例如制定独立法典和对已故国王追封帝王谥号等)被中国人发现,但是当中国人发现其中一些做法时并没有刁难朝鲜。

"和而不同"对于一个与如此庞大而强大的邻国如此近距离的国家来说是一种极具价值的战略。它使朝鲜人能够跟上中国的技术发展,同时保持国家的政治和文化独立性。与更不愿意"中国化"并因此被帝国征服和吞并的中国其他邻居相比,朝鲜人应该对他们的祖先感激不尽。

朝鲜与明朝关系的结束

当1592年至1598年的日本战争爆发,且日军在一开始非常成功时,中国明朝应朝鲜人的要求迅速派军队抵抗日军。

派遣军队本身就是明朝对朝鲜称臣纳贡关系的义务的忠实履行。但实际上,许多朝鲜人对中国人的善意持怀疑态度,因为后者往往似乎并不关心朝鲜王朝及其人民的命运。最令人怀疑的是中国谈判代表是否愿意让朝鲜南部地区割让给日本人,以便更容易地结束战争。

这种怀疑没有得到充分验证,但至少有一件事中国皇帝做得显然让朝鲜人感到头疼。他拒绝支持光海君(1608—1623年在位)作为王储的提名。

宣祖(Seon-jo,1567—1608年在位)在战争爆发前未曾立过王储,因为他只有嫔妃生的儿子而没有王后生的儿子。当战争来临时,为扩大王室领导层,他被迫立了一个王储。不久长子临海君(1572—1609)就轻易被日本人俘虏了,受到严重羞辱,使得第二个儿子光海君成为唯一可行的选择。

1593年,宣祖开始要求中国皇帝对王储的提名表示支持,但是直到 15 年后他去世时才获得支持。万历皇帝(1572—1620 年在位)在他登上宝座数年后,才不情愿地赞同光海君为国王。万历皇帝不愿支持光海君,在朝鲜引起了一场大骚乱,导致了一系列麻烦,其中包括光海君杀害他的两个兄弟,而最终发生了一场废黜他的政变。

万历拒绝支持光海君是朝鲜与明朝关系中第一次也是唯一一次这样的事件。这次事件鼓励了光海君的反对者,增加了朝鲜王朝的不稳定性,同时可能也降低了光海君对明朝的信任。在光海君统治时期,当努尔哈赤的力量在北方加强时,光海君有些时候采取的措施显示出了某些含糊不清的地方。1623 年的政变领导人指控光海君的最严重罪行之一是他对明朝的不忠。

光海君是否真的不忠于明朝? 明朝军事领导人熊廷弼(1569—1625)曾经说过:"朝鲜人在担心中国方面比中国人更真诚。"他指的是光海君建议明朝朝廷对金(由努尔哈赤于 1616 年创立)更加宽容。明朝在 1619 年对金进行了全面攻击,并在萨尔浒遭遇决定性失利。

朝鲜派遣一支军队前往萨尔浒援助明朝,但是在没有多少战斗的情况下,朝向金投降了。光海君的反对者指责他指示指挥官姜弘立(Kang Hong-lip,1560—1627)避免战斗。虽然没有办法证实这一指控,但听起来似乎很合理,因为姜弘立后来在缓和朝鲜与满族关系方面发挥了积极作用。

万历皇帝拒绝支持光海君作为王储,是没有实践"字小"的原则。他拒绝接受努尔哈赤作为附庸,是作为天子的另一次失败。显然这样的行为没有取悦"天",所以他的直接继承者失去了天下。

这一事件告诉我们,当朝贡系统的核心失效时,实际上不可能从周边修复它。当朝贡系统开始看起来不稳定或不满意时,朝鲜领导人被分成了两组。其中一组以光海君为代表,试图尽量减少对明朝的承诺,以便他们能够更容易地适应不断变化的情况。另一组则坚持最大限度地保持对明朝的承诺,并将光海君逐出王位。政变后,仁祖(King In-jo,1623—1649 年在位)的王朝无法与崛起的满族相处,因此在 1627 年和 1636 年遭受了两次入侵。第二次入侵随朝鲜承诺将其对明朝的忠诚义务转移至清朝(满族所宣布的新帝国)而结束。

朝鲜与清朝和日本的关系

1636 年清朝入侵后,朝鲜成为清朝的附庸国,直到 1895 年中日战争结束。清朝统治者起初对朝鲜非常苛刻,要求大量贡品,劫持许多人质,并经常干涉朝鲜的政治。但是在 1644 年明朝沦陷之后,人质被归还,贡品减少了,干涉消失了,因为清朝成了中国的领导者。

清朝试图照搬明朝与朝鲜之前一直保持的关系,但有些分歧是不可避免的。对明朝的敬畏情绪在许多朝鲜人心中根深蒂固,同时他们蔑视满族,认为满族人是野蛮人。朝鲜几十年来反清情绪浓厚,并且关于朝鲜在明朝沦陷后继承了中华文明精神的思想在朝鲜知识分子中甚至流行了更长时间。

清朝没有采取特别措施来保持朝鲜对它的忠诚度。在清帝国的二元结构(天子和大汗)中,朝鲜的重要性不如明朝时期。直到 1882 年清朝干涉朝鲜的政治动荡并开始在那里驻军时,这两个国家仍然或多或少地保持亲密关系。这之后传统关系正式结束。

日本通过与清朝和俄国的战争(1894,1904)对朝鲜的影响有所增加。朝鲜于1905年成为日本的被保护国,1910年成为日本殖民地,并于1945年第二次世界大战结束时获得解放。有几个原因使日本统治成为朝鲜人的痛苦经历:

(1)数十万日本人作为统治阶级来到朝鲜。这种外国占领在朝鲜一千年的历史上是一件新事物。

(2)日本统治带来了"现代化"进程,这种进程因日本当时的需要而变得不明智和暴力。

(3)日本倾向于采取过于雄心勃勃的政策,大肆剥削朝鲜。

(4)由于历史原因,例如日本在长期传统关系中的较低地位以及对1592年至1598年战争的记忆,朝鲜人一般对日本人有偏见。

即使那些最初为了现代化而欢迎日本统治的朝鲜人也很快就失望了,并且"亲日派"在整个殖民时期都是公众蔑视和仇恨的对象。

对现在的影响

朝鲜与强大邻国相处融洽的历史悠久。从历史的早期到19世纪末,其强大的邻居是中华帝国。在元朝,朝鲜与中国的关系变得非常亲密。接下来的一个阶段,朝鲜和明朝的关系根据儒家原则被高度理想化。清朝没有变化,理想化的关系继续存在,但是热情却降低了。

朝鲜与中国的传统关系在19世纪末结束了。朝鲜被迫以"万国公法"的名义采用西方的国际关系法则,并被宣布为一个主权国家,但很快就沦为日本帝国主义的牺牲品。日本投降后,朝鲜在苏联和美国的影响下分裂为两个国家。虽然随着苏联的解体，苏联对北朝鲜的影响消失了，但美国的影响力不仅继续在南朝鲜发挥作用，而且成为北朝鲜命运的决定因素。与此同时，中国对两个朝鲜的影响力却一直在以不那么突兀的方式增长。

今年，朝鲜局势开始出现重大变化。这一变化仍然充满许多不确定因素，但可以肯定的是，它足以引起国际关系发生重大改变。

这种变化要求韩国人以新的方式思考许多事情，其中之一就是与中国的关系。朝鲜在整个历史进程中都受到中国巨大的影响，这种影响根据能量传递的平方反比定律，可以看作一个自然规律，即接收到的能量强度与距离的平方成反比。朝鲜在 20 世纪受到其他大国的影响只是因为中国的能量辐射非常弱。

如果这次持续的变革会减少韩国严重依赖美国的借口，那么由于中国再次强大，中国对朝鲜的影响力可能会增加（或恢复）。朝鲜与中国的关系正在成为朝鲜未来走向的重要因素。

许多朝鲜人担心他们国家的主权会受到过于强烈的中国影响力的冲击。但我认为没有理由过分担心。纵观整个历史，朝鲜人已经习惯于"妥协主权"。绝对主权的概念只是刚从西方进口的新事物。正如孟子所说，小国需要智慧以保持其国土主权。恢复"事大字小"的关系是一个值得考虑的选择。

事实上，朝鲜与明朝关系的建立也是一个在恢复的过程。高丽与元朝的关系脱离了传统的以儒家思想为基础的天下系统。作为一个纯粹的中国王朝，明朝有理由想要恢复朝明关系，但显然朝鲜似乎更加渴望恢复这种关系。此中原因还有许多值得思考的地方。

在我看来,朝鲜国王希望与明朝建立一种高度理想化的关系模式,因为他们需要对国家进行根本性的重组,这需要儒家思想的支持。他们想要引入一些诸如土地所有权的公共概念,所以他们需要首先建立公共概念。如果国王只是简单地说"土地是公共的,那么它是我的",许多人会不满意。他们需要一个由中国皇帝支持和认可的协同意识形态。朝鲜领导人希望与明朝保持密切关系,而不仅仅是明朝保证不侵略。他们也希望为国内改革提供道义上的支持。

朝鲜领导人的坚持不懈影响了自洪武之后的明朝皇帝的决定,这一点至关重要。洪武是一个现实主义者,倾向于更多地依靠力量,而不是依靠思想来进行他的统治。他不喜欢仪式,也不喜欢他认为没必要的更密切关系。但是当他的继任者建文(1398—1402年在位)和永乐竞争皇帝时,朝鲜的支持变得至关重要,他们意识到了理想化的天下系统的优点。

假设15世纪的明朝作为天下的领导者为朝鲜的土地所有权的公共概念提供了道义上的支持,那么今天的中国作为世界的领导者可以向其他国家提供什么呢?难道它不能为人类对自然所持有的全新态度提供道义上的支持吗?

未能妥善处理与大自然的关系已成为对人类文明的最严重威胁。以前的所谓世界领袖所拥有的地缘政治条件不适合处理这个问题。与占世界人口1%的岛屿国家英国,或拥有世界人口4%—5%的独立大陆国家美国相比,中国有更好的条件去了解这个问题的严重性。

在过去的几十年里,中国接受了西方现代化模式的工业化。由于规模的原因,工业化的结果比其他区域更明显。有人说,如果中国工业化进一步发展，那么一个地球将远远不够。他们甚至说，如果中国人的平均能源消耗达到美国人的水平，就需要几个地球。

我相信中国领导人很清楚这个问题。虽然中国有许多政策没有反映出这种意识，但随着时间的推移，他们"对自然的关注"越来越突出。关于可再生能源和铁路建设的政策就是很好的例子。总的来说，我对中国领导人对"生态文明"的呼吁充满信心。

尽管人们已意识到生态问题，但还是有并且将会有各种动机忽视它，因此迫切需要国际合作来克服这些动机。如果中国对生态文明的呼吁会激励其他国家关注这一事业，那么他们的反应将反过来削弱中国对生态问题的抵抗。这可以看作是天命的一种做法。

现在回到朝鲜的角色。如果当前的变革会给该地区带来和平，那么许多生态问题将以戏剧性的方式呈现。土地所有权的标准是什么？什么交通方式将占上风？产业将如何分配？随着两个朝鲜的社会和经济一体化的进行，将出现许多问题，单靠双方不能轻易解决。邻居，特别是中国的善意建议可能具有很大的价值。

我看到今天的朝鲜人重新回到早期朝鲜领导人的位置。他们面临着重组国家的任务。朝鲜的理想方向很难由该地区现有的投资利益来决定。因此朝鲜欢迎强大的邻居对正确的理念进行支持。这不是依赖性或独立性的问题。这将是一种相互依存的关系，因为它也将帮助强大的邻居实现生态文明的理念。

在天下秩序中寻找朝鲜王朝

任致均[249]

金基协教授大作读讫,深受启发。金教授的论文提纲挈领地贯穿了高丽、朝鲜王朝与作为大陆政权的宋辽金元明清各朝之间的折冲樽俎,并在史实的基础上高屋建瓴地提出高丽、朝鲜在以中国为中心的天下秩序中的位置。有幸为金教授的演讲稍作评议,在我实为诚惶诚恐。我想就清帝国与朝鲜王朝之间的关系,对金教授的论文稍作补充。

朝鲜王朝时期制作的《混一疆理历代国都之图》《天下古今大总便览图》这样的古地图,体现了一种既接受了中国中心,又从朝鲜内部出发的对天下秩序的构想。[250] 然而一般来说,学界往往认为朝鲜王朝是以中国为中心的天下秩序的被动接受者。无论明清,朝鲜都是作为天下边缘的朝贡国,参与到中国所主导的朝贡体

---

[249]　任致均:威斯康星大学麦迪逊分校历史系博士;研究方向为早期现代的清韩关系。

[250]　裴祐晟:《朝鲜的地图和东亚》,《韩国研究论丛》2009 年第 2 期,第 322—344 页。

系当中来的。讨论朝鲜王朝在中华天下中的自主性与他律性,也是韩国史学界之大端。[251]

金教授文中提到了高丽、朝鲜君臣在国内推行科田制这样的改革时,往往需要借助明朝的认可作为改革正当性的来源。其实,在清朝处理对朝鲜关系时,我们也可以看到这种前现代国际关系中"承认的政治"(politics of recognition)[252]。尤其在满洲兴起,清朝肇建,从后金这样一个部落联盟性质的政体,逐渐转向帝国,创立自己的天下秩序这一过程中,朝鲜对以清朝为中心的天下秩序的承认和参与,可谓举足轻重。[253] 在这一转变的几乎每一个节点上,都有清鲜互动的体现。我们可以看到,清朝从后金时期的部落联盟政体的武力征服与经济掠夺,逐渐转向一个儒家天下式的君临四夷姿态。甚至说,朝鲜作为清朝立国之初唯一的朝贡国先例,在某种程度上形塑了清朝的朝贡制度也不为过。

据《钦定礼部则例》记载:

> 朝鲜即高丽,我国家龙兴东土,效顺最先,奉正朔、修职贡者,二百余年。所贡方物节经奉恩减定,如今例。乾隆八年,遣陪臣等迎驾盛京,高宗纯皇帝御书"式表东藩"匾额以赐之。

---

[251] 李孟衡:《在主体性与他律性之间:战后韩国学界的十七世纪朝鲜对外关系史研究特征与论争》,《台大东亚文化研究》2015 年第 3 期,第 61—100 页。

[252] 莱顿大学的朴世英(Park Saeyoung)教授对此有极精彩的表述。参见 Park Saeyoung, "Me, Myself, and My Hegemony: The Work of Making the Chinese World Order a Reality," *Harvard Journal of Asiatic Studies* 77, no. 1 (2017): 47-72。

[253] 关于清朝初期寻求朝鲜对清的承认,参见桂涛:《"崇德改制"与"丙子之役":朝中交往中的正统性问题》,《清史研究》2017 年第 2 期,第 84—98 页。

乾隆四十三年,遣陪臣迎驾盛京,高宗纯皇帝复御书"东藩绳美"匾额以赐之。嘉庆十年,遣陪臣迎驾盛京,仁宗睿皇帝御书"礼教绥藩"匾额以赐之。道光九年,遣陪臣迎驾盛京,皇上御书"缵服扬休"匾额以赐之[254]。

清朝皇帝给朝贡国赐御书匾额并不常见。朝鲜之外,只有琉球和安南有此殊荣[255]。清帝匾额对琉球和安南的赞誉集中在这两个王国本身。相比之下,赐予朝鲜的匾额,最为强调清鲜之间的宗藩关系。当然,这样的朝贡话语要和两国关系具体的实践区分开来。温骏和(Joshua Van Lieu)在最近的文章中指出,如"式表东藩""礼教绥藩"这样的朝贡话语(tributary discourse),其主要功能是一种表演性的文本。[256]

贡期频率和贡道规划也在在显示出朝鲜在清朝朝贡体系中的特殊性。清朝对朝鲜的市恩,可谓至矣。但是要回答朝鲜何以达到这样的地位,就需要回到其地位形成的具体历史情境中去。

1636年,皇太极改元崇德,建国号大清。由于朝鲜拒绝承认清朝,引发了朝鲜方面称为"丙子胡乱"的战争,在朝鲜国王被围困于南汉山城之后,终于向清投降,史称"丁丑下城"。朝鲜以王公公卿的子弟入质沈阳,被迫"去明国之年号,绝明国之交往",成为清朝

---

[254]　《钦定礼部则例·卷一百七十二·主客清吏司·朝鲜朝贡》。

[255]　见《钦定礼部则例·卷一百七十三·主客清吏司·琉球朝贡》,《钦定礼部则例·卷一百七十三·主客清吏司·安南朝贡》。历代清帝赐给琉球的匾额有:中山世土,辑瑞球阳,永祚瀛壖,海邦济美,海表恭藩,屏翰东南,弼服海隅。赐给安南的有:忠孝守邦,日南世祚,南交屏翰。

[256]　Joshua Van Lieu, "Chosŏn-Qing Tributary Discourse: Transgression, Restoration, and Textual Performativity," *Cross-Currents: East Asian History and Culture Review e-Journal*, no. 27 (June. 2018): 79-112.

所谓"效顺最先"的第一个朝贡国。1636 年的城下之盟还要求,在对明战争之中,清朝有权征调"朝鲜步骑舟师,不得延误军期",清鲜之间还要"相互通婚,以固和好"。这些都是未见于正常状态下的朝贡关系,而独见于清鲜之间以武力胁迫的例外朝贡关系之中。通婚与征兵,体现了清初部落制度下对效忠与联盟的要求。明初,尤其在洪武、永乐两朝,也曾提出与高丽通婚,要求朝鲜进贡处女,是沿袭了蒙元与高丽通婚的做法。[257] 可见各朝代与属国的关系,初期都有承继自上一朝代之处。

　　朝鲜每年向清朝交出巨额的包括布匹与粮食在内的贡物,其本质上是一种惩罚性的经济掠夺,代表着清朝初期部落制度下的经济掠夺方式。照《通文馆志》的记载[258],全海宗估计崇德年间朝鲜贡物的价值约在三十万两。此时由于清朝的生产模式所限,急需大量纸张、布匹,因此这两项是朝鲜贡物中之大端。[259] 后来的顺治、康熙、雍正各朝,为市恩朝鲜,以"朝鲜国世笃悃忱,进贡方物,克殚恭顺"的名分[260],贡物一减再减。反倒是朝鲜,恐怕清朝将岁贡减少当作入侵的口实,常常如旧例入贡。这些超额的贡品往

---

[257]　据《高丽史·卷一三七》载,1388 年 4 月,"李穑等还自京师,宣谕圣旨:'我这里有几个孩儿,恁高丽有根脚好人家女孩儿与将来,叫做亲。'"《朝鲜王朝实录·太宗实录·卷十六》太宗八年十一月十二日丙辰:"永乐六年四月十六日,钦差太监黄俨等官到国,传奉宣谕:'恁去朝鲜国,和国王说,有生得好的女子,选拣几名将来。'"

[258]　崇德四年(1639),朝鲜贡物数额为黄金百两,白银千两,水牛角弓面 200 副,好大纸 1000 卷,好小纸 1500 卷,豹皮 100 张,水獭皮 400 张,鹿皮 100 张,青鼠皮 300 张,茶 1000 包,胡椒 10 斗,苏木 200 斤,好腰刀 26 把,顺刀 20 把,五爪龙纹帘席 4 张,杂彩花席 40 张,白苎布 200 疋,白绵䌷 1500 疋,红绵䌷 250 疋,绿绵䌷 250 疋,各色细木绵 10000 疋,各色细布麻 400 疋,麻布 1400 疋,米 10000 包。

[259]　刘家驹:《清朝初期的中韩关系》,文史哲出版社,1986,第 360—361 页。

[260]　《圣祖仁皇帝实录·卷之一百五十八》康熙三十二年正月二十日。

往被清帝充作下一年的贡物。雍正六年(1728)之后,朝鲜岁贡的
价值大概在八万两左右[261]。贡物的减少,不仅显示了两国朝贡关
系的稳定,也体现了清朝对待属国态度从经济掠夺到"字小以仁"
的转变。到了康熙时期,从属国那里征收的贡物,其经济价值已经
让位于象征臣服的政治意义。对于清朝来说,"天下"的意义也从
部落制度下的征服土地、控制人口与资源,转变为追寻政权普世性
的合法性。

　　崇德七年,明兵部尚书陈新甲派职方郎中马绍愉来与清朝议
和,当时的条陈意见之中,有高鸿中的一条,他说:"若此时他(明
朝)来讲和,查其真伪何如。若果真心讲和,我以诚心许之。就比
朝鲜事例,请封王位、从正朔,此事可讲。若说彼此称帝,他以名分
为重,定是要人要地,此和不必说。"[262]

　　陈寅恪批驳高鸿中的条陈"是诚无耻之尤者矣",认为这种至
苛之论,"渐染中原士大夫夸诞之风习,匪独大言快意,且欲藉此以

---

[261] 朝鲜岁贡的定例降低到好大纸 2000 卷,好小纸 3000 卷,水獭皮 300 张,鹿
　　　皮 100 张,好腰刀 10 把,五爪龙纹帘席 2 张,杂彩花席 20 张,白苎布 200
　　　疋,白绵绸 200 疋,红绵绸 100 疋,绿绵绸 100 疋,各色细木绵 1000 疋,米 40
　　　包。
　　　　　这里还要举出一点,在中国研究之外的英语学界,也有对 tribute 的讨
　　　论,比如 Samir Amin 在 *Eurocentrism* 一书中就发展了贡物生产模式(tributa-
　　　ry model of production)这一分析概念。Eric Wolf 在 *Europe and the People
　　　without History* 一书中也有所涉及。以这一概念为中心的专著还有 John
　　　Haldon 的 *The State and the Tributary Mode of Production*。此外还有 *The Euro-
　　　pean Tributary States of the Ottoman Empire in the Sixteenth and Seventeenth
　　　Centuries* 和 *Tributary Empires in Global History* 二书。然而这些对贡物的讨
　　　论并不能和中国的朝贡体制等同视之。我们需要区分他们所讨论的作为
　　　税收或经济掠夺的贡物,和中国明清的历史情境下作为臣服象征的贡物。
[262] "中研院"历史语言研究所编《明清史料・丙编》第一册,北京图书馆出版
　　　社,2008,第45页。

谄谀新主"。当时明朝虽然衰落,"然究为中华上国,名分尚存,体制仍在。朝鲜前例,岂得遽以相加?"[263] 朝鲜前例虽然未能"遽以相加"于明朝,但仍然给处理对明关系提供了一种可能性。高鸿中与当时的范文程、鲍承先、宁完我等同为早期投效后金的汉人,为清太宗所倚重,他的指划应当是有相当分量的。

明廷的和议终究未成,战争仍然继续。扫灭南明的过程中,清朝为招降南明诸王,提出"自投军前"者,"当释其前罪。与明国诸王一体优待"[264],如能"奉表来归",当遵照当时降清的明朝晋王德王,"待以殊礼,恩赡有加","一体优待。作宾吾家"。[265] 待南方的江浙、闽粤渐次平定,清朝着手构建自己的朝贡体系,于是再次提出"一体优待"。为招抚明朝的朝贡国,顺治皇帝提出:

> 东南海外琉球安南暹罗日本诸国,附近浙闽,有慕义投诚,纳款来朝者,地方官即为奏达。与朝鲜等国一体优待,用普怀柔。[266]

几个月后,清廷再次提出:

---

[263] 《金明馆丛稿二编·高鸿中明清和议条陈残本跋》,第 144 页。

[264] 《世祖章皇帝实录·卷之十》顺治元年十月二十四日:"天命。爰整六师。问罪征讨。凡各处文武官员、率先以城池地方投顺者。论功大小各陞一级。抗命不服者本身受戮妻子为俘。若福王悔悟前非自投军前。当释其前罪。与明国诸王一体优待。"

[265] 《世祖章皇帝实录·卷之十七》顺治二年六月二十八日:"国家遇明朝子孙、素从优厚。如晋德两藩皆待以殊礼。恩赡有加。今江西益淮等府、湖广惠桂等府、四川蜀府、广西靖江府各王、果能审知天命。奉表来归。当一体优待。作宾吾家。"

[266] 《世祖章皇帝实录·卷之三十》顺治四年二月十二日。

南海诸国，暹罗安南附近广地，明初皆遣使朝贡，各国有能倾心向化、称臣入贡者，朝廷一矢不加，与朝鲜一体优待。贡使往来，悉从正道，直达京师，以示怀柔。[267]

在清帝谕旨和高鸿中条陈里，我们可以约略窥得，在时人的意识当中，处置对明和议、招降明室宗亲、招抚朝贡诸国的时候，历10余年交涉，先结兄弟之盟，经两次征伐（1627，1636），终成藩屏属国的朝鲜王朝，就成了清帝奠定天下秩序、创建朝贡关系时所援引的先例。朝鲜的双重意义在于，它不仅是中原王朝天下的边缘，同时还作为先例与典型，进入构建中原天下秩序（清与明的争天下）的内部。清朝从部族政权转变为普世天下的过程中，不仅从朝鲜王朝那里获取了巨额的掠夺性、惩罚性贡物，在物质之外，"朝鲜前例"更是一种形塑了清初外交与统治的经验。

清朝对朝贡体制的打造，一方面继承明朝制度，譬如崇德二年，与朝鲜签订的《丁丑约条》当中，清帝就要求"其万寿节及中宫千秋、皇太子千秋、冬至、元旦及庆吊等事，俱行贡献之礼，并遣大臣及内官奉表，其所进往来之表及朕降诏敕，或有事遣使传谕，尔与使臣相见之礼、及尔陪臣谒见并迎送馈使之礼，毋违明国旧例"[268]。而另一方面，也有因清朝不熟悉前朝典制，而与朝鲜交涉商讨的情形。譬如康熙八年访问北京的朝鲜正使闵鼎重，就在他的《老峰燕行录》留下如下记录：

壬辰，主客司郎中清人一员持《大明会典》来问，《会典》中

---

[267]　《世祖章皇帝实录·卷之三十三》顺治四年七月二十五日。
[268]　《太宗文皇帝实录·卷之三十三》崇德二年正月二十八日。

有种马,每三年五十匹,近有加贡不在种马之数之文,此是何
年间事耶?贡马加数一欵,难于为说。泛引丽末国初事,令译
官答之曰:洪武初年,大明太祖致怒东国之不绝元,特增贡马
之数。其后我朝至诚事大,且知素不产马,并与种马而蠲减
矣。郎中颔之有喜色而去。令译官探来问之由,则牙译等对
以清主见我国文书,令户礼两部考出太宗世祖所减几何,明朝
纳贡之数亦几何。礼部欲知故事,故来问云云矣。[269]

康熙八年距离崇德二年清鲜朝贡关系的建立,已经过去 30 余
年。但是朝贡关系中贡物的增减,仍在交涉与形成之中。形成之
过程,正是《大明会典》这样的制度记录、具体的朝贡实践和当时的
交涉商讨这三个不同层面上彼此渗透与影响的结果。

前面引述了一段《老峰燕行录》中的材料,我想简要谈谈《燕行
录》。从崇德二年(1637)到光绪二十年(1894)的 258 年间,朝鲜燕
行使们每年数次往来于汉城与燕京之间,不绝于道,甚至有前往北
京的使臣与返回汉城的使臣擦肩而过的情形。使臣与随行的子弟
军官们积累了大量对清朝的观察,他们层层累积的书写经验,构成
了与清代帝国叙述平行的对历史和空间的叙述,也从侧面构建了
清朝的天下秩序。

明清两朝的地理知识生产,官方的努力体现在地方志、一统志
的修订编纂,以及《皇舆全览图》《乾隆内府舆图》和《大清万年一
统天下全图》的绘制上;文人士人则以游记和舆地研究的方式生产
地理知识。此外还有以商业利益为驱动而出版的《天下路程图引》

---

[269]   《韩国汉文燕行文献选编》,第 251 页。

《客商一览醒迷》《舟车所至》《周行备览》之类的旅行指南。这些由上而下、从帝国到民间的地理叙述,勾勒出清朝天下地缘政治上的疆界与脉络。

　　由于朝贡制度对贡道的规定,朝鲜燕行使的旅行限于东北和华北,几乎无可能亲历清朝的全部疆土(即地理意义上的天下)。因此,他们对清朝天下的叙述是基于实际的旅行经验与历史的文化想象(比如以历史知识为基础的对江南的想象)。这种有限的、不完整的经验,使得燕行使的叙述有别并且平行于朝廷、士人与商贾所叙述的清朝天下。借用威斯康星大学教授通猜·威尼差恭(Thongchai Winichakul)的概念,《燕行录》也正是图绘着清朝地缘机体(imperial geo-body)的一种地缘叙述(geo-narrative)。

　　在提供了一种有别并且平行的叙述之外,《燕行录》还展示了清鲜关系中的紧张和“有系统的违心”。1636 年,朝鲜受城下之盟的武力胁迫,虽然加入了清朝的天下秩序,然而在朝鲜王朝内部却一直以臣服“胡虏”为耻,也因此愈加尊崇一个被理想化了的大明。虽然 258 年间,清朝以朝鲜“列在外藩,勤修职贡”而不断“恩赉便蕃,叠加优厚”[270],朝鲜方面在官方往来、邦交礼仪和贡物呈递上也极力表现出“最为恭顺”的“事大至诚”[271],然而朝鲜对清朝的鄙夷和仇视并未消失。崇德、顺治时期,朝鲜内部以宋时烈为首的两班士人公开讨论为明复仇,北伐清朝。到了乾隆朝,即便是崇尚北学清朝的朴趾源,在赞美清朝的发达之后,也不免谈到了当时在朝鲜士人之间颇为流行的对清朝的蔑视:

---

[270]　《高宗纯皇帝实录·卷之一千一百八十六》乾隆四十八年八月六日。
[271]　《太宗文皇帝实录·卷之五十六》崇德六年六月三日。

> 皇帝也薙发,将相大臣、百执事也薙发,士庶人也薙发。
> 虽功德侔殷周,富强迈秦汉,自生民以来,未有薙发之天子也。
> 虽有陆陇其、李光地之学问,魏禧、汪琬、王士禛之文章,顾炎
> 武、朱彝尊之博识,一薙发则胡虏也,胡虏则犬羊也,吾于犬羊
> 也何观焉?[272]

其他朝鲜使臣留下的《燕行录》,因其私人记述的性质,避讳较少,其中朝鲜士人对清朝的牢骚、仇视、挑衅,更是不可胜数。朝鲜的参与朝贡、遵从礼制,名义上的"事大以诚",可以视为一种"有系统的违心"(organized hypocrisy)。

斯蒂芬·克拉斯纳(Stephen D. Krasner)在提出"有系统的违心"这一概念时,明确地表示,任何国际秩序都有一套规范参与者行为的准则。国际秩序的参与者为了最大化自身利益、回应自身内部的特殊条件、处理各种特定情形,而常常在不否定这套行为准则合法性的同时,违反准则当中所规定的实践。[273] 在前现代清鲜关系的历史情境下,朝贡、事大以诚、字小以仁、怀柔远人等,都是这一我们现在称之为"天下"的国际秩序之中的理念准则。而朝鲜实际的对清态度,似乎倒置了"有系统的违心"这一概念。一方面,朝鲜在贡物、贺表、使节往来等层面上,完全恪守朝贡制度,遵循了"天下"原则所规定的具体实践,也因此常常被清帝赞誉为"朝鲜国世笃悃忱,进贡方物,克殚恭顺";另一方面,朝鲜内部在1636年的"丁丑胡乱"之后已经开始质疑,甚至是抛弃了一个由清朝主导的

---

[272]　朴趾源:《热河日记》。

[273]　Stephen D. Krasner, "Organized Hypocrisy in Nineteenth-Century East Asia," *International Relations of the Asia-Pacific* 1 (2001): 173-197.

"天下",因为"神州陆沉""天下腥膻"[274]。朝鲜"有系统的违心",是在遵守着具体实践的同时,否定了规范这些实践的原则。

　　随着资本的全球流动和资本主义的全球化,金融危机、资源危机和环境危机也在全球化。为应对全球化的危机,我们的解决办法往往是回到民族国家的起点和立场,也因此强化了民族国家和以民族国家为中心的市场。"有系统的违心"并不能仅被理解为其字面体现的"虚伪""伪善"这样的负面意义。如果我们把这一概念和金教授提出的"和而不同"结合起来看,"和"体现着一种共同遵守的超越原则(commonly abided transcending principles),而"不同"则表现着"有系统的违心",是在不挑战、不否定超越原则的同时,因时因地形成的具体实践。思考国际秩序与民族国家之间的协调时,也许古代东亚的"和而不同"和作为前现代国际政治的朝贡体系,能给我们现代的当下提出一点启示。

结　　语

　　在与明朝争夺天下的过程中,满洲领袖常有"天下非一人之天下"的说辞,譬如天命七年四月十七日,金致书明军守将:"我汗公正,蒙天眷佑,其南京、北京、汴京,原非一人独据之地,乃诸申、汉人轮换居住之地也。"[275] 金国汗致袁崇焕书中说:"天下者非一人之天下,天下乃天下人之天下也,天与谁人,即是其人之地。"[276] 天

---

[274] 葛兆光:《渐行渐远——清代中叶朝鲜、日本与中国的陌生感》,《书城》2004年第9期,第46—50页。

[275] 中国第一历史档案馆、中国社会科学院历史所译注《满文老档》,中华书局,1990,第378页。

[276] "中研院"历史语言研究所编《明清史料·丙编》第一册,第6页。

聪九年五月二十日，"天下非一人之天下，必有德者乃定天下，称有德者为天子矣"[277]。

同样，清朝所建构的天下秩序与朝贡制度，也并非清朝单方面的"一人之天下"。朝鲜王朝时期，被迫转向清朝，清朝在构建朝贡体系过程中常以朝鲜为首位。如果说朝贡体系是天下观在制度上的具体体现，那么朝鲜王朝在清朝的天下秩序中就首当其冲。通过清朝初期与朝鲜的交涉，和后期燕行使对清朝的观察与叙述，朝鲜王朝也参与了清朝天下秩序的构建。新清史修正了汉中心史观的南北取向，提出我们审视清朝的目光应当西移，关注内亚。在考量清朝构建天下秩序和朝贡制度的时候，我们似乎也需要东顾，使讨论及于朝鲜，观察朝鲜王朝在天下秩序与朝贡制度构建过程中的形塑作用。

---

[277]　中国第一历史档案馆编《清初内国史院满文档案译编》上册，光明日报出版社，1989，第 167 页。

天下作为政体：兼论"中国转向"[278]

甘怀真[279]

一、前　　言

在"戊戌变法"120 年后的今天重新回顾近代中国的民族国家的形成史，我们发现中国的民族国家建构是既早又顺利，即使其过程不是和平的。民族国家的运动可推到 19 世纪 30 年代的欧洲。中国与日本在约 1850 年即赶上这股风潮，列名世界史上第一波推

---

[278] 本文的史料与论证主要根据笔者以下几篇论文。甘怀真：《从天下到地上：天下学说与东亚国际关系的检讨》，《台大东亚文化研究》2018 年第 5 期；《从册封体制看汉魏的国际关系》，载吴玉山编《中国再起：一个历史与国关的对话》，台湾大学出版中心，2018；《拓跋国家与天可汗唐代中国概念的再考察》，载张昆将编《东亚视域中的"中华"概念》，台湾大学人文社会高等研究院，2017；《化之内外与古代中国的内外》，宣读于"思想与方法变动的秩序，交错的文明：历史中国的内与外国际高端对话暨学术论坛"，北京师范大学，2016 年 10 月；《魏晋南北朝时期的胡族国家政体》，跨越想象的边界：族群、礼法、社会·中国史国际学术研讨会论文，台湾师范大学，2018。

[279] 甘怀真：台湾大学历史系教授；主要研究方向为中国中古史、东亚古代政治史与礼制。

行民族国家政体的国家。1870 年以后中国即开始采行"万国公法",1912 年民国成立。"西方挑战"是清楚的事实,但我们有理由相信传统中国的皇帝制度提供了可转换的资源。这个资源肯定是"天下国家",而相关研究正待展开。

长期以来我们在辩论历史中国是帝国(empire)还是民族国家(nation-state),这是有意义的学术课题。然而,历史中国既不是帝国也不是民族国家。一方面,历史中国经常是由多元与复数地域政权所组成,此性质接近我们所说的帝国;另一方面,若从高度成熟的官僚制及一元的政治系统的事实立论,传统中国是国家(state)。今天的帝国学说中也认为有一类帝国可以视为国家,历史中国是属于这一类。我们应视民族(nation)为 19 世纪以来对于一种理想政体的定义,它期待一个国家(state)之人民有政治意识与文化表现上的一体性。早期的民族主义将此一体性诉诸人群的客观生物性,后期的民族主义则强调主观的认同。20 世纪以来,历史中国的政体转换为民族,整体而言是成功的,我们有理由相信事出有因,即历史中国提供了近代中国作为一个民族的资源。我们可以推测这个资源是天下制度。

二、"天下国家"的演变

"天下"一词自其始就不等于今天我们所说的全世界。天下是一个限定的政治空间,天下是天之下,此天不是物理的天,而是上帝,天下即天(上帝)所监临的人间。若天下的内部是人(民),其外部则是非人或异人。非人的领域是作为天下之主的天子所不用治理的。从记录上来看,这样的天下成立在公元前 11 世纪后期的西周时代,周文王、周武王与周公是主要贡献者。周王权所创造的天下政体是通过宗教机制而使"天—天子—民"成为一体,其关键概念是民。天下政体是通过天子治天下而使民成为一体。虽然另一方面,天下之民其实分属于不同的地域与政团,即分属于天下之中的"国"与"家"。此时期的所谓家是指由君臣所组成的政团。复数的家组成国,其中一家的君主成为国君,其家也升格为"国家"。古代史料中所出现的国家有广狭二义:狭义指以国君为首的中央政府,或说是朝廷;广义是国君通过官僚制所治理的全境。

这样的"国家"建构是公元前 8 世纪以后的主要政治现象,我也称之为大国运动,其演变是约 400 年后的"战国七雄"的出现,即中国大地上出现了秦、魏、韩、赵、燕、齐、楚等七雄之国,再加上吴、越、宋与中山国。自公元前 7 世纪开始的"春秋五霸"是大国联盟的结果。此新的大国并立的结构所产生的霸者如齐桓公、晋文公是以"战争王"作为诸大国的共主。此大国联盟提出了"尊王攘夷"的政策。"尊王"是共同承认周王作为"祭祀王"而为此联盟诸国的最高首长即天子,且霸者的权力也来自周王;"攘夷"则是因应东亚从这个时期开始的经济变动,农与牧两大经济形态与人群成立,霸者政权所代表的农业的中国王权,于是视非农民为异类,将之称为蛮夷戎狄。霸者政治让我们看到二个趋势:一是大国的自立性与自立权;二是诸大国利用了周王权的天下制度以宣告诸大国共构了一个政治单位,即天下。霸者政治的阶段可说是天下政体的确立期。

至公元前 5 世纪以后的战国期,诸大国更进一步宣告其自立性,也伴随对于邻国的征服。公元前 4 世纪中期以后,以"战国七雄"为代表的国君纷纷称王,进而有称帝者。这是史无前例的政治状态,于是各国的学者创造各自学说以说明该国的君主如何可能是天下的最高首长。这些学说是战国诸子百家学说的主要内容,它们所运用的共同理论是"天下国家",即诸"家"共构一"国",诸"国"共构一个"天下"。我们观察出两个力量的拉扯,一是大国的自立与自主,二是学者希望诸国能在一个天下的架构内。经历了霸者政治的约300年运作,天下已是一个客观的制度被传承下来。现实的政治是诸国兼并,但理想家却是想重建"一个天下"。于是学者安排了"天下—国—家"的理想政治秩序。

孟子在公元前3世纪前期被梁襄王问及"天下恶乎定",孟子回:"定于一。"(《孟子·梁惠王》)此"一"不是预言其后秦始皇政权的出现,而是孟子理想中的"一个天下",即他设想的"天下国家"制度。"天下国家"是包含孟子在内的许多战国学者的理想政治形态。扼要言之,此说主张天下由诸国所共构,国又由诸家所共构。一方面国与家是自立与自主的政治单位;另一方面又依爵制建立一元的身份秩序,由天子经诸侯、大夫、士以至庶民。诸国的政治地位有高低而取决于其国君的爵级。天子由诸国中的一国君主担任,理由是该君主受天命,天子治天下。我们可以将此称为封建制的天下。

这样的"天下国家"只是理念,有时作为制度与规范,但不等同于现实。战国结束于秦始皇。秦始皇政权的性质是一"国家"征服了其他大国。它宣称"并天下",但在"六王毕,四海一"的领域内实施郡县制。秦始皇政权仍宣告它所治理的政治空间为天下,此新的天下是"一家天下",即由秦始皇的"国家"所支配的天下,其他的国与家皆被消灭而转换成依官僚制原理所运作的郡县制。

刘邦创建的汉也继承了秦始皇体制,即宣告它所治理的政治领域是天下并实施郡县制。只是刘邦的汉也同时延续了项羽所主导的诸王国并立体制，故关东地区普遍存在大小封建之国。此即学者所说的郡国制。即使如此，汉的天子体制仍不同于战国诸子百家学说中的"天下国家"，汉天下由"一家"所治理，即"汉家"，亦即汉"国家"，再以官僚制在各地方设置地方政府之郡县。

公元前1世纪以后，儒教运动兴起。这是一批儒者想依据战国以来的"天下国家"学说再造汉。此运动尤其表现在公元79年的白虎观经学会议的结论，从目前可见的《白虎通义》来看，汉朝中的一派官员是要建构封建式的天下。在理念上他们获胜了，但实际上郡县制的天下并未改变。汉从未改革郡县原理，仍坚守"天子/皇帝—官—民"体制。2世纪以后从羌乱开始，汉陷入大规模的战乱，已经不可能进行改革。

但历史的现实又造成"天下国家"体制的复活。汉魏晋的500年政治史的另一演变是大国运动再起。秦汉终结了战国的大国，将之转化为郡县，但因应地域社会的变化，尤其是郡之上的州的成立，州的机制复活了战国的大国，如幽州之于燕国，并州之于赵国，荆州之于楚国，扬州之于吴国，交州之于越国等。一些州郡政府虽仍受郡县制规范，但俨然是具有自立性与自主权的大国。这种政治现实使得儒家"天下国家"理论成为政治的指导原则。

三、"中国—四夷"与"武的天下"

汉代天下政体的难题不只在其内部，更在其外部。在汉武帝以前，汉继承秦的"一家天下"的政策，以郡县的区域为天下，对于原郡县域外的人群或政权采取征服后编制为郡县的政策，这种做法被称为"置郡"。典型的表现是公元前 108 年消灭卫氏朝鲜后设置乐浪等四郡，以及约同时期的经略"西南夷"而在云贵地区设郡。从秦皇到汉武的约 150 年间，作为天下的郡县领域不断扩大。汉武帝之后，郡县扩张的政策被修正，代之而起的是儒教的天下政体中的"中国—四夷"制度。汉朝廷借由对战国经典的诠释，将原郡县区域定义为中国，其外部则为四夷，汉天子所治的天下包括内中国与外四夷。在西汉后期的公元前 1 世纪，汉将这类四夷政权依郡国制编为郡下的县级侯国。因为作为封建之国，四夷政权可以拥有更大的自主性，如以其君主为县侯且可以世袭。

又至公元 1 世纪，汉光武帝宣布"省边郡"，即正式停止"置郡"，四夷政权改为属国而隶属于郡。这类四夷政权被划出郡县领域之外。"自主的属国"是我们对于四夷政权的认识。作为中国的属国表现在册封，即中国皇帝将中国官职授予外夷君长，于是中国首长（皇帝、郡太守等）与外夷君长间存在君臣关系。目前可知的史料中留下了东汉四夷君长的爵制，其君长依大小为"国王、率众王、归义侯、邑君、邑长"。此类属国可以大到一个国或小到一个邑，其君长称王、侯、君、长。

相对于汉朝所实施的"省边郡"，边境之州郡却更积极向外拓展。这是此后中国历史的二元发展，一是内向性的天下，二是外向性的国家，二者之间有所矛盾。在这个时期，幽州向辽（辽宁省与吉林省部分）、并州向代（山西省北部与蒙古草原南部）、益州向云贵高原、交州向越南中部、荆州向岭南、扬州向海外拓展，等等。东汉末年以辽东为基地的公孙氏燕国政权的出现就是大国运动的结果，此燕国的势力范围包括了朝鲜半岛与日本部分地区。相对于汉朝廷的四夷属国政策，州政府更大程度与其境内外的外夷（胡人）政团合作。举例而言，1世纪以后匈奴徙入山西省的并州，以属国的性质存在，却在长时段中逐渐被整合入并州政府。2世纪以后，大量鲜卑人迁入塞北与华北。若从汉天下的角度，这应视为外夷入侵，实际上却被幽州、并州等州政府接纳。

汉的"中国—四夷"政策设定了固定的人群疆界，中国人居住于郡县区域，而外夷在郡县的外部。但这断非实情。近年来中国史研究的一大进展是让我们了解了在漫长的历史中，多样与复数的族群移动、定居于中国的内外。汉魏西晋的500年更不是例外。最明显的现象如塞外的匈奴、鲜卑移入塞北、华北，华北西部的氐、羌也在汉郡县间扩散。汉朝为应付这种现象，将这类人定义为外夷，再以"内附"与"内属"解释这类人群为什么居住在郡县领域，并将之编为四夷属国。

2世纪以后，以羌乱为起点，中国陷入动乱。作为天下政权的汉的确逐渐衰弱，而诸州的自主性增大与势力的扩张。在这个过程中，天下的整合逐渐借由武的原理。州郡政府转型成为军府，军府是由府主与其僚佐借由君臣关系结合而成的官僚机构。相应原"天下国家"中的天下是以宗教性的爵制为媒介的"文的天下"，由军府网络所建构的政治空间可以被称为"武的天下"。对于当时的人而言，这也不是史无前例，可追溯到先秦的霸者体制。只是汉皇帝在经历了公元前1世纪以来的儒教运动，已是一位祭祀王的天子，无法执行战争王的霸者职能。这将是天下政体面临的深刻问题。

东汉末年曾扮演战争王角色的是汉丞相曹操，丞相府也成为军府体系的最上层。曹操"挟天子以令诸侯"并不只是政治斗争的结果，而是新的"帝/霸王"二元体制。这种"武的天下"体制贯穿其后的魏晋南北朝。历史的现实是地域社会的政团以军府控制了当地,其自立与自主性使"天下分裂"。另一方面,都督等军职建构另一套官僚制的系统,而这一套军职的官僚制使一个天下仍存在,即使是"武的天下"。在东汉魏晋南北朝时期,军府是一个"家",即君臣团体,将军是此"家"的君主。军府体系就是这种"家"的重层连结,而其媒介是府主(将军)间的君臣关系,由此再建构"天下—国—家"。

四、胡族国家运动与天下

汉天下体制的主要裂痕是由其境内的四夷政团所造成的。如前述,在汉魏西晋的 500 年间,外夷一波一波进入中国,而朝廷依"中国—四夷"政策将这类人群编入四夷属国,而非郡县所辖的编户之民。过去我们以江统《徙戎论》为根据,从基层社会的胡汉冲突思考"五胡乱华"的成因,其实我们是被江统所代表的朝廷言说所误导。在三四世纪之交,华北充满了"戎狄"当然是事实,胡汉冲突也是事实,但冲突的主轴不在基层社会的二类人,而是强势的胡人政团成功整合了基层社会的胡汉而与晋官方冲突。一些州政府甚至与这些胡人政团协力以追求其自立性。江统所担心的是胡人政团整合了基层社会,甚至控制了州政府,进而使州有了进一步对抗朝廷的能力,而不是胡汉冲突。

江统所担心的事真的发生了。首先掀起"五胡乱华"的是刘渊所率领的匈奴,这些匈奴人移入山西已历 250 年。若套用"天下—国—家"的观点,匈奴的诸政团已是并州之"国"下的一个"家"。至 3 世纪,中国王权开始修正其四夷政策,利用武的天下的原理将外夷君长纳入中国的官僚组织中，具体做法是授予外夷君长军府首长之职与将军号。刘渊就获晋任命为匈奴五部大都督、建威将军，我们可以说刘渊是并州的官员。刘渊的起事始于他与他的长官并州刺史刘琨之间的战争。当他击败并州刘琨后，有两个选择：一是脱离晋而建立自立性的匈奴国，所谓"复呼韩邪之业"；二是建立"中国"。刘渊选择了后者。

所谓建"中国"，是指他所领导的匈奴政团在夺取并州后，在此建立汉国以及其后的赵国，其首长称国王。然后再进一步依魏晋革命的模式，其首长之赵国国王宣称有天命而晋升为皇帝/天子。在此之前，汉以来改朝换代已发生二次了，但胡人依天下制度而宣称是中国天子却是头一遭，这是中国历史的里程碑。其后在胡族建国的浪潮中，在幽州的鲜卑慕容部宣布建立燕国，其首长也由燕国王再升为皇帝。在关陇的雍州、秦州之地的氐族首长苻氏据以建立秦国，后也称皇帝。依汉的天下制度，胡族国家作为外夷之国本来就是天下的一部分。而此时期胡族国家建国运动的特色是建立"中国"。"五胡乱华"并未使"中国"消失，只是复数的胡族国家建立了复数的"中国"。这也是史书中所说的"天下分裂"。

天下作为一个政治世界是官的领域，可以区分为三个层次：一是中国官职，如郡县（州郡）长官与爵；二是天下官职，包括中国与四夷，如将军号、军府长官（都督），而其特色是透过这套官僚系统打破原中国与四夷的界限而连成一个政治网络；三是天下之外的政团，其首长的官名则以音译的方式呈现，如《三国志·东夷传》可见的倭国之伊支马与韩国之臣智。东汉的四夷君长爵制就是将第一类的中国官职之爵位如国王、归义侯赐予四夷君长，并说"比郡县"，于是这些外夷君长成为"内附"的中国官员。2世纪以后，汉朝廷开始将天下官职之将军号、军府长官授予外夷首长。"五胡乱华"之后,晋朝廷更将中国官职如内爵(国王、郡王等)、刺史授予外夷首长,以示他们是中国官员。另一方面,胡人建国者也自称中国官员,如国王、刺史,也自封将军、都督等天下官职。以苻秦为例说明,该国的建立者是居于关中西部的氐人首长苻洪。苻洪先投靠匈奴政团所建立的前赵,其后又受东晋穆帝册封将军号、都督、刺史与内爵。借由这些经历,苻洪取得了立"家"的资格,从一外夷政团转变成中国之家。苻洪再以此为基础建"国",国号为秦,爵号为王。其后其子苻健再宣告由王升为皇帝。也一如在此之前的胡族国家,苻氏所建之国也是"中国"。所谓"中国",其国名须承袭春秋、战国的大国之名,如燕、秦、赵,南朝国家则有宋、齐之名等。这些作为"中国"的胡族国家的位阶则由其君主的官位决定,如皇帝、天王与王等。

于是"天下分裂"的另一面却是"中国"的扩大,虽然此时的"中国"是复数的。"五胡十六国"的范围越出了原汉天下,如燕国向辽(今辽宁省),秦国向青海河湟谷地、河套以北,凉国向新疆东部扩展等。

这些复数的"中国"建构了新形态的天下。我们应将此新天下视为东亚的国际社会。在这个历史阶段,一套天下制度就是当时的国际法。依近代的国际法,国家的合法性在于对内拥有主权与对外有平等的邦交国,相对于此,天下制度则是要求建国者先取得中国官职或中国天下的官职,其官僚机构实施汉文行政,再依"家—国—天下"的进程建立政权。该国的正当性与地位取决于其君长的官职。

这个时期有两种类型的胡族国家建国。第一类是原西晋郡县领域内的胡族政团从外夷属国转变为"中国"，也有学者说是"外臣之内臣化"。第二类是原郡县领域外的胡族国家，拓跋魏是代表。在4世纪开始胡族建国的潮流中，拓跋不同于那些南向建立"中国"的胡族，而是重建塞北与塞外的匈奴政权。到4世纪后期，随着胡族之中国所共构的新天下的扩大，拓跋面临此国际社会的强大压力。383年淝水之战后，中国北方再度陷入胡族建国运动的狂潮。在约10年间有后燕、西燕、后秦、西秦、后凉等政权的成立。90年代后期起有南燕、南凉、北凉、西凉的建国，拓跋的建国也是其一。在这股建国运动中，我们看到许多边境上的胡人政权依例使用了中国的大国国名，如燕、秦、凉等。我们可以将胡人建国运动想象成波纹式的发生，这股浪潮也打到了位在山西北部、内蒙古南部的拓跋。《魏书》记载了一段拓跋与慕容燕外交上的故事。拓跋珪命拓跋仪与后燕交涉，后燕君主慕容垂视拓跋为其下国，故质疑为什么拓跋珪不亲自来朝。拓跋仪的说辞是，拓跋的祖先曾受晋正朔，得代王之爵，因此与燕是兄弟之国。这段话反映了在拓跋珪时代，因为需与华北诸国交涉，在国际关系的压力下，拓跋政权为求国际地位而诉诸历史上拓跋君长曾受中国（晋）天子册封为王，故其国与后燕不是上下国关系，而是平行的"兄弟"关系。386年拓跋珪即拓跋君长之位，并称其国为魏，一如匈奴君长刘渊在约80年前建汉国，我称之为"中国转向"，即胡族国家为求加入作为国际社会的天下，而将自国转型为"中国"。

倭与新罗可以代表第三类的建国。这类东亚的国家既要作为天下内的一国，但又不是中国，其方法则是受中国天子册封。在5世纪，位在日本京都、奈良的大和王权成立，纪录中有"倭五王"受册封的史实。其中倭王珍在438年遣使向南朝宋文帝朝贡，自称

"使持节、都督倭、百济、新罗,任那、秦韩、慕韩六国诸军事、安东大
将军、倭国王"。可值得注意的是,这个自称中没有刺史衔与内爵,
却有在地王爵之倭国王,表示此国不是中国,但以军府首长(都督
诸军事)、将军号与在地王爵(倭国王)之名义加入中国天下,其君
长为中国天子(宋国天子)之臣,而成为此天下的成员国。新罗则
成立于3世纪后期,经历4世纪朝鲜半岛与日本列岛的建国历程,
及随之而来的天下扩张,新罗也不得不加入这个作为国际社会的
天下,方式之一就是拥有汉字的国名(新罗)与君主官名(王)。从
文献所示,新罗受中国君主册封仅见一例,来自北齐,其官职是使
持节、东夷校尉、乐浪郡公、新罗王。综合判断可推定,新罗一直是
一非中国的自立之国,其君长也不是中国官员,但自我主张其国在
天下之内。

五、唐之化内人与化外人

618年唐朝成立,东亚再度进入一个大帝国的阶段。在"五胡
乱华"300年间,由于胡族国家在华北,以及东晋南朝在华南的经
营,汉天下成为复数的中国,再演变为一个唐国,即一个中国。

汉的天下分中国与四夷,中国人属郡县治理,四夷归各自的外
夷属国,郡县领域内部之人民分中国人与四夷之人。汉在后期就
想要改变这种人民分二元的体制。如前述,2世纪以后,汉朝授予
四夷属国君长以军府长官的头衔,开始将四夷属国纳入以中国为
中心的天下,州郡长官可以透过军府系统间接治理外夷之人。3世
纪以后,州刺史开始直接兼任该州的监督外夷长官之职,这使州内
的胡汉之民皆归刺史管理。我们不知道若没有"五胡乱华",这套

汉的"中国—四夷"制度是否会自己发生变化，无论如何历史没有给机会。自刘渊开始的胡族建国运动所遇到的历史抉择是要将已在中国境内的胡人带往自建其国之路，或是胡汉之人共建"中国"。刘渊选择了后者，其后的胡族建国者都选了后者。因此，除了少数的"部落"外，基层社会的胡汉之民皆编为郡县所辖之民，即由一套户籍制度管理。借由胡族建国运动，一方面郡县支配权落入胡人手里，另一方面全民皆由郡县机构管理，用另一种说法就是不分胡汉之民都成为中国的公民。若我们说中国在 3 至 6 世纪完成郡县领域内的胡汉一体化，反而是因为胡族国家的运动。是胡族国家在制度上取消了郡县区域内的华夷之别，从而促成了境内人民的一体化。

其结果表现在唐代的"化内人"与"化外人"制度。化之内外制度是总结了五胡十六国南北朝的演变，而对汉的"中国—四夷"制度做出革命。人群分类由中国与四夷改为"化内人"与"化外人"。化之理论来自儒学无疑，但化之内外作为人群区分的法律制度（唐以后的律令），是以户籍决定"国内人"与"外国人"。"国内"即"中国"，当时也称"唐国"，亦即郡县（州县）区域的全境。虽然"化"之说仍保留了华夷之别的味道，但法律条文却规定郡县领域就是"化内""国内"，且郡县内之人无华夷、胡汉之别，皆为编户之民，皆为"化内人"。所以"化内人"与"化外人"之别，在法制上是有无户籍之别。于 8 世纪初年出生于营州（今辽宁朝阳市）的安禄山，虽然其父为粟特人，母为突厥人，仍是"化内人"即中国人。在《徙戎论》中，江统说华北存在大量的胡人，其后胡族建国运动展开，我们推想胡人在人口中的比例不会减少，但他们都成为"化内人"即中国人。

唐代以后,"本国相对外国"的概念成立是另一值得观察的现象。外国一说自古即有,天下本来就是诸国并立,自国以外就是外国。而唐以后所谓外国,是以唐所辖郡县(州县)全境为一国,此一国(唐国、中国)以外之国即外国。此变化反映在 14 世纪前期编成的《宋史》设《外国传》,这有别于之前的正史设四夷传。"天下国家"之说在此之后仍是中国各朝代的政治原理,但天下成为泛泛之说,中国成为一个"国家",其域外是外国。天下这一词就其政治空间而言已等同于国家,即中国。在中国的语境,天下等于中国。

若要区分天下与国家,17 世纪学者顾炎武的经典名言:"保国者,其君其臣,肉食者谋之。保天下者,匹夫之贱与有责焉耳矣"(《日知录·正始》)可供探讨。国(家)与天下的区别在于前者是君臣的组成,即官的世界;而天下是民的世界,包含"匹夫之贱"。由此可知在此语境中,国家与天下同指一个政治空间即中国,只是一官一民,而天下是指天下之民。

六、代结语:认同与认异

将近代中国政体的转换说成是"从天下到国家",这个提法不至有误,但我们有必要重新理解何为天下。我们有必要批判 20 世纪的天下学说想象前近代的天下是一个西方式的帝国,故过度强调了中国如何利用册封与朝贡而拥有属国。三千年的天下制度自有其变化,本文只触及了一面,不明之处甚多,但可推知宋以后天下即中国。所谓"天下国家"重在说明中国自身的政治结构,一方面"国家"标示了一元的官僚组织,而"天下"则是一元政治系统中的民。明清时期公文书中的所谓"颁行天下",此天下不是指政治空间超过中国，而是朝廷所发的公文要经"国家"之官下行到"天下"之民。

因此，我们再次思考何为"从天下到国家"，以及天下提供了什么资源以转换为国家。前近代的"国家"的确成功转换为近代型的国家（state），而"天下"也转换为民族（nation）。就后者而言，就是天下之民转换为国民。传统天下与近代国家的关键改变在于国民的诞生。国民的课题早为学者所重视，已有很多好的研究。其中一说是从"臣民"转换成"国民"。这样的意象其实是不对的。就历史事实而言，民与臣是两种不同的政治身份。史料中的"臣民"是指臣与民，或可以说是官与民。臣作为身份的重点在于"君臣同体""与国同体"所要表达的一体感，在历史中国能有这种身份感的是官。官或臣是在"国家"之内部，而民不具有与君、国的一体性，他们在"国家"的外部。20世纪初期国民革命文宣所说的中国人民"一盘散沙"是很传神的说明，但这盘散沙却又是装在天下的容器内。将天下之民转换为国民是将原"国家"外部之民纳入近代国家之内部，民族主义的认同与近代政党组织都提供了方法。

关于现代中国的认同与政党研究已有诸多杰作，未来可以将其置于"天下国家"演变的历史脉络中再思考。就认同这一点，最后，我再提出一个思考的方向。认同作为民族国家的关键制度，是人民可借由一套身份辨识系统既确认自己的国民身份，也可确认自我与他者的关系。这套身份辨识系统是由一套文化符号所提供。若说传统天下制度也有认同，则只发生在官员阶层。我曾研究过汉唐间的士大夫社会，探讨官员如何借由士大夫文化而建构一个跨地域的阶级，这也是一个官的世界。认同不存在于民的世界，而天下制度的本质就是认为民存在于异质性的团体中，因为分属不同的团体而可以有不同的文化表现。儒家的礼就是定义与规范不同身份者的不同规范,并没有要求一致性。相对于认同,我姑且称之为"认异"。即每个人能认识到他所属的自主性的政治社会单位,从身、家到国,而安身立命于其中。在传统中国,身、家与国再借由官僚组织而联结为一个有秩序的整体。天下作为一个政治单位当然也有一体性,但此一体性不是借由其人民之间拥有共同的文化符号而认为彼此有关系存在,而是每个人属于一个特定的政治社会团体,即孟子所说的"天下之本在国,国之本在家,家之本在身"(《孟子·离娄上》)。

"天下"作为政体的"认同"面向

——与甘怀真教授商榷

王斌范[280]

　　笔者非常荣幸作为评议人对甘怀真教授题为《天下作为政体：兼论"中国转向"》的文章进行讨论。甘教授多年来对于"天下"这一话题有不少论述，本评议除了针对上文外，还参考了《从中国的国家体制看"天下"观念的演变》与《"天下"观念的再检讨》二文，以期对甘教授的观点有更加全面的把握。总体来说，笔者认同甘教授将"天下"作为一种政体来讨论中国历史脉络的进路，因为相比以近代民族国家或者传统的帝国理论为进路，甘教授的选择更贴近历史现实，也为理论建构留下了更多的空间。当然，这并不是要否认古代中国曾经长期作为一个帝国而存在的事实（甘教授亦不会否认这一点），只是对于这个帝国的研究，或许并不适用传统政治学语境对"帝国"的理解。换言之，不同于近代的"帝国"或

---

〔280〕　王斌范：多伦多大学政治学系博士；研究方向为中国思想和当代西方政治理论。

"帝国主义",古代的中华帝国是一个以"天下国家"为政体的帝国,对于"天下"的理解与实践,决定了这个帝国的许多作为。正因为"天下"观念区别于传统的民族国家和扩张性帝国,甘教授在文末强调的"认异"就显得尤为重要。理解中华帝国,仅仅关注中央政府是不够的,如果要把握其整体,就必须认识到地方(尤其是边境)政治语境的特殊性,尤其是其中"认异"的维度。在非扩张的前提下,这种"认异"的存在,不仅是"天下"观念的一大特色,也是维系中华帝国长期包容多重文化元素的重要原因。此外还要强调的一点是,甘教授在其他著述中,通过对"郊祀礼改革"的讨论,强调了郡县制作为一种政治体制并不能完全解释秦汉"天下"政体的建立与维系,而正是郊祀礼这个容易被忽视的文教面相,对秦汉"天下"政体的建立起到了关键作用。这种观点同样适用于对后朝册封和朝贡制度的理解。笔者以为,这种讨论进路是非常重要的,天下政体之所以存在并长期屹立不摇,不仅仅是相对客观的政治体制设计所决定的。对于异族的辖制和大疆域的管理,类似的政治体制在人类历史上曾被不同区域的主体实践过,但并没有出现中华大地的政治图景。因此当我们回溯历史来重新梳理这个"天下国家"的建立过程时,不应该仅仅关注政治体制设计,其背后的政治理念、文教信仰等,也许才是更有决定性的因素。

然而,正是基于对作为一种政治哲学的"天下观"的强调,笔者认为甘教授文中对于"天下国家"这个核心概念的理解似有偏差,对"天下"政体的把握也不够完全,在此提出两点意见与甘教授商榷。需要说明的是,笔者的专业是政治哲学而非历史学,由于两个学科在方法论、论述习惯等方面的差异,本文将侧重关注"义理"而非"考据"层面,对甘教授自西周到唐天下的论述进行辨析。

首先,甘教授认为天下作为一种政体出现于西周,此后由于春秋战国时期霸者政治的影响,包含孟子在内的许多战国学者提出了"天下国家"的理想政治形态,文中描述为"一个天下、复数之国、复数之家"。更具体地说,就是"天下由诸国所共构,国又由诸家所共构。一方面国与家是自立与自主的政治单位;另一方面又依爵制建立一元的身份秩序,由天子经诸侯、大夫、士以至庶民"。甘教授还强调了这种理想下"天子由诸国中的一国君主担任"。此处一个小的疏失是孟子显然不能代表所谓诸子百家所期望建立的"天下国家"政体,因为各家的论述差异不小,所以文中的"天下国家"政体准确地说是儒家的思想。但更重要的问题是,甘教授对孟子"天下定于一"的理解是有偏差的,孟子的想法或许并不是"诸国诸家"的天下结构。关于孟子与梁襄王的这段对话,朱子在《四书章句集注》中的解释是"王问列国分争,天下当何所定。孟子对以必合于一,然后定也"。也就是说,朱子对孟子的理解是认为天下必须统一,然后才能安定。在对孟子正义战争观的研究中,贝淡宁教授将这种理想解释为"没有国家边界的、有一个圣人通过德行,而根本不是通过强制性武力统治的和谐的政治秩序""一个统一的世界"。[281] 无论如何评价这种理想的可实现性,笔者以为朱子的解释是比较贴切的,"天下国家"作为一种政治理想,"一个天下"的底色下能否出现"诸国",是有待讨论的。常识中对于中国历史脉络"合久必分,分久必合"的"合",也是理解成大一统的一个政治单

---

[281]　贝淡宁:《超越自由民主》,李万全译,上海三联书店,2009,第38页。

位。当然,甘教授想指称的对象或许是西周,[282] 这也是为什么他强调诸国中还要有一国君主担任天子,而且我们也有理由怀疑孟子的"定于一"是否一定要理解成一个国家完成统一。正如白彤东教授在同样讨论孟子正义战争观时提到的,尽管有"定于一"的说法,但孟子有时对于国界是有尊重的,而且我们没有理由预设天下只能存在一个行仁政的国家,或者其他不行仁政的国家已经恶劣到足以用正义的征伐战争来被干预。因此,在现实中实践"天下国家"这个理想时,"一"并不一定是主权上的,而是仁政作为一种治国理念的"统一"。[283] 然而,即便如此,甘教授对"天下国家"的论述与白教授仍有偏差。换言之,西周或许是孟子认可的理想状态,但却不能表述为所谓"诸国诸家,一国君主担任天子",因为周王朝与分封国不能用"诸国"这种概述来表达——在礼崩乐坏之前,周王朝即便自身客观力量有限,也是绝对不可冒犯的中央政权;在周王朝面前,分封国不能算是"自立与自主的政治单位",亦不能与周王朝并称"诸国"。事实上,孟子还曾说"三代之得天下也以仁,其失天下也以不仁"(《孟子·离娄上》),也就是说在西周之前,禹和汤也被认为曾经"得天下",但夏商两代并不存在所谓"诸国并立"的情况,却可以与西周并称"三代"。因此,孟子对于"天下国家"的理想,最重要的还是要有"一个天下"和代表天下行仁政的"天子",至于天下的国是单数还是复数,恐怕并不是那么重要。而且即便理想状态下能够容纳复数的国家,"诸国并立"绝不是这一理想的

---

[282] 从后世来看,所谓的"诸国"最合理的解释当然是中华帝国与胡国,就是所谓的"中国—四夷",但是如果说孟子在战国时期的"天下国家"理想就是这样,显然是犯了以后世推前世的错误。

[283] 参见白彤东:《仁权高于主权——孟子的正义战争观》,《社会科学》2013 年第 1 期,第 111—121 页。

恰当概括,更重要的必然是超临于"诸国"之上的一个政权,或者用甘教授的话来说就是"祭祀王"。这也说明甘教授对于"战争王"与"祭祀王"冲突的讨论也值得商榷,笔者会在后文阐述。

更正对"天下国家"的概念诠释,对于我们理解甘教授文中论述的中国历史脉络有什么帮助呢?一个最直接的影响就是可以修正对于秦王朝的定位。在甘教授看来,秦的建立是背离了"天下国家"理想的,因为它是"天下一家",这种新形态的天下由于秦的速亡并没有得以进一步发展。问题是,甘教授是基本接受"汉承秦制"的观点的,而经过董仲舒对天人观的进一步诠释,儒家正式成为汉代官方的统治理念。如果秦的天下观念与孟子的理想如此不同,岂不是说明继承秦制的汉代对天下的理解与儒家先贤相悖吗?这显然是不可能的。事实上,历史上对秦的批评,重点在于不行仁政,并不在于其统一六国建立了没有复数之国的"一个天下"。汉臣贾谊在《过秦论》中批评秦朝"夫兼并者高诈力,安危者贵顺权,此言取与守不同术也。秦离战国而王天下,其道不易,其政不改,是其所以取之守之者无异也",说明问题的核心甚至不在于"得天下"的过程是否暴力(当然孟子的正义战争观是不支持这样得天下的),而在于治天下的策略不当。如果我们主要着眼于天下作为政体的结构,那么秦的天下也是符合孟子"天下国家"的原则的,只是治术不当而不得长久,这也是为什么此后"汉承秦制"成为可能。随着地理发现的推进,后世即便有了中华帝国以外的其他国家,由于册封和朝贡制度的存在,站在中央政府的角度,"天下国家"的结构仍然是成立的。因此,从宏观的视角看,自三代以降,除了几个短暂的"合久必分"的时代,中国历史的主体脉络似乎是符合同一个"天下国家"的理想的,而且核心是"一个天子",并不是是否存在复数的"国"或类似"国"的政治单位(如甘教授文中提到的汉代的州或后来的胡国)。即便这些"国"在一定程度上是"自立与自主的政治单位",这种自立自主在天下政体中也是有限的,更不意味着它们可以与中央政权(或者中华帝国)并列而论。[284] 因此,孟子的"天下国家"理想,是被包括秦在内的绝大多数后朝所继承的。

第二点,甘教授文中的主体论述,是回顾了汉天下的"中国—四夷"制度、汉唐之间的胡族国家运动以及唐的"化内人"与"化外人"制度,强调天下政体在发展的过程中,"天下国家"的理念并不强调境内的人群"必须是一体的",甚至"他们彼此之间有无共同的文化而互相认同对于帝国而言是不重要的",重要的是每个人都可以按照各自的差异性而安身立命,也就是"一个天下"背景下的"认异"过程。这一过程的主要史实论据就是中央帝国对于"夷"的不断接纳,以及"夷"族的"中国转向"。从"认异"的角度看,这种论述当然是成立的,但是这种论述所采用的"华夷观",是一种比较狭隘的"华夷观"。如唐文明教授所述,"夷夏之辨"有种族、地理、文教三层意义,而文教意义是最为核心和稳定的,种族与地理意义则相对松动。[285] 比如孟子就明确指出舜与文王分别是东、西夷人,但这并不影响他们成为儒家传统中的圣王。而在春秋时期,楚国所在的地域是外于汉语文化圈的,是非常典型的种族和地理双重意义上的"夷",但是由于楚庄王的努力,楚政权进入了华夏体系,在秦以后就不会有人认为楚地是蛮夷之地,楚地之人是"夷"了。

---

[284] 考虑到某些"国"在当代已经是与中国平等并立的国家,这种论述在现代语境下或许非常难以接受。但是在古代语境下,这不仅是事实,在价值上也是获得双方认可的。

[285] 参见唐文明:《夷夏之辨与现代中国国家建构中的正当性问题》,载《近忧:文化政治与中国的未来》,华东师范大学出版社,2010。

如甘教授在文中所指出的,我们必须看到由于行政体制设计的原因,历史进程中越来越多的"夷"被纳入中央帝国体系,但是正如甘教授坚持郡县制不能完全解释秦汉之际的"天下"体系一样,这些制度同样不足以解释这个"中国转向"的过程,而文中所忽略的,正是甘教授在讨论秦汉"天下"中最为强调的文教因素——秦是如何用郊祀礼将征服来的"天下"建构成一个新的统治领域的。[286] 如果没有中原文化在文教层面的吸引力,很难想象仅仅通过汉代边境州的所谓"大国"运动,就能成功地让"天下"实际覆盖的疆域不断扩展,更难以解释为何许多胡族国家会如此一致地进行"中国转向",因为这种转向显然无法在短时间内改变他们在种族和地理上"夷"的属性。然而,"中国转向"会带来文教上的"夷变夏",而在文教层面,"夷"的概念是比较固定地代表欠发达、未开化的状态,带着这个标签的"国"不仅不可能"承天命"、取得统领天下的合法性,甚至在天下立足都有可能成为问题。因此,历代边境州郡对于夷人、胡民的制度性整合才会有效,距离中原不远的胡国才会选择"中国转向",甚至新罗、安南、日本等域外政权才会愿意通过册封和朝贡体系放弃与中华帝国并立的机会,成为"天下"的一员。尽管"认异"的维度的确是存在的,"天下国家"的理念也确实不强调境内人种族上的一体性,但是说他们的互相认同对于帝国而言不重要,却是错误的。帝国境内的人,甚至帝国以外天下体系以内的其他政权,对于文教意义上的"夷夏之辨"是有群体认同的,正是因为这种认同长期稳定存在,才使得大帝国在历史中的延续成为可能。

---

[286] 参见甘怀真:《从中国的国家礼制看"天下"观念的演变》,宣读于"东亚历史上的'天下'与'中国'概念研讨会",国立台湾大学,2004 年 11 月。

　　这种更全面的"华夷观",也能解释为什么甘教授关于天下政体存在"帝/霸王"二元体制,或者说存在"祭祀王"与"战争王"冲突的论述,同样是值得商榷的。诚然,中国历史上出现过"祭祀王"与"战争王"的冲突,但这种冲突并不是天下政体的体制疑难,而是特定历史时期的权力冲突,因为在体制上,由于文教意义上"夷夏之辨"的核心地位,"战争王"是根本无法挑战"祭祀王"的合法性的,"春秋五霸"对待周王朝的态度就是非常典型的例子。因此,当新兴的"战争王"在权力上与守成的"祭祀王"产生冲突的时候,"战争王"或者需要让"祭祀王"的合法性为己所用(如曹操"挟天子以令诸侯"的策略),或者就必须推翻"祭祀王"而自立之(如秦始皇对郊祀礼的改革、曹丕废汉自立),绝不可能选择仰仗着自己身为"战争王"的强大力量而长期对"祭祀王"视若无睹,因为这会直接威胁到执政的合法性。如前文所述,天下政体的核心就是"一个天下",其主心骨就是代表"天"的"祭祀王","战争王"的力量无论有多强大,在"夷夏之辨"的文教意义上是没有任何位置的。

　　综上所述,笔者认为甘教授对于"天下"政体的把握是不完全的。尽管将"夷狄入中国则中国之"的过程简单理解成民族国家的文化认同是偏颇的,强调"认异"是必要的,但是通过对"天下国家"这个核心政治理想的概念澄清和对"夷夏之辨"更完整的解读,我们会发现"天下"政体的"认同"面向或许是更加有趣和重要的。为何经历了千百年的分分合合,历史上绝大部分时间"一个天下"的体系可以屹立不摇?为什么文教意义上的"夷夏之辨"有如此强的吸引力和文化向心力?诚如许倬云教授所言,中国文化里"没有绝对的'他者',只有相对的'我者'"[287],而这种可以存异而大同的"我者"观念,才是"天下"政体与天下观作为一种政治哲学的最独特之处。笔者非常认同甘教授在另一篇文章中对史学研究的看法:"历史学研究的主要目的不应该是借由过去的事实以证明现代的合理性,反而是借由过去的事实以省思现代的合理性,并提供现代人存在的另类可能。"[288]现代世界当然是强调差异化的世界,但"天下"体系研究的核心目的,并不是要证明"认异"在古代帝国境内就曾经存在着,而是要追问为何在存异的背景下,"天下国家"的理想可以带来强大的"认同"力量。这种思考在全球化充分发展、人类命运共同体亟需成为共识的今天,或许才是我们最需要搞清楚的那种"另类可能"。

---

[287]　许倬云:《我者与他者:中国历史上的内外分布》,生活·读书·新知三联书店,2010,第20页。

[288]　甘怀真:《"天下"观念的再检讨》,载吴展良编《东亚近世世界观的形成》,台湾大学出版中心,2007,第85页。

天下观与当代中国的民族政治

关　凯[289]

　　伟大文明皆在于能以政治体延续的方式，薪火相传，历久弥新。历史上，以儒家思想为核心，中华文明具有一种兼容并蓄的精神气质，无论是儒释道的三位一体，还是统治集团来自华夏之外，都能以"天下观"为指引，在以"华夷之辨"区分内部文化差异的同时，于其上构造出一个"有教无类"的、更高的、普遍的天下秩序。近代以来，尽管中华文明传统受到西方现代性文明的强烈冲击，然而，"天下观"的思想体系却依然以一种潜移默化的方式影响着当代中国的民族政治。

一、中国的国家性质与"天下观"政治哲学

　　当今世界的大国，起源各不相同。印度是古老的社会，种姓制

---

[289]　关凯：云南大学民族学与社会学学院院长及教授、中宣部思想政治研究所
　　　　特邀研究员；主要研究领域为族群政治、民族主义、当代民族问题与民族政
　　　　策。

度在社会生活中犹存,但 15 世纪末即成为欧洲殖民地,民族主义思想是殖民主义实践的衍生物[290];俄罗斯是沙皇俄国近代大陆扩张的遗产;美国依据社会契约论立国,但随着来自世界各地移民的不断进入,人口成分极其复杂,亦非典型的民族国家;而只有现代中国的国家起源是古代文明。

在现代性文明西风东渐之前,中华文明在漫长的历史岁月中形成了一整套系统的宇宙观和世界观,其核心是"天下观"。天下是一个具有神圣性的世界体系,天子即为天下唯一中心,天下因此是只有中心而没有边界的全部世界。在这个世界中,"普天之下莫非王土,率土之滨莫非王臣",其理想秩序是"天下大同"。由此可看出,中华文明帝国的基本政治伦理与缘起西方的民族国家不同,无论夷夏,"承天命"即为天子。战国时,孟子就预言"天下定于一"。秦统一中国之后,"大一统"格局出现,到汉武帝时董仲舒提出"罢黜百家,独尊儒术"之说,确定了儒家作为皇权正统意识形态的政治思想体系。这种思想对现代中国的影响,是构成一个"内含天下"的现代中国,"中国区分于民族国家的理由必须是中国的政治概念或原则,即作为中国政治基因的天下概念及其'配天''无外'和'协和'等根本原则"[291]。

儒家文明的"天下观"是一种等级秩序,必然生成一种中心/边缘的二元结构。但如果仅仅从一种对政治与文化上的不平等的关怀出发反思这种结构,却可能低估了"天下观"的政治哲学价值,即儒家学说追求普遍秩序的道德理想。

---

[290]　参见帕尔塔·查特吉:《民族主义思想与殖民地世界:一种衍生的话语?》,范慕尤、杨曦译,译林出版社,2007。

[291]　赵汀阳:《惠此中国》,中信出版社,2016,第 32 页。

在人类文明的历史演进过程中,不同的宗教,特别是一神论宗教,相互之间很难融合。但显然,非宗教的政治体系却可以包容不同的宗教。天下体系是一种以皇权政治为中心的普遍秩序,追求"天下为公",这与排他的现代民族主义思想决然不同。儒家社会对自身共同体确实怀有强烈的文化优越感,但"己所不欲勿施于人"的平等观念却是普世的。天下体系也存在着事实上的边界,但这种边界是文明的地理界限,灵活而不断变化,不需要凭借暴力维持,而非今日民族国家体制下国境线式的被严格管控的政治地理边界。在社会分类上,天下体系是"有教无类"的,区分只涉及文明的分类("化内"与"化外"),而不涉及种族。事实上,"教化"与"非教化"共同构成了整个天下体系,而这个体系的形成是自愿的。[292]

礼制是天下体系的基石。儒家世界观是一种放大了的家庭伦理,等级秩序建立在纲常伦理之上,成为礼制,其神圣性来自日常的伦理实践,即芬格莱特所谓的"即凡而圣"(the secular as sacred),通过"礼"而使凡俗之人成为道德高尚的圣人,[293]从而使"礼"被推到信仰的高度。孔子认为,天下秩序之所以井然,是因为礼制代表着最大的善。在儒家学说之中,大同社会是理想的社会形态,是一种乌托邦,但在更为现实的小康社会里,人的自私本性可以获得承认。在孔子看来,即使人们自私自利,但以礼治国的核心,仍然是他平生最为推崇的禹、汤、文、武、成王、周公之辈"圣人王"的出现。礼制下的"圣人王"与柏拉图所言之"哲学王"不同,

---

[292]　参见赵汀阳:《天下体系》,中国人民大学出版社,2011。
[293]　参见赫伯特·芬格莱特:《孔子——即凡而圣》,彭国翔、张华译,江苏人民出版社,2010。

"哲学王"是理念先行[294]，而"圣人王"则是实践为纲。由是可见，中华文明之所以历久弥新，根基在于儒家思想的深刻性，不仅有乌托邦的理想，还有和谐社会的一整套标准——"圣人王"通过政治统治，"正君臣、笃父子、睦兄弟、和夫妇"，"着义考信"，"示民有常"，使"不谨于礼者""在执者去"（干部任免的道德标准），从而达到"小康"。显然，中华文明的政治与社会实践始终是在追求一种儒家社会式的"公共的善"（common good）。

另外，与"本是同根生"的犹太教、基督教和伊斯兰教学说强调人性本恶不同，儒家学说提倡以"克己复礼"的方式发挥"人初性善"的天性。尽管不能忽视人性之复杂、之善恶同体、之利己与利他并存，以及纲常伦理的等级秩序所包含的个体意义上的不平等，但儒家之"礼"，作为一种构建社会整体秩序的公共道德与行为规范，在现代中国仍然时刻浮现于现实的社会生活之中。

现代中国社会的族群政治，亦是以儒家思想为中心演化而来。比如汉族与少数民族的二元区分，就和儒家思想的"华夷之辨"有某种观念上的联系。

历史上，华夏是儒家文明的化身，也是天下王朝的人口主体，围绕着华夏的是夷狄蛮戎这些生活在"化外之地"上的"他者"。子曰："夷狄之有君，不如诸夏之亡也。"（《论语·八佾篇》）"有君"在孔子看来是文明秩序的象征，否则如何维系"君君、臣臣、父父、子子"的礼教，然而对于远离文明中心的"夷狄"之类来说，即使"有君"，其文明教化的程度也比不上处于文明中心的"诸夏"，甚至是"无君"的"诸夏"。由是可知，儒家以自我为中心的社会分类，核心

---

[294]　参见柏拉图：《理想国》，郭斌和、张竹明译，商务印书馆，1986。

在于维持文明秩序,区分的是"教化",而非血统。这种"教化",亦非文化上的同一性,而是共同的道德与伦理。所以,此刻我们若仅从某种萨义德东方学式的论点出发批判"华夷之辨"是一种"华"歧视"夷"的意识形态,未免是一种时空错置的知识理解。

自秦及清,中国历代王朝在统治过程中形成了一个以儒家文明为中心,尊重差异的治理机制。与政治上的"大一统"相配合的,是"远人不服,则修文德以来之"的文化自信,以及羁縻、招抚、册封、和亲、互市等多元化的统治形式。正如《礼记·王制》所言,"中国戎夷五方之民皆有其性也,不可推移",因而需要"修其教不易其俗,齐其政不易其宜"。

因此,尽管儒家文明强调共同体内部的"华夷之辨",但对"天下大同"的普遍主义政治秩序的内在追求,使前现代时期的中华文明具备一种海纳百川的包容性极强的文化机制,能够将丰富的多样性包含在自身的文明系统之中,并以朝贡制度将更多的政治体(藩属)纳入"大一统"的统治秩序之内。同时,中华文明并非单一社群的创造,即使政治体分合反复,统治集团来自华夏之外,却都在"天下观"的价值指引之下,构造出一个从未发生过宗教战争、"有教无类"、普遍的天下秩序。

由是观之,无论是前现代时期儒释道三位一体的文化交融,还是吸纳现代性文明的国家重造,中华文明的生命力历久弥新。儒家思想作为一种政治哲学,其原理首先是承认多样性,其次是规定多样性的极限,即多样而不相对,一元而不绝对,此即"有教无类"。因此,当脱胎于基督教文明的现代性兴起之后,与现代性兼容的"天下"为超越文明冲突的世界秩序的构建提供了一种不同于西方经验的可能性。

二、现代性对天下体系的三重打击

如汤因比之论,任何能够延续生命力的文明都是在不断应对各种挑战之中完成自我更新的。[295] 近代以后,中国始终面临着现代性文明的诸多挑战。在意识形态上,"天赋人权"的自然权利观念破解了君权天授的政治合法性;在认识论上,理性主义、科学主义的思想力量从根本上颠覆了农耕与游牧社会的传统知识体系;在物质生产上,资本主义经济制度将全球变成一个共同市场,工业化生产方式侵蚀了儒家文明基于农业社会结构的物质性基础。

在民族问题上,现代性对于中国传统的天下体系产生的三重打击分别来自威斯特伐利亚条约体系、民族国家体制和民族主义。

(一) 威斯特伐利亚条约体系

欧洲宗教改革之后经历了残酷的三十年战争,最终在 1648 年签订了《威斯特伐利亚条约》,构造出一个新的世界体系规则,即威斯特伐利亚条约体系。威斯特伐利亚条约体系和"天下观"在理念上是背反的。天下体系的原则是"普天之下莫非王土",其中心是唯一的。但是威斯特伐利亚条约体系是多中心的,每一个政体都是一个中心,国家不分大小一律平等,互相尊重主权,这也使每个政体之间的边境变得非常清晰,而天下帝国的边境是流动的、不确定的。

1689 年中俄《尼布楚条约》是中国历史上第一个由中央政府签

---

[295]　参见汤因比:《历史研究》,曹未风等译,上海人民出版社,1997。

订的国际条约,其主要内容就是规定国界。但显然,当时的大清王朝尚未理解世界体系已经发生的变化,直到 1842 年签订第二个国际条约《南京条约》之后,才渐渐被动地融入威斯特伐利亚国际体系。对于中国来说,这个适应与调整的过程是痛苦的百年耻辱的历史经历。19 世纪,威斯特伐利亚条约体系不仅没有保障中国的国家主权,相反却是帝国主义逼迫中国丧失部分主权的工具。在威斯特伐利亚条约体系的冲击之下,中国人开始转变观念:世界并非"天下",而中国只是众多国家中的一个;"华夷之辨"并非教化与野蛮的文化分类,而是"民族"的区分。第一次世界大战发生之后,列宁和威尔逊分别提出民族自决权,其背后的原理皆来自威斯特伐利亚条约所体现的价值立场:"民族"(nation)理应享有"主权"。这一思想随后传播至中国,既在外侮深重的压力之下促进了中华民族共同体意识的生成与强化,也在外侮消失之后刺激了各种类型的族群民族主义意识与社会运动。

(二) 民族国家体制

18 世纪后期,法国大革命和美国独立战争开启了建立现代民族国家的历史之门。民族国家是一种理性化制度,合法性来源是社会契约,因此强调"人民主权说",即国家的权力来自"人民"对自身个体自然权利的整体让渡。为此,民族国家不仅需要以保障个体公民权为制度基础,也需要在政治、经济和文化上引导一国内部走向一体化,从而使其所有社会成员彼此结为一个忠诚于国家并共享情感联系的政治共同体,此亦为"人民"(people)、"民族"(nation)等现代概念以及"国族建构"(nation-building) 政治工程的历史缘起。

　　对于中国来说,民族国家体制并非内生的制度而是舶来品,中华文明传统与民族国家体制有诸多不兼容之处。关键在于两点:

　　首先,在政治哲学上,欧洲的"君权神授"与中国的"君权天授"并不在同一条逻辑轨道上。在儒家思想传统中,"君权天授"中的"天"并非基督教上帝那般是一种具有绝对的、超验的意志性存在,而是混杂了"意志性存在"("天即理")和"无意志的自然之物"(即自然秩序的普遍规律)两种涵义,而对于后者的要求("天命")可以通过人的道德实践予以在整体意义上实现。[296] 因此,与基督教(特别是新教)社会不同,中华文明传统中的个体从来不可脱离于整体而直接面对"天命"(意义类似基督教徒之于"上帝的启示"),因而中国的"国家"是内化于社会整体秩序之中的一种道德化的权力结构,而不是欧洲传统社会中那种与教权共生并相对应的、世俗的、独立的、外在于其他制度的"国家"制度。

　　其次,作为一个在"天下观"映照之下的文明国家,中华文明建设政治共同体的价值立场与民族国家在个体主义原则之上构建排他性"国族"(nation)的思想背道而驰。"天下观"解决普遍秩序问题的路径是"天下为公,四海一家",即依据家庭伦理确立价值坐标,从而努力建构"其大无外,其小无内"(《吕氏春秋》)的全人类命运共同体。而民族国家的价值核心在于"人以民族分",将人群之间的文化与种族边界固化为政治体之间的边界。在这一点上,中华文明试图"教化普遍",将身(个体)、家、国、天下(世界)纳入一种普遍性道德秩序之中,因而包容万象、善待差异。而民族国家却始终致力于以"民族"为单位建构"国家",尽管事实上更多是以

---

〔296〕　沟口雄三:《中国的思维世界》,刁榴、牟坚等译,生活・读书・新知三联书店,2014,第22—34页。

"国家"为单位建构"民族"。因此,近代之后,欧洲造民族国家易,中国造民族国家难。

(三) 民族主义

民族主义是一种现代政治的衍生物。近代以前的人类社会虽有不同的种族,但在基于"神(或天)的旨意"或通过武力征服而建立起来的传统类型的政治国家之中,并不存在今日意义上所谓的"民族主义问题"。只有在法国大革命之后,"社会契约论"的政治哲学假说深入人心,民族国家才成为"对于整个西欧,甚至对于整个文明世界都是资本主义时期典型的正常的国家形式"[297]。在意识形态上,民族主义是用"民族"共同体的神圣性来替代原来附着在君主和宗教上的神性,因此民族主义就成了一种世俗的宗教。

然而,正如凯杜里所说:"民族主义是 19 世纪产生于欧洲的一种学说,它自称要为适当的人口单位做出独立地享有一个自己的政府的决定、为在国家内合法地行使权力、为国际社会中的权利组织等提供一个标准。简言之,该学说认为人类自然地划分为不同的民族,这些民族由于某些可以证实的特性而能被人认识,政府的唯一合法形式是民族自治政府。"[298]在凯杜里看来,民族主义作为一种意识形态,反映出人类对美好生活的向往与追求,也因此带来复杂的后果:"意识形态的政治将不可避免地陷入在目的和手段之

---

[297]　中共中央马恩列斯著作编译局编《列宁选集》第 2 卷,人民出版社,1995,第371 页。

[298]　凯杜里:《民族主义》,张明明译,中央编译出版社,2002,第 13 页。

间出现的具有永久灾难性和自我破坏性的紧张状态之中。"〔299〕 "企图按照民族方法来改变世界的广大面貌的做法并未带来更加持久的和平与稳定,相反,它导致了新的冲突,恶化了紧张局势,为无数对政治一无所知的人们带来了巨大的灾难。"〔300〕

近代以来,民族主义思潮对中国影响甚巨。清末民初,一大批当时思想进步的知识分子深受其累,如钱穆就从来不信满洲这种"狭义的部族政权"真正具备征服中原的政治与文化能力,他们侥幸得手实得益于"汉奸之助"。其结论是"明清之际的转变大部分是明代内部自身的政治问题,说不上民族的衰老"。〔301〕 钱穆历清末民初之变,大汉民族主义情绪甚炽,其见解反不如历明末清初之变的黄宗羲关怀更高:"盖天下之治乱,不在一姓之兴亡,而在万民之忧乐。"〔302〕

与"天下观"的普世关怀相比,民族主义无疑是狭隘的。正如安德森所讨论的那样:"民族被想象为有限的……即使最富于救世主精神的民族主义者也不会像这些基督徒一样梦想有朝一日,全人类都会成为他们民族的一员。"〔303〕然而,和所有第三世界国家一样,为挣脱殖民主义、帝国主义力量的欺侮与压迫,近代中国也必须运用民族主义作为思想武器以寻求主权完整与国家独立。因此,当民族主义的政治哲学光谱在西方社会始终停留在右翼的一端时,在中国,民族主义却始终与左翼的社会革命学说如影相随。

---

〔299〕　凯杜里:《民族主义》,第 6 页。

〔300〕　同上书,第 132 页。

〔301〕　钱穆:《国史大纲》(下),商务印书馆,1996,第 826—827 页。

〔302〕　黄宗羲:《明夷待访录》,中华书局,2011,第 16 页。

〔303〕　本尼迪克特·安德森:《想象的共同体:民族主义的起源与散布》,上海人民出版社,2005,第 6—7 页。

三、中国现代化的另一面：天下观
对民族主义的超越

中华文明之哲学重心，始终在农耕社会，而不在游牧社会。

冷兵器时代游牧民族的生活方式（不定居）和军事能力特长（擅骑射），加上适时出现的克里斯玛领袖，曾经造就了从辽、金、西夏到元、清等中国历史上多个少数民族帝国政权，并使成吉思汗的铁骑大军在欧亚大陆上纵横无敌。面对来自北方少数民族的军事压力，自秦以降，以农耕文明为核心的中原王朝一直以之为心腹大患，宋、明两代更是到了极致。但即便如此，有趣的是，无论是继宋而立的元朝，还是继明而立的清朝，北方游牧渔猎者建立的全国政权，并没有岳飞、史可法们想象的那么不堪，相反，都有其一时之盛。即使是"最具民族特色"的元代政权，也为后世留下了"行省制"等政治制度遗产。中国"划省而治"的地方政治制度，实际上就是自元朝始。

无论是"以夷变夏"还是"以夏变夷"，儒家社会与非儒家社会的历史互动，虽常以"夏"为中心，但绝非单向度的。当北方非农耕社会的政治力量崛起，无论是出动掠夺，还是谋求扩张，其军事攻击对象始终锁定于南面的农业区。从这个意义上说，长城之设，与其说是屏蔽，不如说是防范，那是游牧与农耕社会一种特殊的互动形式。而一旦长城之外的政治势力成功进入中原，皆在文化上以承袭中原王朝的正统自诩，并按照前朝的制度与惯例实行统治，从而使自身成为王朝连续统的一部分。

尽管汉语中的"民族"一词是近代产物，但在前现代时期，帝国内部的群体认同差异始终是存在的,只不过不用"民族"指称群体而已。"华夷之辨"中"蛮夷"的文化内涵,是在与"教化"的对照关系之中生成的。这种对照关系的本质是政治制度的差异,长城就是这种帝国内部不同人口集团之间政治关系的物理写照。今日我们所见之长城,主要是明代所建,而在清代,康熙废长城而不修,认为耗费此等"土石之功"实为下策,收服蒙古人的人心才是上策,以蒙古为大清长城,才是江山永固的道理。在这一点上,拉铁摩尔之"中国的亚洲内陆边疆"说,视农耕与游牧文明的分界线——长城,并非边缘,而是沟通二者的过渡地带和真正的中心。[304] 这种看法,恰有其对中华文明文化包容能力之洞见。

　　无论如何,中华帝国时代"华夷之辨"的区分,并不等同于今日的"民族"概念;前现代时期儒家文明以文化区分人群的方法,也并不能脱离儒家文明作为普世价值的历史语境;长城的构建,并非现代意义上国家主权的分界,而是类似乡间关系不睦的邻里在房前屋后树立起来的樊篱。在这道樊篱之外,是被区隔的双方共有的世界——那是同一个"天下",同一个"天子",同一个政治共同体。即使天子来自蒙古、满洲,其法统仍是儒家式的"承天命而治天下"。

　　西学东渐中华,是伴随着殖民主义与帝国主义强大的政治、军事与文化压力而来的。在此种压力之下,原来天下帝国的"大一统"政治伦理、忠孝礼义的道德规范、修齐治平的人生理念、男耕女织的生活秩序,在表面上,逐渐被民族国家政治理论、民族主义、自由主义与社会主义价值坐标以及职业分工的经济市场所替代。这

---

[304]　参见拉铁摩尔:《中国的亚洲内陆边疆》,唐晓峰译,江苏人民出版社,2008。

一过程似乎直到今日尚未完结,其中也包含无数的困境与艰难,但是否真如列文森曾经论述过的那样,儒家文化在根本上无法与现代性兼容[305],事实是否定的。

事实上,中华文明包容万象的精髓,并未因民族主义的幽灵在神州大地上徘徊而发生彻底的改变。在思想传统上,当今中国仍然以一种"有教无类"式的超越性想法面对自身与世界。只是,此时之"教",已经受到现代性的深深侵染,既非纯粹的儒家传统,亦非以基督教文明为底色的现代性的经典定义。

1840 年之后,在船坚炮利的裹挟之下,西方殖民主义力量和现代性文明的影响最终到达太平洋西岸。现代性知识体系——无论是科学技术、价值观念、制度结构还是生活方式,开始与东方传统交融互动,并渐渐淹没后者,占据主导。20 世纪初,欧式民族主义思想渐渐占据中国人社会思考的大脑,"天下观"渐趋式微。从此,中华文明一方面要学习如何适应新的现代性文化,另一方面,和所有第三世界国家一样,要挣脱殖民主义力量的欺侮与压迫。20 世纪的中国历史是一部活生生的中西文化碰撞史。在革命的年代,无论是民族主义还是共产主义,指导革命运动的理论来源都不在中国,而是在西方(共产主义或可称之为一种"反西方的西方")。但同时,这些西方思想,也都深深嵌入中国社会的历史文化传统与现实语境,使其在中国的理论应用,与其在欧洲起源地相比,在意义上发生了重大的改变。

甲午战败后,急切与绝望中的中国知识界,寄希望于以民族和民主革命拯救中国。但狭隘的汉民族主义,却无法面对历史造就

---

[305]　参见列文森:《儒教中国及其现代命运》,郑大华、任菁译,广西师范大学出版社,2009。

的多民族国家的社会现实。因此，民国初创之"五族共和"之"民族"所指，与孙中山在革命动员中"驱除鞑虏、恢复中华"所指之"民族"，已非同一物。后者指称汉人，前者则是多民族统一的中华民族，或者称之为"国族"。随着帝国覆灭后国家意识的转型，当皇朝天子成为历史遗迹，中国人开始转变自己的天下观和效忠对象——中国并不是"天下的中心之国"，而只是众多民族国家中的一个；值得我们效忠的对象也不是君主，而是国家。于是，在中文的语境之中，"世界"替代了"天下"，"国家"替代了"王朝"，"民族"替代了"教化与野蛮"的文化分类。

然而，近代中国，尽管在文化外观上，现代性渐渐替代了传统。但对于中国的传统文化而言，天下观政治哲学却未曾远离。"天下"是一种精神上的形式，一种美感，而非实质性内容。它无涉疆域，能够容纳多样化的人口和文化，为政治权力提供一种具有超越性的学理基础，并能协调附着其下的不同语言与宗教在社会实践中彼此之间的紧张感。当这种紧张感促成近现代知识分子热衷于各种类型的民族主义叙事的时候，在经验层面观察，近代以来，民族主义并未成为主导中国社会的大众意识形态。相反，中国社会在冥冥之中不断求索一种能够超越民族主义的、与天下观契合的政治观念。

四、民族政治的中国经验

外侮深重的近代中国在政治上是一盘散沙的社会，但深厚的文明底蕴，仍然能够为这个泱泱社会提供一种精神上的整体秩序。同时，正是由于殖民主义势力的欺侮，特别是20世纪上半叶日本对中国的侵略,在"亡国灭种"的压力之下,中华民族的共同体意识空前高涨,危难之中,同仇敌忾的社会团结得以实现。在这个过程中,受到苏俄以弱势国家通过革命成功崛起之经验的影响,一大批政治与知识精英接受了马克思列宁主义思想。

现代中国建构民族国家的历史使命在 1949 年之后得以由中国共产党人真正完成。此前,国家的力量从来没有真正进入主权疆域的每一个角落。在传统帝国的治理结构中,无论是"羁縻制度"还是"改土归流",国家中心与边缘的政治互动始终缺乏基层的直接参与。而新中国政权成立之后,国家直接从基层动员开始,传播国家理念,推动社会改造,用新的思想理论塑造社会成员的价值观,竟使中断近百年的"大一统"格局得以以现代方式重现,成就非凡。

新中国的民族理论与民族政策,实际上正是文明传统与现代性结合的一个显例。中国共产党的民族政策优待少数民族,在一穷二白的物质条件下迅速整合国家,此成就之取得,在于中国共产党拥有两个强大优势——意识形态与组织。作为一个意识形态型、革命型、军事型政党,浴血奋战的革命经历造就了中国共产党坚强的组织形态。特别是在意识形态上,儒家思想与马克思主义的选择性契合,是新中国国家建设最重要的文化助力之一。这种契合主要表现为二者都强调价值理性优先于工具理性,且试图以价值理性统摄工具理性。儒家的"性善论"及马克思的"人性的条件论"都认为人性可以改造,即人的可完善性。儒家和马克思主义的最高社会理想——"大同"与"共产主义社会"是性质相似的乌托邦,儒家的"家庭公有制"与马克思主义的"全社会公有制"都强调共同体优先,集体主义高于个体主义,儒家思想与马克思主义都反对神学信仰与功利主义。

当然,儒家思想和马克思主义理论的选择性契合并不意味着二者没有差异。相反,二者之间亦有极强的张力。主要表现为四点:一是儒家思想不具备马克思主义的现代性前提,即物质决定论中的工业化生产方式;二是马克思主义是一种进步论史观,主张有目的地促进社会变迁,而儒家是一种循环史观,主张维护传统秩序;三是马克思主义认为社会的本质是冲突,"迄今所有一切社会的历史都是阶级斗争的历史",而儒家提倡中庸守成,"顺乎天命",社会的本质是秩序;四也是最为重要的,马克思主义强调社会平等的价值,而儒家则维护纲常等级。

在民族问题上,马克思主义作为新中国的国家意识形态,对重塑中国社会关于民族问题的思考影响颇著。其中最重要的,是强调"民族"的去本质化。马克思主义定义了民族主义的资产阶级阶级属性,民族被认为是一种阶级现象,将最终消失在无差别的共产主义社会。这种超越民族主义的思想在一定程度上契合了儒家"有教无类"式的天下主义想法,尽管此"教"非彼"教",区分阶级的是经济产权,而区分夷夏的是礼仪化的政治制度。

现代世界的国家都是文明演进的产物,而中国的国家制度尤为古老。在中国,等级森严的官僚机构组成的国家已有几千年历史。虽然欧洲近代国家的兴起,凭借它们提供秩序、安全、法律和财产权的能力,构成了现代经济世界的萌生基础,[306] 但中国的民族政治,却是中华文明传统与西方现代性文明的杂糅产物。

从严格意义上说,现代中国并不是典型的民族国家,不仅国家

---

[306]　弗朗西斯·福山:《国家构建——21世纪的国家治理与世界秩序》,黄胜强、许铭原译,中国社会科学出版社,2007,第1页。

内部包含着丰富的族群与文化多样性,而且立国的根基也并非民族主义,而是历史、文明传统与20世纪的共产主义革命。对于现代中国来说,基于多样性的民族政治始终是一个国家建设的问题,而非单纯的民族或民族主义问题。在这一点上,基于西方社会发展经验而产生的民族、族群、民族主义和民族国家理论,并不能完整解释当代中国的国家与社会现实。决定现代中国民族政治特性的社会文化因素,不仅受到共产主义思想的深刻影响,也在相当大的程度上来自文明传统。

古老的中华文明是一个历史奇迹,这种奇迹就在于它始终以多元一体的政治体的形式鲜活地存续下来,因而不像古埃及文明、古巴比伦文明和古印度文明那样是一种断裂的,甚至是消失的文明。因为这种存续,中华文明承载了丰富而多样的"活着的"历史经验,但这种文明历史鲜活的延续性并不意味着中华文明是一种"超稳定结构",相反,它是不断自我更新的,这种更新的动力来源之一,就是来自外部的政治与文化冲击。近代以来,中国在受到殖民主义、现代性、外敌入侵、全球化、民族主义与民主化浪潮的各种压力冲击之下,始终保持了多元一体的文明共同体的整体性和内在秩序,并以一种不同于世界主流(西方化)的方式发生演进。虽然当代中国在民族政治上面临诸多挑战,但中华文明却从来不在文化上刻意制造出绝对对立的他者,如一神论宗教中的异教徒,这种传统为中国解决民族问题提供了一种深厚的精神资源。

传统儒家社会"不语怪力乱神"的理性化取向,使得这种文明与其他文明相比,如基督教文明、伊斯兰教文明和印度教文明,中华文明的世俗化程度最高,因而社会的整合更依赖政治,而不是宗教。如葛兰言所说:"帝国存在的原因之一就是要跟四境蛮夷做斗争。为了让斗争取得胜利,必须掌握一支机动的、供给精良的军队。"[307] 正是为了保障军队的供给,早期的户籍制度、统一度量衡、统一的中央谷仓、开设驿道系统和运河工程相继出现,秦制大一统格局由此奠基。而自秦以降,这个大一统格局延续至今。在这个政治大一统的格局里,天下观是基础性意识形态,规定了天下政权单一中心的法统,"天无二日、国无二主",逐鹿中原、问鼎九州的"鹿鼎记"都是单数的,否则中国可能早退回到先秦的封建体制之中了。之所以没退回去,是因为大一统格局本身就是由春秋战国持续不断的封建诸侯之间的战争创制出来的。

秦制大一统天下帝国奠基之后,中华文明自我更新的重要机制,就是王朝更迭。政权的每一次更迭,帝王易姓国家改号,"亡国而不亡天下",生生不息的文明吐故纳新,继续发展。历史上不断出现的局部或整体的"异族统治",为文明发展提供新的资源。有鲜卑血统的太原李家建立的唐朝是中国古代史的巅峰,之后忽必烈元朝奠定了中国的多元帝国版图。到满洲建立清朝,更新了明朝单一内敛的儒家文化取向,拓展了文明帝国的政治活力与文化包容性。从这个意义上说,中国共产党也是在现代语境下完成的重造天下的任务。

在掌握全国政权之前,中国共产党看待民族政治的眼光,就不是族群民族主义式的(这与国民党有很大的不同),而是一种天下观和公民民族主义的杂糅物,其核心就是对中华民族共同体的强调。1945 年中共七大的报告,提出了"团结各少数民族,共求解放,共同建立统一国家"的方针政策的论述。中国共产党统一战线思

---

[307]　葛兰言:《中国文明》,杨英译,中国人民大学出版社,2012,第 421 页。

想对"中华民族"的理论建构,配合对马克思主义阶级观念的运用,使中国共产党的民族理论具有极富感召力的超越性。只有在这种超越民族主义的阶级论视野里,才能"以无产阶级的普遍主义价值,压制族群民族主义的生存空间"[308]。同时,这种民族理论所代表的,不仅是一种知识建构,更是一种切实可行的政治实践。中国共产党作为政治行动者,通过政策实践在差异性与整体性之间找到一种政治性的平衡,在 1949 年之后,通过民族识别,少数民族确立了制度化身份,国家在政治上对少数民族予以承认,从法律层面对少数民族给予各种保障,贯彻落实民族平等的政策原则。这一系列的政策,进一步强化了"中华民族"的整体性论述,从而部分完成了"国族再造"的历史使命。[309]

在这样一种认知中,中国之"国家",并非仅是一般意义上的主权国家,更是一个有自身生命存续逻辑的文明实体。作为文明的守护者,国家现代化历程的本质是文明的自我更新。

五、结　　论

中华文明处理民族政治的方式始终是一种中庸式的内在调和机制,在文化差异之上构建出一种普遍性的、整体性的国家政治秩序。其政治哲学原理首先是承认多样性,其次是规定多样性的极限,即多样而不相对,一元而不绝对。这种思想约束了民族主义的滥觞,为民族国家时代的世界化解"文明的冲突"提供了一种强大

---

[308]　关凯:《反思"边疆"概念:文化想象的政治意涵》,《学术月刊》2013 年第 6 期。

[309]　参见吴启讷:《民族区域自治制度的历史与现实》,《文化纵横》2016 年第 2 期。

的思想资源:"己所不欲,勿施于人"的朴素关怀、以德报怨的修养
与境界,都是物欲纵横、极端理性主义的现代世界所强烈需要的价
值观。

千百年来,整个东亚曾被中华文明塑造成一个空间辽阔、跨越
山川与海洋的儒家社会。对于经历过共产主义革命的现代中国来
说,中华文明在当代世界仍然具有一个不可回避的历史使命,就是
要为建立世界性普遍秩序、全人类共同的精神家园,贡献自己兼容
现代性与文化传统的"有中国特色的"创造力与想象力。从民族政
治的视角出发,就世界秩序而言,中华文明不是一个与现代性对立
的文明体系,也并非如亨廷顿之流所预言的那样,是不可避免的
"文明冲突"中的一个角色。相反,天下观是超越民族主义的一种
重要的思想资源;就国家内部秩序而言,天下观同样是现代中国实
践国家建设的重要价值坐标,其历史经验需要重新反思与发现。

回应关凯教授《天下观与当代中国的民族政治》

石井刚[310]

　　我们遭受现代性冲击之后,如何从传统的世界观构思出符合新时代要求并能够贡献于全球和平繁荣的新世界观? 关凯教授思考的出发点大概可以这样概括吧。他认为,依照前现代的"天下"世界观可以构筑出能弥补威斯特伐利亚国际体系的新的国际体系。关凯教授将讨论的范围基本限定在中国,认为在新的"天下"秩序下,中国将克服民族主义。在其具体论述当中,"大一统"和"华夷之辨"是为维系"天下"秩序相辅而成的两轮,在其互有张力的机制之作用下,多种民族拥戴一个文明的中心,互相尊重差异,和平共处。"大一统"之所以能够成立是因为"华夷之辨"不是种族之分,而是文明/野蛮之分,谁能代表文明,谁将是"华",可代表"大

---

〔310〕　石井刚(Ishii Tsuyoshi) :东京大学综合文化研究科教授、东亚艺文书院副院长;主要研究方向为中国近代哲学及思想史。

一统"下的整个天下统治权。

的确，《孟子》也有如下表述，支持这种"文化中国"观：

> 孟子曰："舜生于诸冯，迁于负夏，卒于鸣条，东夷之人也；文王生于岐周，卒于毕郢，西夷之人也。"（《孟子·离娄下》）

这句话也就是雍正当年为其君临天下的合法性辩护时所依据的经典词句，在《大义觉迷录》中说："不知本朝之为满洲，犹中国之有籍贯。"由此，华/夷关系的可转变性保证了王朝虽然反复更替仍不失正统的延续。此王朝更替和正统的延续实际上作为文化中心的移动变化表现出来。

> 直到汉代，文化中心在于黄河流域，而三国以后逐渐南移，由于地理的关系以及人力附加于地理的关系，如大运河等的建设，影响了其中心的移动，直到最近，逐渐地向东向南移动，尤其是南宋以后，文化更加倾向于东南地区，最近来讲，大致上大运河沿岸地区成为中心。然而，这些地方的文化到了成熟阶段，则从来未开发的地方开始得到开发，连云贵等地都有文化波及。曾经成为中心的地方，唐朝时期仍在河南陕西，宋元之间移动到直隶以及河北东部，然后到了明代，江浙地区的繁盛到了极致，最近与外国的交通发达的情况下，其中心几乎要移动到广东。上古时期的江浙地区从当时的中国人看来全是夷狄的地方，何况广东等地即使到最近，都被认为是外国人的地方。然则，文化中心的移动使得江浙地区享受

今天的繁荣,进而广东迎来全盛,已经没有中国人对此见怪。[311]

著名汉学家内藤湖南(Naitō Konan,1866—1934)在其1924年发表的这篇文章中提出"东方文化中心移动说",表示王朝的更替导致文化中心的移动。这个假设所表明的是:第一,中国文化的中心随时代变化而变化;第二,文化中心的移动与王朝中心的移动同步出现,但两个中心不一定都在一处;第三,这种移动将永无休止,将来还会持续下去。中心的复数性看来也是中国文明维持强劲生命力的奥秘所在之一,但我们暂且不去深入讨论。

内藤认为,对于这种文化移动的变迁过程,外族入侵的历史实际上起到了一定的作用。

中国之所以能够长时间维持其民族生活,实际上就是因为屡屡发生的外族入侵。[312]

他认为,历史上屡屡发生的外族入侵以暴力实现对中国人的政治压服。相对而言,"今日"日本对中国的"经济"扩张便是"为延续中国民族的生命实具有莫大的效果"[313]的。至今仍被很多人认为是日本最伟大的汉学家之一的内藤湖南依靠其对中国历史文化渊博且深刻的了解,竟然公开表示说:日本当时对中国的侵略就是两国经济上寻求一体化的历史过程,虽然动用军事力量,但总体来看朝着"极其和平的方向"发展[314]。他甚至认为日本可以替代中国成为东方文化的中心。

　　如前所述,文化中心的移动无关乎国民区域的划分而进行。日本接受中国文化并不晚于广东,因此日本如果今天要成为东方文化的中心并成为中国文化的一个势力,也并不足以为怪。日本如今是比中国还要伟大的强国,所以中国人对日本的兴旺有一种猜疑的眼光。虽然如此,如果以某种原因,日本在政治上与中国一起建立一个国家,那么,文化的中心就算移到日本,日本人活跃在中国的政治社会,中国人也不会把它视为是可怪的现象。如果想到汉代的中国人如何看待广东人和安南人,这个道理也应该很明白的。从东方文化的进步发展来看,国民的区别只是个小问题。中国有些持极端思想者动辄主张只要日本放弃帝制变为民主国家或共和国家,就可以与日本一起开展运动。但这是不可能的。中国的政治已为特殊的阶级所垄断,不关心整体国民的利害休戚。结果,也有人提出应该在政治之外掀起更大的文化运动,以期整体国民的能力彰显于未来。在此之际,还拘泥于日本的国体、政治等问题,实在是极其狭隘的见识。日本的有识之士中认为与中国人合作要在乎国体、政治等运动者几乎没有。我们的目标应该是通过比它更有意义的文化运动和中国人合作。[315]

---

〔314〕　内藤湖南:《新支那论》,第514页。
〔315〕　同上书,第509—510页。

显而易见,内藤要以文化认同来打破民族界限,在他眼里,华/夷关系也同样是根据其文化的有无可互相转化的。换句话,他就是利用中国传统的"天下"文化观为日本对中国的侵略和吞并欲望正名并合法化。内藤湖南这本叫作《新支那论》的著作发表于 1924 年。如今没有人会支持他的这种观点,但其以"东方文化中心移动说"为代表的,对中国文明历史动态结构的概括也许还会有人表示认同。

从历史学的角度,对内藤湖南严厉批判的日本学者应数增渊龙夫(Masubuchi Tatsuo, 1916—1983)。增渊所看到的是完全不同于内藤"文化转移"说的另外一种历史的兴起。

先于五四以后民族主义反帝运动的排满兴汉运动和明末清初顾炎武、黄宗羲、王夫之等人对满人入侵建立清朝统治的抵抗都有不同的历史性格,我们应该对此有必要的区分。何况后者事实上是由前者回顾并发掘出来才作为民族遗产得以继承的。这两种历史的共同之处在于:严峻拒绝清朝中华思想所具有的文化主义,清廷就是本着这种文化主义来试图消弭民族主体之间的对立。那不是单纯的种族意识,而是把文化理解为和民族密不可分的、民族固有的历史生命之另外一种中华意识。于是,这种中华民族意识当接触到西方文化之际,经历了严峻对峙于传统的内在经验,从传统内部发掘出了否定传统的力量。它不同于内藤为思考如何使东西方文明融合而构思出的文化民族主义。[316]

这种民族意识其实也不是明末清初才有。如果上溯历史,我们可以找到《左传》以来的华夷意识。我们无法一刀切地说《公羊传》和《左传》孰对孰错。正确的应该是这些都是中国经学历史上一直存在的文化观念之不同表现[317]。

若进一步说的话,这种《左传》民族主义的兴起或复苏应该有别于复古主义,而是对"民"概念的重新诠释以及由此产生的"民族"概念的兴起。"民族"概念的兴起和"民"的重新阐释在东亚语境中是同步进行的,所以,前者不应该只理解为 nation 的兴起,无论保皇立宪派的梁启超还是激进革命光复主义的孙中山、章太炎,都要给"民"字赋予新的内涵,遂以"民"为主建立起了亚洲第一个共和体制国家,再实现了"人民"当家的中华人民共和国。中华文明所经历的这一伟大的现代转型可以理解为从"天"到"民"的主权转化,我们在思考中华文明在现代化转型中的断裂和继承问题时,不应忽略这一以复古方式完成的创造性转化的意义。

内藤湖南的"文化转移"说终归要破灭。推其原因,我们不难发现增渊批判的正确。但将中国在抗日战争上的最终胜利单单归结于崛起的民族主义,那也不是十分准确的。我们回顾一下毛泽东在《论持久战》中如何构思了领导抗日持久战争的整个设计。他

---

[316] 增渊龙夫:《歴史家の同時代史の考察について》,岩波书店,1983,第81—82页。关于增渊对内藤湖南的批判,详见拙文《反思日本现代"中国认识"与历史的"内在理解"》,《开放时代》2019年第1期、总第283期,第138—149页。

[317] 渡边义浩:《華夷について》,载伊东贵之主编《治乱のヒストリア 華夷・正統・勢》,法政大学出版局,2017,第43页。

反复强调抗日战争是反法西斯战争,是正义的战争。如:

> 中国的战争是进步的,从这种进步性,就产生了中国战争
> 的正义性。因为这个战争是正义的,就能唤起全国的团结,激
> 起敌国人民的同情,争取世界多数国家的援助。……由于中
> 国战争的进步性、正义性而产生出来的国际广大援助,同日本
> 的失道寡助又恰恰相反。总起来说,中国的短处是战争力量
> 之弱,而其长处则在其战争本质的进步性和正义性,在其是一
> 个大国家,在其国际形势之多助。[318]
>
> 日本的战争是阻碍进步的非正义的战争,全世界人民包
> 括日本人民在内,都应该反对,也正在反对。我们中国,则从
> 人民到政府,从共产党到国民党,一律举起了义旗,进行了反
> 侵略的民族革命战争。我们的战争是神圣的、正义的,是进步
> 的、求和平的。不但求一国的和平,而且求世界的和平,不但
> 求一时的和平,而且求永久的和平。[319]

这里,支配性叙事是抗日战争的正义性以及因而理应得到的国内
外广大援助;反之,日本的战争是不义的,所以无论其军事力量多
大,必不能打败正义的一方,而判断其为正义的依据便是人民的
力量。

> 国际的条件,使得中国在战争中不是孤立的,这一点也是

---

[318] 毛泽东:《论持久战》,载《毛泽东选集》第 2 卷,人民出版社,1969,第 417
　　页。

[319] 同上书,第 444 页。

历史上空前的东西。……今天遇到世界上已经发生或正在发生的空前广大和空前深刻的人民运动及其对于中国的援助。……今天的世界的人民运动,正在以空前的大规模和空前的深刻性发展着。苏联的存在,更是今天国际政治上十分重要的因素,它必然以极大的热忱援助中国,这一现象,是二十年前完全没有的。所有这些,造成了和造成着为中国最后胜利所不可或缺的重要的条件。[320]

我们可以说,抗日战争大致上沿着毛泽东所预测的那样发展,从美国、英国等西方国家的加入直至日本的全面投降。中国的战胜不单是一个民族国家对侵略敌人的战胜,而更是国际上普遍的,反对法西斯主义的人民广泛支持的结果。整个第二次世界大战在此意义上是代表正义的"文明"对法西斯主义的"野蛮"的全面胜利,其果实便是联合国的成立。主张"天下世界观"理论的日本京都大学的中国哲学家平冈武夫(Hiraoka Takeo, 1909—1995)鉴于此种情形,提出新的"天下世界观"应以战犯国际法庭的精神为依托,由人民的共同意志来建构。

> 审判战犯的国际法庭不是由战胜者审判战败者,而是在人类文明的名义之下,宣布审判非人道、反和平的罪过。它所表示的无非是:即使今天处在审判者地位的人,如果将来扰乱世界和平,打破人类文明,则同样会受到审判。这仿佛是主张"天"意的周朝贤哲。它也表示:谁也不能够以国家的名义遮

---

[320] 毛泽东:《论持久战》,第420页。

蔽个人的责任。所有的个人都一样地、直接地对人类的和平和文明负有责任。在近代,根据以往的共识,每一个相对立的国家每每都可以视本国为绝对至上,以此为一切价值的准则。与之相对,这实在是很大的精神革命。[321]

根据平冈的讨论,这种以个人和人类文明、和平的直接关系的建立是"民"在近代的主体确立所带来的世界性变化。人类文明之名在新的国际秩序中将替代原来的"天"观念,实现"民"对代表人类文明的联合国授权。不幸的是,联合国无论其原初的理想多么美好,其力量却在后来的冷战格局以及其后的国际形势当中不停地被削弱下去。但为人民讨回正义的运动在此情形之下也一直在国际社会中得到不断的支持和组织化。如对战时性暴力问题,曾成立过卢旺达国际刑事法庭和前南斯拉夫国际刑事法庭等,认定"对于人道之罪";日本所谓"从军慰安妇"问题也在联合国人权委员会上被认定为违反国际人道法。国法不健全的情况下,我们还可以保留诉诸国际正义的权利和机会,在那里,"人道"将作为人类共同的普遍准则成为正义的规矩[322]。

新"天下"观近年来的兴起,在将来究竟如何被锻造成为指引人类社会发展的共同理念? 这实在是前途未卜的规划。但无论如何,它应该是以充分吸收人类自古至今每一个朝向真理和理想的不懈努力为前提,这样才可以成为人类和平未来的真正寄托。

---

[321]　平冈武夫:《天下的世界と近代国家》,《东光》1947 年第 2 号,第 20 页。

[322]　高桥哲哉:《历史/修正主义》,岩波书店,2001,第 78—79 页。

世界秩序"天下"论

张　锋[323]

作为一个中国版的世界秩序概念,自 20 世纪 60 年代以来,"天下"观引起了西方历史学家们的注意,其中最著名的当数费正清(John King Fairbank)和列文森(Joseph R. Levenson)。费正清将天下与中华帝国等同起来,将中国中心主义和等级制度,确定为以中国为中心的东亚国际秩序的核心特征。他称之为"中国的世界秩序",并认为在欧洲历史上没有与之相应的情况。[324] 费正清的学生列文森认为,天下体现了一种文化和价值体系,中国精英阶层对其忠心耿耿,这产生了独特的中华文化主义。现代中国发展了自己的民族主义,因为有人认为,文化主义阻碍了中国进入现代的、

---

[323] 张锋:华南理工大学长聘教授、公共政策研究院执行院长;研究方向为中国外交、中美关系、南海问题、中国与东南亚关系、东亚国际关系史及国际关系理论。

[324] John K. Fairbank, "A Preliminary Framework," in *The Chinese World Order: Traditional China's Foreign Relations*, ed. John King Fairbank (Cambridge, Mass: Harvard University Press, 1968), p. 2.

西方主导的世界。[325]

这些观点曾经极具影响力,但都不复经得起仔细推敲。西方和中国学者参与的一些新研究浪潮都对费正清的范式提出了质疑。[326] 天下是一个丰富而复杂的概念,不同的学者倾向于强调它的不同方面,这导致各家难以针对其定义达成一定共识。[327] 在过去 10 年中,没有人比中国社会科学院的杰出哲学家赵汀阳更能在哲学、国际关系和流行讨论中发挥更大的作用。赵汀阳提出了一个关于天下的三足鼎立的哲学概念:一个地球行星的物理世界;一个体现所有人民的一般意志的心理世界;以及一个负责维护世界秩序的普遍政治制度。[328] 然而,历史学家批评这种观点与历史事实脱节。[329] 赵汀阳对天下的某种形而上学的看法,也容易受到乌托邦主义和不切实际的指责。他的天下观念具有实证价值,但作为一种批判性和规范性的理论,才是最有实用性的。

笔者试图将天下看作一种世界秩序理论,该理论具有经验基础,以及批判性和规范性内涵。构建基于天下的经验理论,需要对这一概念的历史渊源进行恢复。因此,必须理解它在经典文本中

[325] Joseph R. Levenson, *Confucian China and Its Modern Fate: A Trilogy* (Berkeley and Los Angeles: University of California Press, 1968).

[326] Morris Rossabi (ed.), *China Among Equals*, *The Middle Kingdom and Its Neighbors*, *10th—14th Centuries* (Berkeley, CA: University of California Press, 1983); Zhang Feng, *Chinese Hegemony: Grand Strategy and International Institutions in East Asian History* (Stanford, CA: Stanford University Press, 2015).

[327] Zhang Qixian, "The Origins of the Concepts of 'Zhongguo' and 'Tianxia'", *The Dongwu Journal of Political Sciece* 27(2009):169—256.

[328] 赵汀阳:《天下体系:世界制度哲学导论》,江苏教育出版社,2005;赵汀阳:《天下的当代性:世界秩序的实践与想象》,中信出版社,2016。

[329] 葛兆光:《对"天下"的想象:一个乌托邦想象背后的政治、思想与学术》,《思想》2015 年第 29 期,第 1—56 页。

的用法,以及这些文本出现的政治和语言学背景。追随蔡孟翰
(Tsai Mon-han)的脚步,笔者认为一个大有可为的方向,是将天下
概念化为一个独特的、也许是自成一格的、由政治单元组成的等级
社会,这个社会出现于中国西周(前 1046—前 771)时期。蔡孟翰
认为,在这一历史背景下,"天下"应该被翻译为"全球性的联邦"或
"中华合众国",而不是纯粹的"天下"——这是一个遵照字面意思,
却颇为空洞的翻译。[330]

历史上的天下秩序

西周王朝被后来的中国人普遍尊崇为"政治完美和社会和谐
的典范"[331]。它也产生了一种典型化但从未被复活的天下秩序的
原型。公元前 1045 年,当时只是执政的商朝(约前 1600—前 1100)
统治下的一个崛起部落的周,镇压了商军,并与其他部落建立了一
个新的王朝联盟。那么,如何使新政权合法化呢? 如何治理包含
数百个政治单元的广大领域呢? 毕竟,虽然周在其中是最突出的
部落,但却绝不是主导者。这是两个关于秩序建设的关键问题,早
期的周统治者——特别是备受尊敬的周公——试图解决这两个
问题。

为了建立合法性,周朝统治者在"天命"的概念基础上重建了
中国的政治文化。他们认为周继承了夏朝(约前 2100—前 1600)

---

〔330〕　蔡孟翰:《论天下——先秦关于"天下"的政治想象与论述》,《文化纵横》
2017 年第 2 期。

〔331〕　Li Feng, *Landscape and Power in Early China: The Crisis and Fall of the West-
ern Zhou, 1045-771 BC* (Cambridge: Cambridge University Press, 2006),
p. 1.

和商朝的天命,而这两个朝代因政府的错误而失去了这种天命。周朝从夏和商的堕落中汲取教训,并认识到没有一个王朝可以永远地拥有天命,因而发展了一个政治理论,该理论植根于统治者的"德",而德则会通过人民的满意度体现出来。[332]

周朝的天下秩序是等级化的,以周王室为中心,两翼是地方诸侯(也称为"封建领主"),这些诸侯都是经过周王室"分封"的。周朝发明了一种称为"封建"的行政体系,这与中世纪的欧洲封建主义类似。在新征服的领土中,周王保留了一块相当大的"皇家领地"(王畿),并分别在西部和东部地区维持了两支军队。他们将剩余的土地给予他们的后代和近亲,使其成为他们权力下的地方诸侯。这些地方统治者也有权"分封"他们自己的臣民,这就创造了独特的社会阶层——封建贵族,成为周朝统治秩序的精英基础。

周王室意识到,其倚仗纯粹武力推翻领土秩序的能力有限,因而通过象征性地给予其土地,承认已经在征服土地上做强做大的地方统治者。[333] 这么做的目的是安抚这些地方统治者,并建立周王室对他们的上级权威。但由于诸侯的忠诚未经考验,周王室部署了新建的地方诸侯以监视他们,这些新诸侯由于血缘关系与周王室亲近,因而被认为关系更近。中国古代资料来源中,可见五个或九个同心的诸侯领地,从中心的周王朝区域扩散到周边区域。随着诸侯的地理和文化距离与周王室的中心渐行渐远,他们与周

[332] Hsu Cho-yun, "Applying Confucian Ethics to International Relations," *Ethics & International Affairs* 5, no. 1 (1991): 17;许倬云:《西周史》(增补二版),生活·读书·新知三联书店,2012,第114—125页; Chan Wing-Tsit, *A Source Book of Chinese Philosophy* (Princeton, NJ: Princeton University Press, 1963). p. 3。

[333] 许倬云:《西周史》,第162页。

王室的关系也变得更加疏离。[334]

　　封建体制的首要目的,是创建和安抚一系列边疆国家,以保护周王的安全和权威,并确保总体的和平与稳定。[335] 在周成王和周康王(前 1035—前 978)的统治时期,该制度已经基本实现了这些目标。直到周康王的统治结束时,周朝才发现有必要尝试新的扩张行为。[336] 然而,周朝很快就出现了衰落。许多地方统治者巩固了他们的国家并纷纷走向独立,拒绝承担为周王室提供防御的义务。[337]

　　封建体制以两种方式帮助维持周朝的天下秩序。第一种是有统一祖先崇拜的血缘关系。[338] 一个以亲属血缘为基础的宗族制度,或叫"宗法"制度,维系了周王室与地方统治者之间的长期关系,并创造了一个超越地域界限的家庭和政治共同体。周王既是在地方统治者之上的政治霸主,也是王室血统"主线"的最高位者——这一双重角色极大地促进了他的统治。在西周崩溃,以及随后天下秩序嬗变为竞争性的诸侯争霸体制后,亲属关系作为争霸诸侯之间秩序的来源,仍然保持其重要性。[339]

　　封建体制还通过规范的等级制度来维持天下秩序,这一等级制度划定了周王与其下属地方统治者之间的权利和义务。周王向

[334]　Hsu Cho-yun, "Applying Confucian Ethics to International Relations," p. 16.

[335]　许倬云:《西周史》,第 178—179 页。

[336]　Edward L. Shaughnessy, "Western Zhou History," in *The Cambridge History of Ancient China: From the Origins of Civilization to 221 B. C.*, eds. Michael Loewe and Edward L. Shaughnessy (Cambridge: Cambridge University Press, 1999), p. 320.

[337]　Edward L. Shaughnessy, "Western Zhou History," p. 351.

[338]　Li, *Landscape and Power in Early China*, p. 26.

[339]　许倬云:《西周史》,第 78 页。

地方统治者赠送礼物和恩惠,包括土地和人民,并通过仪式使他们对这些土地和人民的统治合法化。周王对天下的整体福祉负责,特别是针对内部稳定和外部安全。对于诸侯内部事务,这些地方统治者是有自治权的。然而,他们还是处在"诸侯监督者"的监督之下。这个诸侯监督者是一个世袭的职务,周王室在各个诸侯领地安插监督者作为周王的"眼线"。[340] 地方统治者对周王室最重要的义务是在战争时期派遣部队,以及以当地物产的形式对周王室进贡,以此来维护周王室的安全以及权威。为了评估他们履行义务的表现,周王试图经常性地监督他们的行为。[341]

封建体制创造了一个等级分明的天下秩序,周王(现称"天子")在这个等级制度的最顶端,其次是地方统治者,封建贵族,以及平民。通过将地方统治者对他们领土的权威进行合法化,周王从这些诸侯那里,也获得了通过诸侯而统治天下的合法性。[342] 于是周王同时成了最高政治统治者、最高军事指挥官、所有土地和人民的名义所有者、皇家血统的首席族长,以及至高无上的宗教和知识领袖。

但该体制也有一个缺陷,而且这个缺陷导致了周王室的衰落。赋予地方统治者的政治和行政自治产生了一股离心力量,随着时间的推移,这些地方诸侯支持周朝中央的意愿逐渐被破坏,这股离心力量甚至鼓励诸侯挑战周王室。与此同时,除了象征性的贡品之外,周王室只从其皇家领土中获取财政收入,而不对地方诸侯征税或索要资源。然而,周王室却将奖赏地方统治者的做法——即对

---

[340]　Li, *Landscape and Power in Early China*, p. 112.

[341]　许倬云:《西周史》,第 187—191 页。

[342]　Li, *Landscape and Power in Early China*, p. 115.

其赐予各种皇室厚礼,尤其是土地产权——进行制度化。由于这些财产必须从有限的皇室财产中剥离,这种"用忠君换好处"的原则减少了皇室的资源拥有量,削弱了周朝统治的经济基础,同时还助长了诸侯的权力和野心。[343]

经济疲软并非西周衰落和天下秩序解体的唯一原因。诸侯实力的巩固减少了他们对周王室的依赖,并诱使诸侯挑战周王室。一开始,各地诸侯还受缚于自己和周王室的亲属关系。但随着时间的推移,他们的渐行渐远削弱了家庭和文化规范对其竞争本能的限制。直到西周末期,祭祖和其他仪式,往往仍然有地方诸侯参与,但它们最终没能克服代际隔阂和地理距离。西周后期,周王自己都违反传统规范,包括对作为封建体制基础的宗法的数次攻击,这些都加速了周王室的衰落。[344]

西周在地方统治者和外国势力的共同攻击下于公元前 771 年土崩瓦解。幸存的周王室迁都到东方,并保持着一种象征性的统治,直到公元前 256 年被秦国所灭。在秦国无情的铁蹄实现了征服后,于公元前 221 年建立了中国第一个统一的官僚制国家。西周崩溃和秦统一之间的漫长时期,分为春秋(前 770—前 453)和战国(前 453—前 221)两个时期,其特点是政治动荡、社会转型和诸侯争霸。在某种程度上,它类似于 1648 年签订《威斯特伐利亚和约》与 1945 年第二次世界大战结束之间的现代欧洲政治。西周建立的前 100 年的天下秩序已经不复存在。周王不再掌握政治权威或经济和军事资源。周王室不仅无法镇压反叛的诸侯,甚至

---

[343]　Li, *Landscape and Power in Early China*, p. 91; Shaughnessy, "Western Zhou History," p. 328.

[344]　萧璠:《先秦史》,九州出版社,2009,第 129 页。

其自身的生存往往取决于诸侯支持与否。地方诸侯将周王视为虚构天下的象征性最高统治者,而现实世界却已经解体为一个自治国家的国际社会,不再受到周朝的统一权威的影响。五个霸权国家(春秋五霸)相继出现,试图承担周王的一些维持秩序的作用,即使这是通过军事征服并统治其他国家来破坏周朝建立的典型的天下秩序。

世界秩序的天下理论

西周建立后前 100 年的天下秩序接近其早期统治者所设定的理想状态。千年来,它为中国政治秩序的理论和治国理政提供了灵感,现在也为中国的国际关系理论提供了灵感。笔者的目的是根据中国历史现实概述其世界秩序理论。与此同时,笔者还借鉴了中国主要思想家的著作,特别是经典儒家代表荀子(前 310—前 215),以及当代哲学家赵汀阳的著作,演绎出该理论的批判性和规范性观点。他们的作品体现了典型的中国风格,同时具有经验性、批判性和规范性。如果处理得当,这可以为理论建构做出贡献。正如克里斯琴·勒–斯密特(Christian Reus-Smit)和邓肯·斯奈德尔(Duncan Snidal)所言,"每个国际关系理论都同时关于世界是什么样的,以及它应该是什么样的",因此"所有国际关系理论已经具有经验和规范的维度"[345]。一个好的理论可以,而且应该同时具备经验性、批判性和规范性。挑战就在于区分这些领域,并设定适当

---

[345] Christian Reus-Smit and Duncan Snidal, "Between Utopia and Reality: The Practical Discourse of International Relations" in *The Oxford Handbook of International Relations*, eds. Christian Reus-Smit and Duncan Snidal (Oxford: Oxford University Press, 2008), p. 6, 20.

的分析界限。

道德与领导

对于荀子而言,天下是一种不能被武力或强制占有的道德秩序。他认为"人可以征服一个国家,但不能征服天下"。国是一个可能由道德低下的小人建立的小东西,而天下则是一个崇高的共同体,只有有德行的圣人才可获得。[346]　国是物质的和短暂的,而天下则是道德的和持久的。天下的领导者必须具备道德责任和智慧的品质,如果他们失去了这样的品质,则会导致内忧外患的结果。即使他们通过武力维持自己的统治,他们也会失去作为一种道德秩序的天下。

荀子的观点是,衡量对天下领导力的标准,不是统治者的军事成功或物质能力,也不是其统治的地理范围,而是他们的高尚德行,以及这种德在百姓心中建立起来的合法性。统治天下并不意味着领土的扩张,而是"真正的国王"的道德权威对国家统一的影响。[347]　荀子认为,周公是如此受人尊敬,以至于各诸侯都希望他将自己纳入他的领土。为了统治天下,真正的王应该具备慈悲、道德和实力。[348]　但归根结底,天下秩序是基于德,而不是实力。

德,传统上被翻译成"virtue"(美德),但更好的译文是"moral excellence"(道德卓越),这是中国思想中的一个复杂概念。[349]

---

[346]　王天海:《荀子校释》,上海古籍出版社,2005,第 707 页。

[347]　同上书,第 495 页。

[348]　同上书,第 356 页。

[349]　Roger T. Ames, *Confucian Role Ethics: A Vocabulary* (Honolulu: University of Hawai'i Press, 2011), pp. 206-207.

"德"最初表示一般行为和动机,但在西周之后,这里的行为或动机中,被注入了勇敢、公平和智慧等道德属性。[350] 它往往与诸如武力和惩罚等对比鲜明的概念并列。在对外关系中,德表现出慷慨、和平、无欺凌的行为和态度。[351] 一个基本的要求是,统治者要遵循道德规范,并将自己塑造成所有人都能效仿的崇高榜样。[352]

周公的思想强调,统治者美德的重要性高于一切,将其视为政治行为美德的基础。统治者自身和政治行为这两个层面的道德卓越,在周朝精英看来对他们统治的稳定性至关重要。[353] 如前所述,周初的统治者将美德确立为其统治合法性的基础,并将百姓的满意度作为其检验尺度。赵汀阳认为,当时它反映了一种旨在确保公平分配利益的正义原则。[354] 后来,德暗示了一些更有利于他人而非自己的做法,因而也具备了道德维度。[355]

荀子通过区分以德治国、以武治国和以财治国之间的不同,提供了德的功效理论。以武力统治是弄巧成拙的,因为它无法在被征服的土地上强迫被征服者对其忠诚,统治者需要以更加高昂的成本维持一支庞大的军队,这最终会削弱他自身的力量;以财治国同样不可取,统治者试图满足百姓的胃口是以耗尽自己的资源为代价的,因而也是不可持续的;只有通过基于善良和适当行为的以

[350]　陈来:《古代宗教与伦理:儒家思想的根源》,生活·读书·新知三联书店,2009,第 317 页。

[351]　陈来:《古代思想文化的世界:春秋时代的宗教、伦理与社会思想》,生活·读书·新知三联书店,2009,第 275 页。

[352]　干春松:《重回王道:儒家与世界秩序》,华东师范大学出版社,2012,第 9页。

[353]　陈来:《古代宗教与伦理》,第 323 页。

[354]　赵汀阳:《天下的当代性》,第 109 页。

[355]　黄克剑、林少敏编《徐复观集》,群言出版社,1993,第 182 页。

德治国,统治者才能赢得百姓的忠诚和钦佩,并维持秩序。[356]

在这种背景下,荀子强调了政治领导在秩序维护中的至关重要性。他区分了三种类型的领导:王(真正的国王或人道权威),霸(霸权)和强(暴政)。[357] 真正的国王(王)是一个以最强的道德责任感(义)为基础,以最佳的适当性来管理的人,他通过自己的人道权威来实现对天下的领导。他的动机不是出于狭隘的自身利益,而是希望利用道德权威来促进共同利益并和平改造世界。榜样的力量,而不是武力,将天下与所有其他类型的世界秩序区分开来。[358] 荀子发现,周武王只有一块很小的领土基础,但在道德的领导下,他统一了天下,将地方诸侯纳入帐下,并从遥远的诸侯那里得到了进贡和服从。[359]

真正的国王的道德卓越赋予他领导天下的合法权力,包括适当使用武力的权力。因此,孔子评论说:"天下有道,则礼乐征伐自天子出;天下无道,则礼乐征伐自诸侯出。"[360] 笔者认为这句话为中国的正义战争理论奠定了基础。在真正的天下,中央政府设计规范和制度,包括与使用武力有关的规范和制度。中国古代的经验表明,一旦这种秩序衰落,其成员国就会超越中央权威,导致竞争性的国际体系。在这种体系中,战争不是出于道德原因而是出于狭隘的自身利益。[361]

---

[356] Burton Watson, *Xunzi*: *Basic Writings* (New York: Columbia University Press, 2003), p. 78.

[357] 王天海:《荀子校释》,第 355 页;Watson, *Xunzi*。

[358] 干春松:《重回王道》,第 47 页。

[359] 王天海:《荀子校释》,第 472—473 页。

[360] Roger T. Ames and Henry Rosemont, Jr. , *The Analects of Confucius*: *A Philosophical Translation* (New York: Ballantine Books, 1998), p. 196.

[361] 蔡孟翰:《论天下——先秦关于"天下"的政治想象与论述》,第 65 页。

相比之下,"霸"这样的统治者,他在道德上并非达到更佳,但在国内治理和外部联盟中获得了信誉和可靠度。他的实力激发了敬畏,他的信誉在其他国家中产生了信任。他主要靠私利(利)而不是道德义务(义)来驱动自身行为,相信可以通过制定战略、积累实力和建立信誉来实现对其他国家的霸权。[362] 春秋时期的霸主声称"支持周王,击退正在袭击华夏各诸侯的蛮人"。事实上,他们是站在国王的位置上进行统治的。霸权在本质上是不稳定的,因为即使在最好的情况下,联盟也是流动的。任何过于成功的霸主都会激发其他统治者的恐惧和嫉妒。儒家批评春秋时期的霸主们以武力和诡计,而不是道德篡夺了周王的权威。[363]

暴君(强)这类统治者,利用权力和策略来实现自身利益的最大化。他既不提倡道德责任,也不提倡信誉。双重性和虚伪性是其国内和对外政策的特征。结果,敌人瞧不起他,盟友对他产生了怀疑。即使他沉迷于阴谋和策略的日常实践,他的权力基础也是摇摇欲坠和稍纵即逝的。[364] 无论儒家与否,所有思想家都谴责暴君这种政府形式。

"无外"

将执政合法性根植于道德,而非血统继承、文化或种族——周朝的这种政治理论具备革命性的含义。任何具有美德的统治者,

---

[362] 王天海:《荀子校释》,第 478 页

[363] Bryan W. Van Norden, *Introduction to Classical Chinese Philosophy* (Indianapolis: Hackett, 2011), p. 12.

[364] 王天海:《荀子校释》,第 478 页。

都可能像周朝那样主张对天下的权力,并统治天下。因此,天下就成为对任何政治单位开放的普遍秩序。公元前 3 世纪的思想家和政治家吕不韦评论说:"天下,非一人之天下也,天下之天下也。"[365] 天下秩序的特征是普遍主义,而不是特殊主义。

在包容所有文化和民族单位的过程中,西周时期的原始天下秩序确实具有普遍性特征。它是一个异质的复合体,它不仅包含周朝,而且包含各种民族背景和文化传统的民族。周和其他民族之间的区别,如戎和夷(经常被误解为"蛮"),更多的是政治性的,而非在文化或种族方面。例如周认为,戎是可以在某些条件下被纳入天下秩序中来的政治和军事方面的敌人,而不是在其文化和种族范围之外的"他人"。[366]

西周之后,中华文明的发展给了中国精英一种文化和文明方面的优越感。他们开始将天下视作一个文明和政治实体,而非地域或民族的实体。在这样的天下里,中国被认为居于其中心地位。当时的人们注意到了中外文化之间的差异,但他们认为通过文化交流,特别是通过中华文明向外国人的传播,这样的差异并非不可逾越。中华文明优越性的假设反映了其文化普世主义。但这并不意味着使中外分歧永久化,而是为所有民族和政体提供一种实现文明升华的方式。[367] 天下的理想既是文明层面的,也是道德层面的。

中国精英认为,真正的国王应该通过将中国的优越文明和

---

[365]　转引自赵汀阳:《天下的当代性》,第 76 页。

[366]　Li, *Landscape and Power in Early China*, p. 285.

[367]　任剑涛:《吁求普世儒学——现代性儒学普世论立场的建构》,《开放时代》2011 年第 3 期。

有变革能力的道德传播到世界,建立一个包罗万象("无外")、宽容、融合的天下秩序,使世界成为一个和谐的家庭。[368] 尽管如此,中国的传统里并没有敦促政府采取军事扩张来实现这一目标。除非外国人自愿接受中国文化,否则中国人的生活方式不需要扩展到异国他乡。[369] 国学经典文本建议的和平转变战略是,通过让中国自身作为一个有价值的榜样,来说服和教化各国。[370] 因此,就有了"礼不外教"的著名原则——中国人不去外国教授礼仪。[371] 他们实现天下作为一个世界大家庭的理想的首选方法,是在多层次社会秩序中建立人道权威的心理和道德层面的方法。[372] 当时的人们认为,基于普遍正义原则的这种秩序,将通过超越狭隘的个人利益来维护所有组成单位的共同利益。[373]

　　源于中国传统普世主义的"无外"是赵汀阳的一个重要的规范概念。在他看来,理想的天下秩序是人人共建、共享和共有的秩序,它不需要以任何国家或政治、文化和种族群体为中心。[374] 它将代表基于包容和共存原则的整个世界的内在化。它试图建立一套相互联系的共同利益,这些利益可以由所有组成单位共同分享,

〔368〕　王尔敏:《中国近代思想史论》,社会科学文献出版社,2003,第 178 页;邢义田:《天下一家:皇帝、官僚与社会》,中华书局,2011,第 109 页。

〔369〕　Hsu Cho-yun, "Applying Confucian Ethics to International Relations," p. 21.

〔370〕　Joseph Chan, "Territorial Boundaries and Confucianism," in *Confucian Political Ethics*, ed. Daniel Bell (Princeton, NJ: Princeton University Press, 2008), p. 76.

〔371〕　赵汀阳:《天下的当代性》,第 129 页。

〔372〕　钱穆:《历史与文化论丛》,东大图书公司,1979,第 61 页;唐君毅:《中国文化之精神价值》,台湾学生书局,1991,第 289 页。

〔373〕　干春松:《重回王道》,第 42 页。

〔374〕　赵汀阳:《天下的当代性》,第 76、80 页。

因此加入这个集体的好处总是大于破坏它的好处。[375]

层级和规范

荀子提供了一种基于人类欲望和需求的秩序理论。他认为人类天生就有欲望,而且必须寻求一些方法来满足这些欲望。如果他们的追求没有限制、掌握无度,那么人类将必定陷入相互争吵。从争吵会带来紊乱,从紊乱又会带来消耗。人类生活在社会群体中,但如果没有适当的方式来区分他们的地位和角色,竞争群体之间的资源争夺必然会发生。荀子根据他针对中国古代历史——包括西周历史——的理论,声称古代国王讨厌这种混乱,并建立了仪式规范(礼)和适当性的标准(仪),以在当时各行为主体之间创造社会差别(分)。这样做的目的是训练他们的欲望,并满足他们的需求。这样一来,他们的欲望就不会过度扩展而超过满足其欲望的手段,而物质产品也不会少于人们想要的数量。[376]

荀子究其社会乱序的根源,在于"分"之不足——分,即是社会关系的适当区别,以及根据社会地位和角色适当分配资源。分意味着等级。荀子认识到社会不是通过聚集相同的单位来巩固,而是通过将不同的单位整合到一个等级制度中。由于每个相同的单位都有自私和不妥协的欲望,因此相同单位的存在只会导致竞争和冲突。等级制度,只要是建立在"仪"(适当性标准的基础)上,就可以通过创造合理的社会差别和相应的公平的资源分配来

---

[375]　赵汀阳:《天下的当代性》,第 77 页。
[376]　王天海:《荀子校释》,第 346、430、751 页;Watson, *Xunzi*, p. 93.

防止冲突。[377] "仪"指的是建立在可接受的正义原则基础上的最优适宜性标准,这些正义原则总是意味着一些道德责任。如果"仪"是基于具体情境的正义标准,那么以"仪"为基础的等级秩序会有助于社会和谐。[378] 荀子认为,一个贤明的统治者应该能够发展"变"的认知能力,以认识和增强社会等级制度的正义性。[379]

维系等级秩序的基本黏合剂就是经典儒家所说的"礼"。这个概念,最初的意思是仪式的实践,象征着各类社会规范,包括仪式礼仪,这是中国传统社会的特征。孔子、荀子,以及后来的许多儒家学者,都认为礼是"人类之道上的最高成就",是理想社会政治秩序的终极解决方案。[380] 社会各群体的适当行为,是社会秩序与和谐的基础,而它的崩坏,则是混乱和冲突的前奏。以礼为基础的秩序,从区分社会地位开始。每一种地位都对应着一套不同的权利和义务。秩序的稳固性取决于不同社会角色各自的权利和义务如何履行,而社会角色是否愿意履行其权利和义务,又取决于作为秩序基础的正义原则是否具备足够的吸引力。如果礼的规范性引力足够强大,那么一个秩序应该能够毫不费力地实现自我维持。如果说"仪"是一种正义原则,使社会的差别和等级的分层合法化,那么礼就是创造和维持这种等级秩序的最高途径。

荀子将天地、先祖、君师确立为礼的三大基础,并且认为对帝王和师长的尊敬是礼的基础。[381] 他对等级权威的尊重源于中国

---

[377] 王天海:《荀子校释》,第 419 页。

[378] 同上书,第 380—381 页;Watson, *Xunzi*, p. 48。

[379] Masayuki Sato, *The Confucian Quest for Order: The Origin and Formation of the Political Thought of Xun Zi* (Leiden: Brill, 2003), pp. 356-361.

[380] 王天海:《荀子校释》,第 768 页;Watson, *Xunzi*, p. 99。

[381] 王天海:《荀子校释》,第 757 页;Watson, *Xunzi*, p. 95。

古代的经验。正如我们所看到的,周朝是一个同心圆形式的等级治理模式,建立在"亲疏"和"高低"的双重规范基础上。前者指的是建立在血缘关系基础上的亲密关系,后者则指的是两个统治者之间的相对角色。[382] 周王处于中央位置,周围环绕着几圈地方统治者,这些统治者离中央的距离取决于他们与周王的亲疏关系。最外围的圈子里住着一些偏远的政治组织,与周王室只有象征性的朝贡关系。经过一定修改,这种等级秩序的模式在公元前221年后被统一的中国用来管理对外关系,这就产生了作为外交机制的著名的"朝贡制度"。[383]

荀子以礼为基础的等级秩序有其工具性根源,但更重要的是它的伦理和情感层面。"当礼仪以最高的规格执行时,"他写道,"那么情感以及体现情感的形式就会充分实现。"[384] 在荀子之前,孔子就发展了"仁"的概念来反映一种心理状态。这种心理状态产生感情和义务,并带有情感依恋和伦理意味。这些观点演变成了一种儒家的情感理性,它与工具理性不同。工具理性是指行为体的战略行为是基于结果主义的、为结果而做的算计。[385] 情感理性是指包含承诺、同情、喜爱和人类义务的社会行为,因此它不仅仅是工具性的计算。它是基于相互尊重、感情和义务的儒家社会

---

[382]　Zhang, *Chinese Hegemony*, p. 28.

[383]　David C. Kang, *East Asia Before the West: Five Centuries of Trade and Tribute* (New York: Columbia University Press, 2010); Zhang Feng, "Rethinking the 'Tribute System': Broadening the Conceptual Horizon of Historical East Asian Politics," *Chinese Journal of International Politics* 2, no. 4(2009): 545-574; Zhang, *Chinese Hegemony*.

[384]　Watson, *Xunzi*, p. 98.

[385]　Raymond Boudon, "Limitations of Rational Choice Theory," *American Journal of Sociology* 104, no. 3(1998): 817-828; Raymond Boudon, "Beyond Rational Choice Theory," *Annual Review of Sociology* 29 (2003): 1-21.

生活关系范式的心理、情感和伦理基础。儒学包含了社会心理学的内隐理论,这种理论将"心"确定为人类行为的基本驱动力——这是一种情感驱动力,它提供了情感上的满足和合乎伦理的生活方式。[386]

关 系 理 性

情感理性在中国传统对外关系中扮演着重要的角色。例如,在明朝早期(1368—1424),情感性的策略在中国与朝鲜、日本和蒙古这三个邻国的战略互动中占据了五分之一以上。[387] 情感理性的特征是关系上的情感和义务。情感行为是非结果主义的,它不是指向行为的结果,而是指向行为本身。之所以这样做,不是因为它能产生结果,而是因为它在心理上是自然的,在情感上是令人满意的,在伦理上是符合儒家思想的。当一个人试图与另一个人建立情感关系时,这种关系本身就成为目标,因为只有通过这种关系,感情和义务才能得以实现和加强。因此,情感关系是社会交往的最终归宿,而不是工具性关系中达到目的的手段。[388] 在传统的东亚地区,中国及其邻国的统治者都不同程度受到了儒家的影响,外交政策都不同程度反映出了情感理性。

在儒家关系论的精神下,赵汀阳建立了一种关系理性理论,他认为这套理论更适合于在相互依存的世界中实现共同利益。他认为,个体理性,及其在现代社会学中产生的方法论层面的个人主

---

〔386〕 Zhang, *Chinese Hegemony*, p. 27.

〔387〕 Ibid. , p. 177.

〔388〕 Ibid. , 28.

义,毫无道理地把原子论的个人作为分析的首要单位。个人理性是排他的自我利益最大化的理性。它可能导致集体非理性,因为它体现的是一种单方面、最大化自身利益的策略,这种策略最终会弄巧成拙、适得其反。[389]

赵汀阳提出了一种关系方法论的替代方案,用关系而不是个人来分析人类行为和价值观。关系理性优先考虑从相互伤害最小化开始的最佳相互关系,而非关注个人利益最大化的最佳单边策略。它为"和谐的战略"创造了条件,其合作精神体现在了儒家的"恕"这一原则上,即"己欲立而立人,己欲达而达人"。[390] 当相互伤害最小化,并且合作范围最大化时,个人的利益才是最有保障的。[391] 尽管如此,关系理性和个体理性可以相互补充,从而在人类理性中创造一个整体平衡。[392]

赵汀阳强调了关系理性在本体论上高于个体理性的优先性。关系理性是否真的在中国历史上或是其他任何地方盖过了个人理性,这是一个经验性问题。即使是对儒学的规范性有着强烈执念的学者,也认识到工具理性在日常生活中的作用。回到明朝早期的例子,在中国与邻国的战略互动中,工具理性总体上比儒家情感理性更为凸显。尽管如此,关系理性仍然保留着它的实证价值,且具有重要的规范性意义。

---

[389]　赵汀阳:《天下的当代性》,第 35 页。

[390]　赵汀阳称此和谐的战略为"儒家改善"。赵汀阳:《天下的当代性》,第 118 页。

[391]　赵汀阳:《天下的当代性》,第 38 页。

[392]　同上书,第 36 页。

秩 序 转 变

荀子区分了三种类型的国际领导者,即王(人道权威)、霸(霸权),以及强(暴君),暗示了三种类型的世界秩序:王执掌天下,霸执掌霸权,强执掌暴政。他描述了从天下到霸权,甚至可能到暴政的两种秩序转变机制,这是一个秩序衰亡和崩溃的过程。根据这些机制的反向逻辑,这个过程的逆向过程则代表秩序的巩固。

天下秩序是建立在"以德治国"的基础上的。因此,德治的衰落是天下秩序衰落的第一个机制。以德治国以"仪"为基础,这是衡量适度与否的标准,反映了正义和礼作为规范和制度的原则。在周朝,"仪"的一个重要组成部分是公平正义,也就是公平的利益分配。赵汀阳认为,周王室无力通过提供这些利益来维护世界秩序,从而体现共同利益,这是其衰落的原因。[393] 然而,问题是具有两面性的:除了周王室越发无力执行其宣称的正义原则之外,其下属诸侯日益增长的胃口和需求,导致他们质疑周王室的道德主张,这也是一个重大挑战。

秩序转变的第二个机制是系统规范的强大及其对行为的约束。在荀子看来,社会政治规范,即"礼",是不可或缺的秩序的基础。他认为,社会精英——包括他所处时代的世袭统治者和贵族阶层——遵循礼是非常重要的,因为他们的行为,无论好坏,都会树立榜样,被民众追随,并带来社会后果。[394] 这一观点几乎为所有古典儒家学者所认同。孔子首先阐述了这一观点,他哀叹说礼

---

[393]　赵汀阳:《天下的当代性》,第 124 页。

[394]　Sato, *The Confucian Quest for Order*, p. 413.

崩乐坏导致了周朝秩序的衰落,还导致了周朝各诸侯之间日益激烈的军事竞争。

春秋战国时期的中国历史,为践踏规范所导致的腐蚀效应提供了诸多证据。一个生动的例子是公元前7世纪,一位来自被中国诸侯认为文化程度不高的戎族的使者与当时在中国崛起的秦国的统治者之间的对话。秦国的统治者哀叹,尽管中国文化造诣很高,但中国社会却周期性地出现了混乱。秦国的统治者问,没有这种文化水平,戎国是如何管理自身的。这位使者回答说,中国的世界是混乱的,那是因为中国的统治者把规范和法律强加于他们的臣民之上,可他们自己却违反了这些规范和法律。戎国之所以有秩序,是因为它的统治者用道德来对待臣民,而其臣民则正直诚实地对待统治者。具有讽刺意味的是,秦的统治者感到自己受到了戎国政权的威胁,于是他送出了包括妇女在内的精美礼物,来腐化戎的统治者。[395]

11世纪伟大的历史学家司马光,将周朝的衰落完全归咎于构成传统君臣关系的规范的崩溃。像荀子一样,他特别强调社会上层,尤其是统治者遵守规范的重要性。规范是道德的反映。西周晚期诸王的道德沦丧,首先导致了周朝规范秩序的衰落。由于他们违反了道德义务,从而损害了其统治的合法性,因此地方诸侯不再感到受到其权威的制约。地方诸侯向周王室提出挑战,并开始相互侵略。随着社会规范的瓦解,权力之争和阴谋诡计成为主流,这推动了以竞争和主宰为特色的新秩序。[396]

道德沦丧和践踏规范这两种秩序崩溃的机制是有内在联系

---

[395]　司马迁:《史记》,中华书局,2005,第138—139页。
[396]　司马光:《资治通鉴》,中华书局,2009,第6页。

的。践踏规范可能反映了道德沦丧。从这个意义上说,基于规范的机制是更深层次的、基于道德的机制的外在表现。因此,道德规则的衰落和对规范的践踏,都削弱了规则的合法性。然而,对规范的践踏,尤其是来自社会精英的违规行为,也可能引发下层民众一连串的违规行为,导致日积月累的道德崩溃。道德沦丧和规范崩溃之间的相互作用,共同导致了社会政治秩序的衰落。

理论独特性

刚刚概述的天下世界秩序理论是基于中国的历史和思想,其部分原始语境不再适用于现代世界。然而,它涵盖了持久的经验以及规范性见解,这些可以为现代世界秩序理论提供支撑。笔者在这里对其进行总结,并在下一节中,通过将它们应用于当代世界秩序的两个关键领域来说明它们的价值。这两个关键秩序,便是战后美国秩序,以及以联合国为中心的全球秩序。

该理论将秩序的起源定位于等级权威中。等级制度表现为不同的社会地位和角色的分化,及其相应权利和义务的分化。合法而持久的等级秩序是由社会政治规范和制度(礼)来维持的,并以适当标准(仪)为基础,后者反映了可被接受的正义原则。礼和仪共同产生了"以德治国"。

礼针对的是等级世界秩序的规范和制度基础。它的第一个要求就是,该秩序的领导人采取一种以身作则的战略,遵循基于可接受正义原则的准则和机制。如果这些原则随着环境的变化而改变,那么领导者必须适应这些规范和制度,为的是一方面重新确立其领导地位,另一方面保持秩序的稳健性。

　　和谐的秩序要求有良好的关系理性,或儒家语境中的情感理性。情感理性的意义在于强调关系的情感和义务,这是工具理性所缺少的属性。在儒家文化背景之外,情感理性要求对他人有一定程度的友好和喜爱——这绝不是一项无法完成的任务。

　　天下秩序是建立在以德治国的基础上的,而非武力或胁迫。它需要王的领导,王是中国传统文化中真正的国王,可以被理解为世界政治中的人道权威。一个现代的"王"可能会出现在声称拥有国际领导地位的强国之中。但国际机构也有可能符合这一条件,只要它们得到大多数国家的支持,并在大多数国家中具有威信。在儒家的理想中,是由王来设计支撑天下秩序的规范和制度,其中包括关于使用武力的规范和制度。

　　天下秩序是"无外"的。无论其等级权威位于何处,该秩序应对所有政治单位保持开放和包容。传统的中国,通过其道德规劝和自身文明的卓越,为所有文化和民族社群的和平包容和转型提供了一种典范。在现代世界,这样一个"无外"的秩序不需要以任何一个国家为中心;相反,它应该是所有国家共同建立并且一道分享的。这样的秩序能够创造条件,使加入和维护它所产生的共同利益,总是大于离开或破坏它的利益。为此,基于关系理性的和谐战略应该得到良好的实施。

　　该理论假定了三种世界秩序:王(人道权威),霸(霸权)和强(暴政)。秩序转换通过两种机制发生:道德规则的变化以及系统规范的稳健性。这两种机制都说明了具有合法性的权威在维持秩序中的重要性。主导行为体的道德沦丧以及对规范的践踏,会导致秩序的衰退和崩坏。

　　这一理论的最后一层含义是,有效的等级秩序最终会导致其自身的消亡和转变,这一点从西周天下的命运就可以看出来,而不

是古典儒家的观点。在一定程度上，正是由于周王室赋予地方诸
侯自治权，以及对诸侯的慷慨赠予，导致权力的天平向后者倾斜。
中国古代历史也表明，等级秩序的瓦解将导致新的等级秩序建立，
代替之前的不稳定和冲突阶段。这提供了一种基于周期性的观
点，即秩序转型是一种介于等级制度和无政府状态之间的转型，认
为重大战争是变革的关键催化剂。

美国的世界秩序

学者们现在普遍承认美国在"二战"后建立的国际秩序的等级
制度。[397] 这种秩序与苏联领导的秩序以及一个巨大的中间地带
并存，它不是全球性的，而是局限于西方自由主义这一核心。[398]
就像中国传统的朝贡制度一样，美国的秩序区分了它的组成单位
的地位和角色，而美国自己则是高高在上。一种持久的优越感和
等级感是这两个等级制度的共同特征。[399] 在美国的等级制度中，
最重要的"礼"，是美国的全球联盟和伙伴关系体系，尤其是欧洲的
北大西洋公约组织（NATO）和位于东亚的五个双边同盟所产生的

[397] David Lake, *Hierarchy in International Relations* (Ithaca, NY: Cornell University Press, 2009), chap. 3; G. John Ikenberry, *Liberal Leviathan: The Origins, Crisis, and Transformation of the American World Order* (Princeton, NJ: Princeton University Press, 2011); Khong Yuen Foong, "The American Tributary System," *Chinese Journal of International Politics* 6, no. 1 (2013): 1-47; Daniel J. Sargent, "Pax Americana: Sketches for an Undiplomatic History," *Diplomatic History* 42, no. 3 (2018): 357-376.

[398] Simon Reich and Richard Ned Lebow, *Good-Bye Hegemony!: Power and Influence in the Global System* (Princeton, NJ: Princeton University Press, 2014), p. xi; Sargent, "Pax Americana: Sketches for an Undiplomatic History," p. 359; Amitav Acharya, *The End of American World Order* (Cambridge: Polity, 2014).

[399] Acharya, *The End of American World Order*.

规范和制度。邝云峰将这一制度与传统的中国朝贡制度相比较，认为美国建立了世界上最成功的"朝贡"制度。[400]

但是，美国的等级制度不同于天下理论中强调的等级制度。在传统的"天下"语境中，等级制度具有重要的情感成分，尽管在实践中并没有排除工具主义。美国的等级制度从根本上说是工具主义的，正如现实主义、理性主义和自由主义学者都试图强调的那样。戴维·莱克（David Lake）建立了一种社会契约方法，他认为，美国的等级制度建立在以秩序换取遵从和合法性的物质交换的基础上。[401] 约翰·伊肯伯里（John Ikenberry）在自由国际主义的基础上认为，美国的秩序建立在战略理解和霸权交易的基础上，美国通过提供安全及对稳定和开放市场的承诺，向其他国家提供"服务"。[402] 因而，中国的传统等级制度和美国的制度，二者在逻辑上既有有意思的相似之处，也有显著的不同点。

美国等级制度的工具主义，体现在美国与其盟友和伙伴之间的结果主义成本效益计算中。如果占主导地位的国家认为维持秩序的代价超过了它的好处，或者次级国家认为加入这一秩序的代价大于其好处，那么工具主义就可能成为产生混乱的根源。这已经发生了。从乔治·W.布什（George W. Bush）政府开始，美国的政策制定者一直抱怨位居其下的盟友没有分担责任。为此，美国总统唐纳德·特朗普（Donald Trump）甚至威胁要撕毁北约和美国与日本及韩国的同盟关系。

---

[400]　Khong, "The American Tributary System," p. 1.

[401]　Lake, *Hierarchy in International Relations*, p. 3.

[402]　Ikenberry, *Liberal Leviathan*, p. 2.

人们普遍认为,美国的秩序正在衰落,甚至正在崩溃。[403] 天下理论提出的两种秩序变迁机制——道德规则的衰落和领导国家对规范的践踏——是相互关联的。美国领导人喜欢用道德的外衣来包装美国的外交政策,产生了一种例外主义,认为外交政策是一种救世主般的使命,要将民主和自由带给全世界。在建立这种道德理想主义方面,没有人比伍德罗·威尔逊(Woodrow Wilson)总统做得更多了。威尔逊主义后来成为美国外交政策的一个主要传统,即将美国的国际战争,从第一次世界大战一直到 2003 年入侵伊拉克的战争,解释为纯粹的利他主义的高尚行为,充满了仁慈,丝毫没有私利。[404] 因此,美国有着独一无二的主张——以德治世。

事实上,无论是威尔逊还是后来的美国政府,都没有兑现这一承诺。的确,有人会说,威尔逊的自由国际主义自相矛盾地为非道德和军国主义的外交政策播下了种子。例如,美国总统理查德·尼克松(Richard Nixon)就利用这一政策将越南战争升级,声称他的计划将使美国更接近威尔逊"实现公正持久和平的目标"[405]。

在对盟友和对手的政策中,美国将狭隘的私利置于道德或正义之上的例子不胜枚举。我们从安全关系开始说起。在拉丁美洲、亚洲和中东地区,美国通过支持右翼独裁统治、反对民选政府的政变,以及彻底的军事干预,寻求霸权或安全优势。[406] 在发动

[403] David Lake, "International Legitimacy Lost? Rule and Resistance When America Is First," *Perspectives on Politics* 16, no. 1 (2018): 6-21; Sargent, "Pax Americana: Sketches for an Undiplomatic History,".

[404] Patricia O'Toole, *The Moralist: Woodrow Wilson and the World He Made* (New York: Simon & Schuster, 2018).

[405] Jennifer Szalai, "In 'The Moralist,' Woodrow Wilson and the Hazards of Idealism," *The New York Times*, May 2, 2018.

[406] Reich and Lebow, *Good-Bye Hegemony!*, p. 22.

冷战的过程中,最被美国看重的,是美国的优势和对苏联实力的遏制——不是人权,不是个人自由,也不是私人财产。这与美国宣称的道德领导力截然相反。[407] 正如梅尔文·莱弗勒(Melvyn Leffler)所言,杜鲁门主义是霸权主义,其追求的是"权力的优势"。[408] "国家安全,而不是共同战略或合作战略,成了凌驾于一切之上的目标,几乎成为一种意识形态,时至今日依然如此。最能反映美国原始自身利益的,或许是其高举预防性战争的信条,它深深植根于美国的历史,并且因 2003 年入侵伊拉克而臭名昭著。"[409]

经济领域也有很多例子。尼克松政府为拯救美国经济而抛弃了布雷顿森林体系。里根政府迫使日本和德国接受其货币的大幅升值,以使美国出口具有竞争力。而特朗普政府现在也正在与战后的秩序作斗争,以此服务于"美国优先"的民族主义和本土主义。

美国的秩序明显是军国主义主导的。美国拥有超过 150 万军队的军事力量,近 100 万的军事储备,25 万士兵永久驻扎在海外的700 多个军事基地,成千上万的人则被派遣去参与海外的实际行动。美国对这样的军事优势着迷不已。[410] 虽然美国对其盟友和合作伙伴的等级权威的一个重要来源,是其对他们提供军事安全保障,但这种保障似乎对其他国家而言,却构成了威胁与胁迫。在

[407] Melvyn P. Leffler, "Revisiting the Imperium," *Diplomatic History* 39, no. 2 (2015): 381.

[408] Melvyn P. Leffler, *A Preponderance of Power: National Security, the Truman Administration, and the Cold War* (Stanford, CA: Stanford University Press, 1992).

[409] Melvyn P. Leffler, "9/11 and American Foreign Policy," *Diplomatic History* 29, no. 3 (2005): 395-413.

[410] Rosemary Foot and Andrew Walter, *China, the United States, and Global Order* (Cambridge: Cambridge University Press, 2011), p. 61; Khong, "The American Tributary System," p. 18.

典型的西周天下中,安全保障也是周王室的一项重要义务。尽管如此,周王室却从未试图像美国那样建立巨大的军事优势。在军事能力方面,几个主要的地方诸侯足以与周王室抗衡。

美国对军事力量的痴迷,源于其对世界秩序负有特殊责任的例外主义。[411] 比尔·克林顿(Bill Clinton)政府的国务卿马德琳·K. 奥尔布赖特(Madeleine K. Albright)宣称,美国拥有前所未有的实力、无与伦比的责任和机遇,是"不可或缺的国家"。然而,在发展联盟和积累实力的过程中,美国更像是一个"霸"(霸权),而不是"王"(人道权威)。因此,在 1971 年与亨利·基辛格(Henry Kissinger)的会谈中,中国总理周恩来用"霸"来描述美国的国际角色。[412] 今天,大多数中国人还是这样看待美国。美国也经常表现得像个十足的"强"(暴政),因为它使用暴力和阴谋来颠覆或推翻外国政府。因此,许多人认为,自 20 世纪以来,美国已然成了一个帝国。[413]

亨利·基辛格将美国的外交政策描述为建立在维持权力平衡的现实主义决心,和终结专制权力的理想主义承诺之上。[414] 这种矛盾的做法类似于"霸",其主要动机是狭隘的私利,但并非完全没

[411]　Foot and Walter, *China, the United States, and Global Order*, p. 69.

[412]　Michael Pillsbury, *The Hundred-Year Marathon: China's Secret to Replace America as the Global Superpower* (New York: Henry Holt, 2015).

[413]　Chalmers Johnson, *Blowback: The Costs and Consequences of American Empire* (New York: Henry Holt, 2000); Chalmers Johnson, *The Sorrows of Empire*, (London: Verso, 2004); Andrew Bacevich, *American Empire* (Cambridge: Harvard University Press, 2002); Niall Ferguson, *Colossus: The Rise and Fall of the American Empire* (London: Allen Lane, 2004); Michael Mann, *Incoherent Empire* (London: Verso, 2005); Perry Anderson, *American Foreign Policy and Its Thinkers* (London: Verso, 2015).

[414]　Henry Kissinger, *Diplomacy* (New York: Simon & Schuster, 1994), chap. 2.

有道德责任感。因此,历史学家认为,美国"在外交政策的实施上既非异常的善良,也非异常的邪恶"[415]。然而,在唐纳德·特朗普总统的领导下,美国的道德领导力已降至新低。特朗普消解了真伪之间的界限,发现自己在一个没有道德的宇宙中,才最为自在。因此,美国的传统同盟,尤其是北约,正在瓦解。[416] 理查德·内德·勒博(Richard Ned Lebow)记录了美国人愈发狭隘的对自身利益的认识,他们已经从开明的利己主义,逐渐转变为自私的个人主义。[417] 这是美国道德领导力衰落的最终反映。

天下理论提出的第二种无序的机制,是主导国家对规范的践踏。美国近年来最严重违反国际准则的事件,是英美在 2003 年入侵伊拉克的行动,此举挑战了先发制人的准则。[418] 从历史上看,美国一直表现出一种持续的倾向,即周期性地背离它所帮助建立的全球准则。美国多次选择单方面使用武力,对友好国家的核扩散问题视而不见,对国际货币基金组织关于削减美国财政赤字的建议充耳不闻,还取消了执行金融和气候协议的承诺。[419] 特朗普政府已退出《跨太平洋伙伴关系协定》(TPP)、《巴黎气候协定》和《伊朗核协议》。所有这些都是其前任巴拉克·奥巴马(Barack Obama)政府付出巨大努力谈判出的成果。

这种对规范的践踏行为,揭示了美国秩序的规范危机和制度

[415] Sargent, "Pax Americana: Sketches for an Undiplomatic History," p. 362.

[416] Roger Cohen, "The Moral Rot That Threatens America," *The New York Times*, May 18, 2018.

[417] Richard Ned. Lebow, *The Politics and Business of Self-Interest from Tocqueville to Trump* (Basingstoke: Palgrave Macmillan, 2018).

[418] Ian. Hurd, "Breaking and Making Norms: American Revisionism and Crises of Legitimacy," *International Politics* 44, no. 2-3 (2007): 194-213.

[419] Foot and Walter, *China, the United States, and Global Order*, pp. 277-278.

危机。笔者注意到,天下学说中的"礼"的概念,凸显了世界秩序的规范性和制度性基础。美国在这方面的无能,反映了其内部的政治,特别是体制上的功能失调。"二战"后的头 20 年,美国政府(尤其是共和党政府)以及国会对国际准则和协议充满了敌意,可这正是美国秩序的制度框架。在冷战后的时代,美国国会曾多次挫败一些可能重振世界秩序制度框架的举措,尤其是 1982 年的《联合国海洋法公约》、1997 年的《京都议定书》以及美国加入国际刑事法院等。[420] 由于感受到了国会的这种敌意,奥巴马政府并没有向国会提交《跨太平洋伙伴关系协定》《巴黎气候协定》和《伊朗核协议》。

天下理论认为,成功的等级秩序最终会为自己的灭亡铺路。20 世纪 70 年代以来,美国秩序的经历就是一个很好的例子。美国主导的全球化,特别是跨国公司和对外直接投资,促进了工业现代化的扩散,同时推动了美国生产能力的相对下降。其他国家,从日本和西德到韩国和中国,已经赶上并超过了美国的成就。讽刺的是,他们的成就来自美国不同程度的援助。正如一位历史学家所说:"通过鼓励对现代性的传播,美国的世界秩序得以服务于更广泛的利益。而具有讽刺意味的是,这也加速了美国自己的灭亡。"[421] 中国古代的历史表明,当某个等级制度瓦解之后,会出现一个动荡和冲突的历史阶段,正如春秋战国时期跟随着西周的崩溃一样。世界历史也广泛地表明,若要通过创造性的重建来建立新秩序,常常需要发生灾难,包括重大战争。这种负能量的历史观提出了一个问题,就是在当代条件下,美国主导的秩序能否实现和

---

[420]　Sargent, "Pax Americana: Sketches for an Undiplomatic History," pp. 371-372.

[421]　Sargent, "Pax Americana: Sketches for an Undiplomatic History," p. 375.

平转变?

乍一看,美国建立了世界上第一个真正意义上的天下秩序。"二战"期间,一些政府官员幻想"整个世界在以美国为中心的统治下实现大一统"[422]。在传统中,中国对天下的声索从未超出亚洲的范围。美国自称是"自由世界的领袖",这是没有地域界限的:所有那些自由的人和寻求自由的人都是这个世界的一分子。因此,邝云峰指出,美国在20世纪后的外交政策轨迹,已经从"国家"转变为"天下"。[423]

不说别的,真正的"天下",要求其领袖具备变革性的榜样力量,这种力量足以将所有文化和实体普遍而和平地纳入其中。美国确实把自己看作"引人注目的所有国家的榜样",十分类似于传统中国的"以身作则"的原则。[424] 然而问题是,美国经常试图通过武力和胁迫来输出自己这个榜样。自19世纪末期以来,尤其是自1945年以来,其防御性的例外论,即将自己树立为各国必须效仿的榜样,已逐渐式微。取而代之的是一种进攻性的例外论,即"通过再生性的干预来推动世界前进"[425]。通常被称为"国际主义"的行为,实际上是美国大举干涉别国的民族主义。试图通过一种过分自信的、有时是咄咄逼人的模式输出,从而以美国自己的形象来塑造世界,这很难促进和平、和谐的包容,也很难融合世界上所有伟

[422]　Anderson, *American Foreign Policy and Its Thinkers*, p. 21.

[423]　Khong, "The American Tributary System," pp. 29, 42.

[424]　Anderson, *American Foreign Policy and Its Thinkers*, p. 6; Zhang Feng, "The Rise of Chinese Exceptionalism in International Relations," *European Journal of International Relations* 19, no. 2 (2013): 319.

[425]　Anders Stephanson, *Manifest Destiny: American Expansionism and the Empire of Right* (New York: Hill and Wang, 1995), p. xii.

大的文化和政治传统。

联合国的世界秩序

在中国传统观念中,天下秩序是基于天子的等级权威。将该理论进行现代化改造后,我们可能会将这种等级制度重新定义为维护天下秩序的政治机构或国家间的协作机制框架(不一定是世界政府)。著名的历史学家王赓武认为,天下"可以指被认可和合法化的权威,这一权威有权遏制和缓和国家暴力,以及政治和军事统治"[426]。其他学者提出问题,设想当前的国际秩序"是否可以从美国的单一力量中脱离出来,从而使这个秩序的存在变得更加具有协作性"[427]。从这个意义上讲,探讨联合国是否应该为了世界的和平与和谐来维护一个天下秩序,将是一件有趣的事情。

联合国已经满足了天下秩序的一个关键标准——"无外"。国家主权平等,以及对所有可能成为会员国的国家持开放态度,这反映了联合国"全球包容性"的创始原则。[428] 成员国被视为朋友,而不是敌人,这与建立在非友即敌基础上的联盟关系形成了鲜明对比。因此,这又满足了另一个天下秩序的标准,即和平而和谐的包容。然而,一个比其国际主义精神更重要的标准是,联合国在决定武力的使用方面具有权威性。

---

[426] Wang Gungwu, "Wang Gungwu on Tianxia," *The China Story*, 2013, accessed 25 April, 2018, https://www. thechinastory. org/2013/08/wang-gungwu-王庚武-on-tianxia-天下/.

[427] Sargent, "Pax Americana: Sketches for an Undiplomatic History," p. 376.

[428] Peter Gowan, "US: UN," *New Left Review* 24 (2003): 5-28.

　　笔者曾经引用过孔子的话,即"天下有道,则礼乐征伐自天子出"。当秩序随着天子权威的衰落而衰落时,其成员国便开始宣称对这些机制具有权威性。根据这一观点,另一位古典儒家思想家孟子认为,春秋时期没有正义战争。[429] 他所说的"正义战争",指的是天子作为等级更高的道德权威,对等级较低的实体发起或实施的惩罚行动。因为中国在春秋时期已经堕落为一个充满暴力的诸侯争霸体系,周天子没有行使任何有意义的中央权力,所有争霸诸侯之间的战争都不是"正义的"。蔡孟翰认为,孔子和孟子的这些思想构成了中国的正义战争理论,该理论否定了相互竞争国家间战争的合法性。[430] 战争只有在经由道德权威发起,并为大多数国家所接受时,才可说是正义的。

　　笔者认为,我们可以将以联合国体系为中心的世界秩序视作一个妥协的天下秩序,这个秩序以安全理事会为中心权威。安全理事会是大国中央联盟的体制性表现,有助于在全球治理方面的合作。[431] 从这个角度来看,联合国的问题在于缺乏维持真正的天下秩序所必需的权威。鉴于其有限的权力和大国对其施加的巨大约束,安理会类似于春秋时期的周王。当时的天下秩序随着周王室权威的崩溃而崩溃。因此,战后的世界秩序可以有效地与春秋时期的中国进行比较——各国竞争激烈,但也并非完全无序。

　　《联合国宪章》规定,联合国的宗旨是采取有效的集体措施,防止和消除对和平的威胁,并成为协调各国行动以实现共同目标的

---

〔429〕　焦循:《孟子正义》,中华书局,1987。

〔430〕　蔡孟翰:《论天下——先秦关于"天下"的政治想象与论述》,第 65 页。

〔431〕　Erik Voeten, "The Political Origins of the UN Security Council's Ability to Le-gitimize the Use of Force," *International Organization* 59, no. 3 (2005): 541.

核心。《联合国宪章》第 2（4）条规定："各会员国在其国际关系上不得使用威胁或武力，或以与联合国宗旨不符之任何其他方法，侵害任何会员国或国家之领土完整或政治独立。"如果非军事措施不足以减轻对和平的威胁，那么安全理事会可要求会员国的军队维持或恢复国际和平与安全。《宪章》第 51 条保留了会员国享有单独或集体自卫权。同时，《宪章》还规定："会员国因行使此项自卫权而采取之办法，应立即向安全理事会报告，此项办法于任何方面不得影响该会按照本宪章随时采取其所认为必要行动之权责，以维持或恢复国际和平及安全。"[432]

这些条款几乎剥夺了会员国发动侵略战争的权利，同时还确立了安全理事会授权集体使用武力的权利。[433] 这就是孔子和孟子所谓的"征伐"的意义，"征伐"的目的是防止或惩罚侵略行为，并以适当的标准（仪）来解决争端。然而，联合国从未能够建立一支常备军，使其能够在武力的使用方面行使其规定的专属权。安理会五个常任理事国的否决权，有效阻止了安理会根据其第七章的规定采取行动。[434] 这样的安排还使在联合国大会中有代表权的其他会员国无能为力，任何代表性原则都无效力。

安理会和整个联合国的结构性虚弱，是美国刻意创造的。美国总统富兰克林·罗斯福（Franklin Roosevelt）以国内民众认可的

---

[432] *Charter of the United Nations*, The United Nations, 1945, accessed April 25, 2018, http://www. un. org/en/charter-united-nations/index. html .

[433] 蔡孟翰：《论天下——先秦关于"天下"的政治想象与论述》，第 66 页；Justin Morris and Nicholas J. Wheeler, "The Security Council's Crisis of Legitimacy and the Use of Force," *International Politics* 44, no. 2—3 (2007): 214-215; Foot and Walter, *China, the United States, and Global Order*, p. 32.

[434] Foot and Walter, *China, the United States, and Global Order*, p. 34.

威尔逊理想主义使联合国合理化,但他也致力于将联合国内部结构塑造成一个世界大国组成的理事会。因此,给予联合国大会或安全理事会的权力微不足道,而决定性的行政权则集中在五大常任理事国手中。尽管高举着崇高的威尔逊主义,但是罗斯福也将联合国视为巩固美国全球主导地位的工具。随着冷战的深入,杜鲁门政府将联合国降级为"一个次要角色,作为美国外交的辅助工具"[435]。美国主要的工具是一个以华盛顿为中心的全球性联盟体系,其根基不是包容与和谐的原则,而是排外与敌对的原则——这也是人们质疑美国是否能成为天下之王的另一个理由。杜鲁门总统的国务卿迪安·艾奇逊(Dean Acheson)嘲笑《联合国宪章》中所体现的集体安全原则是美国霸权下过时的、多余的理念。[436] 如果1945年后美国努力建立的是一个"天下秩序",那么他也许是对的。可惜,事实并非如此。

在冷战期间,安全理事会无法发挥《联合国宪章》规定的集体安全作用。由于强权政治的阴谋和对核世界末日的恐惧,一种令人不安的大国和平得以维系。美国和苏联经常违反《联合国宪章》关于禁止使用武力的规定,但他们也都在《宪章》的条款和原则中为自己的行为寻找理由。[437] 他们的行为类似于春秋时期的霸,他们违反了周朝的准则,却声称以周朝的名义行事。

冷战结束后,安理会的权威起起落落。1990年的海湾战争罕见地展示了联合国在集体使用武力方面的权威,尽管美国希望展

[435]　Gowan, "US: UN," p. 5.

[436]　Gowan, "US: UN," p. 25.

[437]　Morris and Wheeler, "The Security Council's Crisis of Legitimacy and the Use of Force," p. 215.

示其自身力量的新影响力。联合国几乎一致地谴责伊拉克入侵科威特,反对者中包括美国和苏联。随后各国对入侵行动迅速做出集体反应,只有中国对授权使用武力击退伊拉克的决议投了弃权票。军事联盟由美国主导。然而,它具有惩罚侵略和恢复原状的"征伐"的性质。

相比之下,美国在没有得到联合国授权的情况下发动的 2003 年伊拉克战争,是"美国所有违反《联合国宪章》的战争中最无耻的一个"[438],因此这无异于对安理会权威的轻蔑否定。由于在没有得到安理会批准的情况下入侵伊拉克,美国再次表现得像个"霸",他出于狭隘的私利,无视和破坏联合国的权威。而美国所表现出来的霸,正如中国春秋时期的霸一样,对天下秩序的作用是削弱而非加强。

但是,现在就让联合国关门还为时过早。虽然安理会没能阻止伊拉克战争的发生,但它提高了美国单方面行动的成本。[439] 自冷战结束以来,联合国大幅度扩大了维和行动的范围和规模。它实施了一系列经济制裁,并授权各国和区域机构使用武力,其中包括伊拉克—科威特、索马里、海地、波斯尼亚、塞拉利昂和利比里亚等案例。在不少案例中(如东斯拉沃尼亚、科索沃、东帝汶和阿富汗),联合国建立了国际管理机构,有效中止了相关国家的主权。除了执法之外,联合国作为安全规范的谈判、演变和实施的场所,以及作为规范新期待的焦点,发挥着关键的作用。[440]

---

[438]　Gowan, "US: UN," p. 28.

[439]　Voeten, "The Political Origins of the UN Security Council's Ability to Legitimize the Use of Force," p. 533.

[440]　Andrew Hurrell, *On Global Order: Power, Values, and the Constitution on International Society* (Oxford: Oxford University Press, 2007).

　　联合国的困境反映了世界政治中国家利益与全球利益之间的长期紧张关系,以及实现共同利益的难度。联合国的结构性缺陷使其无法有效地协调国家利益和全球利益。尽管如此,中国学者仍然希望联合国和其他国际机构能够提供一个过渡平台,使世界秩序转变为一个具有人道权威的天下秩序。[441]

结　　论

　　"天下"在不同的人眼中有着不同的意味。中国天下观的丰富性,及其在中国历史长河中实际表现形式的复杂性,为多元化、跨领域的学术研究提供了肥沃的土壤。本文从国际关系领域,勾勒出天下观作为世界秩序理论的框架。本文描述了中国西周时期的天下秩序,借鉴了中国古典和现代思想,并探讨了一些核心理论视角,包括道德和领导、无外、层级和规范、关系理性,以及秩序转变等。

　　接着,笔者将该理论应用于战后美国秩序和以联合国为中心的全球秩序。本文评估了该理论的实用性,并根据该理论对20世纪这两个主要的世界秩序模式进行了新的解读。该理论揭示了这两种秩序的优缺点,使人们相信基于中国概念和经验的国际关系理论能够丰富全球的国际关系研究领域。

---

[441]　干春松:《重回王道》,第149—150页。

天下理论及其天下的安全

杨　晖[442]

　　天下理论可能会被视作再度兴起,也可能是天下理论一直在
"天下"。很荣幸看到张锋先生的文章《世界秩序"天下"论》(以下
简称张文),特别是文章的意义不在于理论的完备,而在于来自海
外或是向海外发出的声音可能引起的期待和回应。

　　"张文"声称,其天下理论的建构是自赵汀阳先生的"天下"理
论出现后,带来了复杂而又广泛的热议,作者对此进行了深度的分
析和综合,特别是学者葛兆光对"天下"理论的批评,认为"历史、文
献、现实都无法为天下主义作证"。与此同时,作者不满足学者蔡
孟翰仅从思想架构对天下思想的阐释:"一个有别于先行研究文献
对天下的诠释,同时,通过重新分析阐释先秦诸子关于天下的想象
与论述,试图勾勒一个崭新的先秦思想诠释架构。"作者进一步论
证了西周就是天下的史实,而不仅仅是理论,并且把研究继续

---

〔442〕　杨晖:外交学院政治学与公共管理教研室主任、外交学与外事管理系副教
　　　　授;研究方向为政治思想史、外事管理制度。

深入。

首先,作者在对荀子和赵汀阳立论的分析基础上,打通古今的分野,建构起自己的天下理论,包括五个层面:美德与领导,包容性,等级和规范,关系理性,以及秩序转型(morality and leadership, all-inclusiveness, hierarchy and norms, relational rationality, and order transition;结合上下文试翻译为:仁者为王,王者无外,礼法天下,仁义原则,以及秩序供给)。并且,作者从西周的历史经验和荀子的理论对天下理论进行了制度上和理论上的印证,似乎可以理解为对赵汀阳天下理论的辩护和完善。

其次,作者把自己的天下理论进一步发挥,并对当下国际政治体系进行分析,认为战后美国主导的世界格局在道德、情感、包容等方面都是欠缺的,最终演变为依靠武力和强制推行的秩序,无力容纳异质文化与政治。联合国虽然在包容和道义层面符合天下的标准,但对不正义力量的无力,使其提供不出合适的世界秩序。

最后,作者认为在荀子、赵汀阳、许纪霖、干春松等学者的理论贡献下,从"和谐世界"到"一带一路"的制度性倡议,特别是十九大报告提出的人类命运共同体,是理论和制度对天下理论的阐发,虽然在等级规则上有争议,但这不是主要的, 最主要的是权威来自道义。

几个问题可能需要作者的进一步说明:

首先,天下价值理念和天下秩序模式,两者放在一起论证,他们的关系是并行还是互为补充? 如果将其视为一个整体,两者的关系放置在一个历史主义的进程中是否妥当? 如果天下的本体一直在变化,那么天下就是一个权宜之计而不是价值理念。或者说古今问题的勾连应该是依靠一个核心主题来展开,历史的轨迹不一定是与之重合,但至少是相关或者是延续。

其次是中西问题。天下的普遍性是概念的表述性对接还是价值理念的融合？著名学者沃格林在《天下时代》谈到中国天下时含蓄地指出，"中国的天下实际上是内生的，并非来自与其他社会的文化接触"，"由社会群提供的多元性土壤并不存在"〔443〕。他在书中举的例子很有意思："以色列历史中的普遍意义与中国历史的普遍意义，在其内涵上就完全不同，一个要与其他不同，而另一个则是延续和拓展。"也就是说诸如美德、道义、规范、理性和秩序这些价值性的表述，在不同历史境遇下，不同文化背景中，其认同、领域、表现是否一致？

再次是天下理论的构建方法，是天下谱系的续接，还是古为今用、中为洋用的创制？换言之，必须严格论证一种非民族国家的理念与民族国家的演进逻辑如何走到一起。制度的演进逻辑与理念的普遍性之间的关键点或者说可能性有哪些？目前民族国家的形式能否撑起天下理念？许多对天下理论的批评，恰好是认为天下反而强化了民族国家的演进逻辑，是伪装成世界主义的民族主义。

最后就是"人类命运共同体"和"和谐社会（世界）"。不可否认，比较而言，前者比后者更为具体。但是从理论意义上看，人类命运共同体是带有目的性的建构，而和谐的价值意义则更为强烈。

另外，赵汀阳先生最近有一篇回应美国学者巴博纳斯"美式天下"的文章，里面谈到了对中国历史性和天下概念的误读，可能对文章会有更多的裨益。〔444〕

---

〔443〕　埃里克·沃格林：《天下时代》，《秩序与历史》卷四，叶颖译，译林出版社，2018，第 386 页。

〔444〕　赵汀阳：《天下究竟是什么？——兼回应塞尔瓦托·巴博纳斯的"美式天下"》，《西南民族大学学报》2018 年第 1 期，第 7—14 页。

　　总的而言,作者一直纠结在"等级秩序"处理方式上,借用美德的效用来说服对其天下理论的接受,实际上是一种实用主义或工具性的做法。倒不一定非要有一种完备理论的建构自觉,最关键的还是对天下笃信和坚持。在这一基础上,我想进一步谈谈对天下的认同,即呼应本发言的开头:"天下一直在'天下'"。天下不仅是一种单纯为解决历史的危机而出现的理论,也不是旧邦新命的权宜考量,而是新邦旧命延续。理论上的完备如天下的核心概念、价值取向、普遍与特殊、理性筹划、方法论等,在当前天下终究是具有重构、参与和问题指向的意义。

"我们是谁"与"民胞物与"

　　一直是哲学之问的"我们是谁",在冷战结束、"历史终结"的欢呼声响起之时,却成为打断这一欢呼声的突兀宣言。美国学者亨廷顿用"我们是谁"强调民族(主)国家独特文化与自由民主体制的独特关联,[445] 不由让人怀疑自现代民族国家诞生以来积极推行的普世理念,是否已经突然转变为发达国家的配享产物。而近来中国"天下主义"却在争鸣中进行着持续的讨论,着力于全球治理的思考。它让我们看到一种推动同质国家、普世文明的力量转向自我划界的逆转,而被视为异质国家、强调独特的学习者却在谋求"天下一家"的方案。仿佛对抗因素在跷跷板的两边同时加码,有望平衡的状态又趋于起伏,似乎曾宣告被终结的历史,又拉开了帷幕。

---

〔445〕　亨廷顿:《我们是谁? 美国国家特性面临的挑战》,程克雄译,新华出版社,2005,第8—10页。

从"天下"到"世界"到"全球"到"新天下",粗疏地看,本来可以视为"轴心时代"的远东地区生成的社会体系,在经验和先验的不断充实完善下形成的一套理论体系。在不断的文化交流过程中,先是佛教的"世界"对天下的冲击,最终归于"先天下之忧而忧"的情怀,后是全球化带来的国际秩序与格局的不断变化,带来"新天下"的发掘与思考。本来是一个未中断文明,站在历史的某一节点上,对自我历程的审视、对未来趋向的展望。但随着中国在世界展示出一种熟悉而陌生的力量(熟悉指历史上反复出现过的支配性力量,陌生则是这种力量的逐渐性),天下主义的聚焦从理论的争鸣,屡屡被引向制度方案的设计和实践的准则。一时间出现了许多批评与争议,以漫谈的形式言说天下主义,目的就是从逻辑和论证的角度说明"我们是谁"的民族主义国家建构形式,在国家建构之后,面对全球问题时存在着逆全球化的趋势,而以"民胞物与"的天下观则需要真正的"天下意识"避免成为民族国家的理论建构资源。

关于天下的批评

对"天下主义"的批评,首先认为天下并不是历史的实际存在,天下主义对历史上的天下存在拔高和美化;其次是天下只不过是放大的民族主义,是崛起的中国谋求世界地位的野心;再次就是天下的路径,认为"老内圣开不出新外王",缺乏天下制度(如果有的话)与天下主义不匹配;最后是作为理论的天下在理论逻辑上的自洽,天下的包容及传递与以身作则,似乎缺乏顺理成章的统合。

第一,关于历史上天下是不是历史的实际存在,首先要避免纠结于是先有天下理论还是天下实际这个争论不清的话题,否则就陷入这样的循环论证:天下理论的来源是横空出世还是经验总结?抑或天下实际的形成是误打误撞还是理论指引? 其次肯定存在对天下拔高与美化的文献史料,但反映的是理想的政治秩序和合理政治安排。退一步言,即使文献史料无法证实天下的真实存在,也无法否定天下政治秩序在理论层面的合理性。最后就是如何评估历史上天下主义的政治实践。如果按照天下理论严格不走样的衡量标准来考量中国历史,则有按图索骥之嫌,如果将一些标准,如战争频数、和平时期、文明程度、周边关系的处理等,来与轴心时代传承了其他古文明的同时期地区进行比较,则天下主义的优势是非常出众的。

　　第二,天下是一种民族主义理论吗? 一种异乎寻常的回答:是,但不全是,天下肯定有自我确认的理论成分,但心怀天下者看到的是天下,国家主义者看到的是国家建构。因此不难理解一些欧美学者对天下理解偏颇,他们看到的是霸权替代(如"中国中心取代欧洲中心")或者是本国优先(如"美式天下取代中式天下")。天下主义的理论预设肯定不是如民族主义那样的"双刃剑"形态,与他者切割的同时,也造成了对立,即使后来达成了诸如合作联盟的关系以解决对立,也隐含着破裂与支配性因素。天下的指向是王者无外,仁者无敌,所以这种指向应包容和引导国家主义进入天下时代,而非高于民族主义的优越感滑向民族主义的窠臼。

　　第三,实际上是个人与体系的问题,实际上是"我们是谁"的认定。有一种理解认为天下理论只讲整体而忽视个体,而民族国家则是享有平等法权资格的个体联合,国家对法权资格进行保障。这里面存在着两种路径:"天下一家""民胞物与"和自我意识与权利保护。当然不是单纯先整体后个人还是先权利后国家的路径区分,而是个人、国内、国际三部曲还是个人与天下的进路。或许不同的环境、时期、文化以及技术手段造成了这种分别,但是当下地球村的时代,格局变大,每个人都是大网络上的点,天下更能容纳这张"大网"。

最后就是天下如果人人以身作则,那么包容和传递还需要吗?实际上这是进入天下与天下时代的区分:进入天下需要天下意识,因此包容传递促进着以身作则;天下时代中以身作则为天下谋,需要包容与传递维护天下。也就是说这是两个层面上的传递关系。

那么天下的起点和动力是如何呈现的呢?

承接历史的天下

毋庸置疑,天下是作为历史概念的中国,5000 年来为人类秩序提供的生活方式、价值理念和未来蓝图的思考。起源于西周的天下,一方面是研究的起点,可考证的文献都是从西周开始,一方面依据文献记载,"天下观念"形成于西周。从禹夏时的"奉天罚罪"到殷商时的"绝地天通"到周公定调的"以德配天",标志着中国历史的社会秩序设想从对依赖与天的沟通转为以人事来尽天命,因此天下观念由此产生,从"以德配天"的立意看,天下就是一种社会政治秩序的来源。首先天下从地域上,以上下的空间方位覆盖了地面平面范围的拓展,为周天下奠定了一个可无限延展的区域,其次"以德配天"表明秩序的核心在"德"不在"力",最后由"德"统合的空间地域和世道心路构成了一个多元包容的天下。抽象的"天"确立了政治秩序的范围,具体的"德"充实了这一范围空间,形成了

"王者无外""协和万邦"的格局。在儒家思想的整理下,天下实际上是社会共同体或"民胞"共同体的秩序设想,而这一基础确定为德,政治运行必须合于道德要求,才能协和万邦,因此天下秩序是有中心无边界的疆域。

儒家的努力使得"天下"成为政治秩序的理想传统,并且将其现实化:

> 先王之所以治天下者五:贵有德,贵贵,贵老,敬长,慈幼。此五者,先王之所以定天下也。贵有德,何为也? 为其近于道也。贵贵,为其近于君也。贵老,为其近于亲也。敬长,为其近于兄也。慈幼,为其近于子也。是故,至孝近乎王,至弟近乎霸。至孝近乎王,虽天子,必有父,至弟近乎霸,虽诸侯,必有兄。先王之教,因而弗改,所以领天下国家也。[446]

这样的秩序设计一方面使得当下政治具有合理性的依据,另一方面确立了理想政治的典范,促使当下政治追求更美好的目标。天下的两个拓展性的要素——天下的范围和天下的实质,使得"天下"具有了开放性和包容性,加之政治传统的考量,天下主义成为一种高于政治现实的政治理想。

随着秦汉大一统帝国的建立,天下体系通过文化发展程度的高低出现了一套中国和周边的"夷夏之防"和朝贡体系,这似乎表明天下秩序展开后反而违背了"王者无外"的包容和平等,仿佛是对天下主义的嘲讽。

---

[446]　《礼记·祭义》,《十三经注疏》第 5 卷,艺文印书馆,2007,第 811 页。

儒家是这样解释的："亲近以来远，故未有不先近而致远者也。故内其国而外诸夏，内诸夏而外夷狄，言自近而远也。"[447] 也就是说夷夏之防并不是要刻意区分内外，而是基于地理上的远近，先近而后远。这样的区分为了达至：

> 圣人心同天地，以天下为一家，中国为一人，必无因其种族不同而有歧视之意。而升平世不能不外狄夷者，其时世界程度尚未进于太平……王化自近及远，由其国而诸夏而狄夷，以渐进于大同，正如由修身而齐家而治国，以渐至平天下。[448]

对于朝贡体系，有西方学者曾撰文研究明清时期近 500 年的朝贡格局，发现东亚爆发的战争屈指可数，相比同时期的欧洲更是不可同日而语，因而得出这样的结论："中国国力强大时，东亚便趋向稳定，反之，当中国国力衰弱时，东亚便趋向动荡不安。"[449]

此外，朝贡体系更非不平等的盘剥和贸易，相反更像是一种责任的承担和义务。即使是屈指可数的战争，其目的并不是掠夺和赚钱，更多是为了秩序的恢复。反而是新生的民族国家给世界带来了借助战争牟利、大发战争横财的例子。作为政治理想的天下主义在追寻良序政治的过程中遭遇了民族国家的世界。

---

[447] 董仲舒：《春秋繁露 天人三策》，陈蒲清校注，岳麓书社，1997，第 56 页。

[448] 皮锡瑞：《皮锡瑞集》，岳麓书社，2012，第 378 页。

[449] 张志强：《"良知"的发现是具有文明史意义的事件》，《文化纵横》2017 年第 4 期，第 61 页。

当天下遭遇民族国家

毋庸讳言，"中国人民站起来了""中国屹立于世界民族之林"的话语，多多少少证明原来的天下形态被民族国家取代。民族国家的世界也演变为现有的国际体系。"宅兹中国"的中国也成为共和国，并且在自由贸易、集体安全、国际组织等各种规则的世界中，达到了"三个前所未有"。除了一些显而易见的因素外，传统也起着重要的作用。一种持续不断、有历史、有动力、追求良序社会的谱系也逐渐清晰。天下还存在吗？天下是 land under heaven，还是 ecumene？天下的普遍性是追求与他者的不同还是延续和拓展？

首先，天下主义并不是中国在"三个前所未有"情景下的重新拾起，而是一直以来儒家的特殊性就在致力于普遍意义的追求。如前文沃格林所言："以色列历史中的普遍意义与中国历史的普遍意义，在其内涵上就完全不同，一个要与其他不同，而另一个则是延续和拓展。"天下主义或新天下主义可视为延续不断的天下观，在历史某个节点发出的呼声。

其次，天下主义并不是专门针对当前的国际体系的存在。民族主义带来的现代国家形态和宪制结构在全球落地生根，并借助自由平等的观念形成了普世性的认同。民族主义下的自由平等，体现在宪制结构上就是多元平等的诉求。虽然在制度框架内能完成法权上的融合，但是多元化族群追求自由平等时，很有可能因强调多元而导致特殊，从而突破保障平等多元的宪制框架，造成极端思潮的社会对峙，甚至冲突，引发国际社会的动荡，如当前民粹思潮和移民问题阻碍全球治理的步伐。因此天下主义超越国家视野的立场便引起了高度的关注，当然，也会有民族国家思维下对天下主义的误读，被视为是中国的霸权理论。

最后，就是天下主义的适用性。就天下理论而言，天下一直都存在，只不过是接近还是纠偏。诚然，天下的秩序来自等级体系。只不过这种等级是等级责任伦理体系，强调的是信念伦理和责任伦理的贯通。信念伦理强调行事以信仰为动机，而责任伦理则注重结果，后者构成了当下政治的时效运行准则。一般认为就现代政治而言，"内圣"无法开出现代政治的"外王"。天下的秩序就是责任伦理和信念伦理的贯通，体现为等级责任伦理的寻求，即在政治共同体地位平等的前提下，以责任为核心来谋求天下秩序建构，这也是对传统"君君臣臣、父父子子"政治秩序的体现。就当今世界来说，大国之所以为大国是指其担负的责任，而不是实力主导的霸权与支配，这样也避免了所谓"大国政治的悲剧"。

天下是终结还是无外？

"天不变，道亦不变"，无所谓终结。民族主义向世界传播的仍是民族国家理论，想象的世界也是民族国家的世界，而非天下的世界。天下主义更多是一种"王者无外"的情怀。这种情怀面对的是古今的续接和中西的接榫，处理天下的是当下，而不是以当下去复古，接榫中西的也是当下，而不是以古代面对西方。"王者无外"的情怀，也分具体的情形。危机情怀意识支撑下的天下，是靠自强、凝聚、踊跃和进步不止来动员；繁荣情怀意识支撑下的天下，是靠感召、吸引、容纳和他者的认同来筑成。

应该说目前中国正处在一个中间点，即危机意识支撑下的"自

我天下"和繁荣意识支撑下的"他者天下"的中间点。所以"民胞物
与""天下一家"始于中国如何发展天下。当前,天下作为一种可
能,或是一种政治浪漫主义,首要考虑的是多元化的共同体在天下
这一起点上,如何避免内生的、可能崩解的族群的紧张,同时还要
以一种积极的态度参与和应对外在的天下问题。在这种特殊的政
治局势下,一方面要活化、激活以前支撑人们实践的那套精神、义
理、规则的资源,一方面也要对现在诸种理论如自由主义、世界主
义、民族主义的普遍意义保持警惕。因此,问题的核心不是天下该如
何完备,而是天下如何维护。因此目前要做的是天下的安全讨论。

首先是天下兴亡中的天下维护。顾炎武说:

> 有亡国,有亡天下。亡国与亡天下奚辩?曰:易姓改号,
> 谓之亡国。"仁义充塞,而至于率兽食人,人将相食",谓之亡
> 天下。……是故知保天下,然后知保其国。保国者,其君其
> 臣,肉食者谋之。保天下者,匹夫之贱与有责焉耳矣。[450]

也就是说天下的兴亡不是王朝兴亡,也不是所谓的循环,这一
点王夫之那里说得更明白,是天下秩序在现实层面分解成为国治
和道统的紧张:

> 儒者之统,与帝王之统并行天下而互为兴替。其合也,天
> 下以道而治,道以天子而明;及其衰,而帝王之统绝,儒者犹保
> 其道以孤行而无所待,以人存道,而道不可亡。[451]

---

〔450〕　顾炎武著,黄汝成集释:《日知录集释》,中州古籍出版社,1990,第307页。
〔451〕　王夫之:《读通鉴论》,中华书局,1975,第497页。

　　所以天下的维护,从经验和制度层面讲,不是模仿与移植,而是指向规范和引导现实的天下之道。

　　其次是在观念天下与地理天下中自觉续接天下脉络。曾经的中国把自我形成的共同体称之为"天下",这个"天下",一方面是"实际的天下",一方面是"观念的天下"。当佛教带来"世界"的概念,天下仿佛被大千世界取代,新古文运动对道统的续接,使儒家学说获得更大的生命力。近代的地理大发现把"实际的天下"拉到全球国际体系中去,是否意味着"观念的天下"也丧失了建构良好秩序的正当性?观念的天下在面对佛教的世界时展现了生命力,会不会在基督教的世界面前丧失活力?道统下追求良好秩序的精神脉络,是不是只有"博物馆"意义?

　　再次是普世理念带来的障碍。当自由、平等、博爱成为我们实际生活中不证自明的价值观念,是否思考过普世理念引发的动荡和不义?而源于等级体系的天下观念却可以得到不断修正。

　　复次就是天下的安全观不是分清敌友,而是"仁者无敌",所谓仁者无敌是对"王者无外"的补充。天下秩序的等级观,经常被认为人与人之间的关系靠亲缘的远近来判断维系,最终形成一个越来越淡薄的差序格局关系。其实等级观只是维系关系纽带的起点,侧重自然群体之间的天然联系。仁者无敌是在共同单位内构筑的自然群体之间的关系。仁者无敌至少有两方面的含义,一层是道义上的仁者得道多助,并不是自身强大到没有敌人;另一层含义则是仁者能化敌为友,没有敌人。当下国际关系、外交的展开至少都要宣称消解敌意、增进友谊。

　　最后就是和谐或者是协和万邦理念下的和谐世界。孔子说:"人而不仁,如礼何?人而不仁,如乐何?"《尚书·舜典》上说:"八音克谐,无相夺伦,神人以和。"　"谐和"或"和谐"于是成为一种人与人关系的音乐比喻。人与人之间合乎道德的(即"仁"的)关系就是礼,礼讲谦让敬人,乐须八音克谐。虽然古今有别,但人和人之间仍须以道德伦理维系,"和谐"的说法虽然古老,但仍有活力。我们可以用现代民主、宪政、法制、权利、权威等概念来解释"和谐"的现代政治含义,也可以用别类现代概念来解释"和谐"其他方面的现代意义。对于现代意识来说,"八音克谐"可以用来喻指社会多元、意见多元、思想多元、世界多元。多种声音一起发出,按照"合"的秩序,才会产生"和"。

　　"天不变,道亦不变""保天下者,匹夫之贱与有责焉耳矣"。

图书在版编目（CIP）数据

重思天下／干春松，（美）安乐哲编. —北京：北京大学出版社，2023.10
ISBN 978-7-301-34280-0

Ⅰ. ①重⋯ Ⅱ. ①干⋯ ②安⋯ Ⅲ. ①政治哲学—文集 Ⅳ. ①D0-02

中国国家版本馆 CIP 数据核字（2023）第 186317 号

书　　　名	重思天下	
	CHONGSI TIANXIA	
著作责任者	干春松　〔美〕安乐哲（Roger T. Ames）　编	
责 任 编 辑	王立刚　李　溆	
标 准 书 号	ISBN 978-7-301-34280-0	
出 版 发 行	北京大学出版社	
地　　　址	北京市海淀区成府路 205 号　100871	
网　　　址	http://www.pup.cn　新浪微博：@北京大学出版社	
电 子 邮 箱	zpup@pup.cn	
电　　　话	邮购部 010-62752015　发行部 010-62750672	
	编辑部 010-62750673	
印 刷 者	三河市博文印刷有限公司	
经 销 者	新华书店	
	965 毫米×1300 毫米　16 开本　19.5 印张　227 千字	
	2023 年 10 月第 1 版　2023 年 10 月第 1 次印刷	
定　　　价	79.00 元